Venerable Mahāsi Sayadaw

Mindfulness y vipassanā

El método Mahāsi

Traducido y editado por el
Comité de traducción de la Vipassanā Mettā Foundation
Prólogo de Sharon Salzberg
Introducción de Steve Armstrong
Traducción al español de Giulio Lucarda

editorial Kairós

Título original: Mindfulness & Insight
Originally published by Wisdom Publications Inc.

Revisión: Amelia Padilla
Fotocomposición: Grafime. 08014 Barcelona
Diseño cubierta: Katrien Van Steen
Impresión y encuadernación: Índice. 08040 Barcelona

Primera edición: Febrero 2020
ISBN: 978-84-9988-681-7
Depósito legal: B 212-2020

Comité de traducción de la Vipassanā Mettā Foundation

Asesores del Proyecto
SAYADAW U PAṆḌITA
(Paṇḍitārāma Shwe Taung Gon
Sasana Yeiktha, Yangon, Myanmar)

Editor Gerente
STEVE ARMSTRONG

Traductores
HLA MYINT
ARIYA BAUMANN

Investigadores y consultores en Abhidhamma y pali
SAYADAW U JANAKA
(Chanmyay Yeiktha,
Rangún, Birmania)
SAYADAW U INDAKA
(Chanmyay Myaing Meditation
Center, Rangún, Birmania)
SAYADAW U SĀGARA
(Chanmyay Myaing Study
Monastery, Hmawbi, Birmania)
HLA MYINT
(Birmania y EE. UU.)
AKIÑCANO
(Marc Weber) (Alemania)

Citas del pali
VEN. VĪRAÑĀṆĪ

Cuadros del Abhidhamma
STEVE ARMSTRONG

Editores
VEN. VĪRAÑĀṆĪ
STEVE ARMSTRONG
ARIYA BAUMANN
DEBORAH RATNER HELZER
KAMALA MASTERS

Para más información
de la fundación:
www.mahasimanualofinsight.org

¡Namo tassa bhagavato arahato sammāsambuddhassa![1]
¡El Buda omnisciente de nueve atributos es incomparable![2]
¡El Dhamma de seis atributos es incomparable![3]
¡La Sangha de nueve atributos es incomparable![4]

Cuando consideramos de esta manera la mente se vuelve particularmente clara y se llena de gozo. En ese momento observamos los estados mentales de consideración, claridad y gozo y las sensaciones materiales-corporales que dependen del surgir de estos estados mentales. Que las personas virtuosas que practican tal como se indica en este libro logren el camino, el fruto y el *nibbāna* en esta misma vida. Con este propósito he escrito este manual sobre la práctica de la meditación *vipassanā*.

Sumario

En cuanto a la versión española 11

Prólogo *de Sharon Salzberg* 13

Introducción: El camino al despertar, universal y atemporal *de Steve Armstrong* 15

Prefacio *de Mahāsi Sayadaw* 93

El desarrollo del mindfulness 97

Contrastando la meditación con los textos pali . . . 98

Contemplar el cuerpo 105

Contemplar las sensaciones 186

Contemplar la mente 203

Contemplar los objetos de la mente 208

Mindfulness de las cuatro verdades nobles 249

Los beneficios del mindfulness 293

Instrucciones prácticas 301

Preparándonos para la práctica 301

La práctica básica. 303
Vipassanā 323
La experiencia del *nibbāna*. 353
Consejos finales 370

Anexos. 373
Anexo 1. Facultades espirituales 374
Anexo 2. Flujo de consciencia 376
Anexo 3a. Estados de la mente 379
Anexo 3b. Factores mentales 381
Anexo 4. El progreso del conocimiento de la *vipassanā* a través de los estadios de purificación. 383

Abreviaturas 385
Notas. 387
Bibliografía 407
Índice 409

En cuanto a la versión española

El traductor, Giulio Lucarda, quisiera agradecer a Steve Armstrong y Ariya Baumann el tiempo dedicado para responder a las preguntas sobre el texto en inglés. Sus respuestas y comentarios, su amabilidad e interés y su intención de que las palabras de Mahāsi Sayadaw se transmitan de la manera más clara y precisa posible han sido una gran ayuda a la hora de elaborar el texto en español. Deseamos que el texto sea de gran beneficio y apoyo para quienes siguen el camino de la *vipassanā*, así como para otras personas interesadas en el mundo del mindfulness, la meditación y el camino interior.

Prólogo

De Sharon Salzberg

Mis colegas y yo trajimos a Mahāsi Sayadaw de Birmania a Estados Unidos en 1975. Mahāsi Sayadaw era conocido como el fundador de un linaje en el que varios de nosotros practicábamos. También era conocido como un gran erudito, un gran maestro y un hombre con visión de futuro. Por aquel entonces, todavía no me había dado cuenta de hasta qué punto tenía visión de futuro. Algunas de las ideas que sintetizó a partir de su práctica y erudición –sobre el nivel de concentración necesario para desarrollar una *vipassanā* transformadora o sobre el poder de la continuidad del mindfulness– tuvieron grandes repercusiones a nivel social y cultural. Fue gracias al trabajo de personas como Mahāsi Sayadaw y Ledi Sayadaw, un pionero que le precedió, que tantas personas laicas, que tantas mujeres, que tantos que, por una u otra razón, no pudieron ordenarse en la vida monástica, tuvieron la posibilidad de recibir una auténtica práctica de liberación. A lo largo de la historia, esta posibilidad había ido disminuyendo en muchos lugares. Cuando fui a Birmania para hacer práctica de meditación intensiva en el monasterio de Mahāsi Sayadaw en 1985, se había producido una clara renovación: allí había cientos de personas de todo el mundo que también practicaban meditación intensiva.

Este libro está entre los más conocidos de Mahāsi Sayadaw. Describe el camino a la libertad y nos señala, a lo largo de este, importantes puntos de referencia: ver nuestro cuerpo y nuestra mente interrelacionados; darse cuenta de la gloriosa, renovadora e inspiradora verdad del cambio, mientras vemos el surgir de las sensaciones, los pensamientos y las emociones; darse cuenta de la naturaleza fugaz de absolutamente todo lo que observamos y también de nosotros que lo observamos; ver que no hay absolutamente nada a lo que podamos agarrarnos, con el consiguiente miedo y consternación que nos trae; emerger en la gran paz de la ecuanimidad. Desde el espacio de la ecuanimidad se hace posible un soltar seguro del corazón hacia la libertad.

Por favor, no leas este libro como si fuera un mapa con el que juzgarte o compararte. Permítele en cambio abrir tu mente al potencial innato para la *vipassanā* que existe en cada uno de nosotros. Lo único necesario aquí es que hagamos el trabajo.

Introducción: El camino al despertar, universal y atemporal

De Steve Armstrong

Despertando la confianza

Cuando rondaba los veintitantos, tras acabar los estudios universitarios, navegaba por mi temprana edad adulta sin mucha ambición o dirección. No tenía un verdadero interés en meditar. No conocía a nadie que meditara. No tenía ninguna inclinación hacia las enseñanzas espirituales en general. Y no sabía absolutamente nada acerca del budismo.

Un día, un amigo me enseñó un libro que contenía sencillos dibujos que ilustraban frases acerca del mindfulness y me invitó a sumarme a un retiro que se celebraba a corta distancia en coche de la comuna donde vivía. Decidí acompañarle pensando que sería como estar de vacaciones.

Sin embargo, ¡el retiro fue cualquier cosa menos un entretenimiento! El horario diario, en silencio, comenzaba a las cinco de la mañana y era una sucesión de sentadas tortuosamente dolorosas –envuelto en mantas para protegerme del frío costero de diciembre– alternadas con meditaciones caminando –un paseo sin sentido, primero hacia delante y luego en la dirección contraria, desandando lo andado, una y otra vez– y una mente agitada desintoxicándose del exceso de consumo de todo tipo de estímulos. La rutina era interrumpida tan solo por los cortos momentos para desayunar y comer y la charla que se daba por la tarde acerca de algún tema relacionado con la meditación mindfulness o el *Dhamma* –palabra con la que se designa las enseñanzas del Buda.

No fue una sorpresa que estas enseñanzas llegaran directamente a mi corazón y, aunque no podía en ese momento anticipar hasta dónde llegaría ese efecto, una semilla dormida, escondida por largo tiempo, germinó en lo más profundo de mi ser. Y esa semilla ha continuado creciendo. Cuando concluí el retiro regresé a la comuna. Allí fui recibido calurosamente por familiares y amigos. Todo parecía familiar, pero, al mismo tiempo, éramos diferentes. Habíamos visto, probado y comprendido nuestras vidas desde una perspectiva distinta.

El momento en el que más me impactaron estas enseñanzas fue cuando escuché por primera vez algo que en mi corazón yo había sabido siempre: un modo de vivir la vida que tenía un propósito y un valor más allá de la vida profesional, las tarjetas de crédito y el consumo constante. Fue allí donde por primera vez oí hablar de las posibilidades de una vida consciente, de la liberación de los estados mentales que causan sufrimiento e insatisfacción. Fue el primer atisbo, un destello de luz en el camino del mindfulness, un camino por el que he caminado convencido, con confianza y encontrándome a mí mismo, durante más de cuatro décadas. Ahora comprendo que aquello que me inspiró entonces fue descubrir la posibilidad de cultivar la bondad en mi propio corazón, el camino atemporal y universal de despertar a la verdad de la vida.

El mindfulness en la actualidad

El mindfulness es hoy en día una herramienta habitual y secular para navegar con habilidad ante la angustia de la vida moderna. Se practica comúnmente para gestionar tanto condiciones estresantes como el dolor físico y emocional, para tratar adicciones y para prevenir la recaída en los casos de depresión recurrente. Se utiliza también para enseñar a los estudiantes inteligencia emocional, para ayudarles a focalizarse y para despertar y liberar su creatividad. Hay también un gran número de nuevas aplicaciones que surgen dentro del amplio abanico de actividades humanas.

El sector de la meditación mindfulness al completo ha hecho germinar un sinfín de centros de retiro, un sinfín de centros en las ciudades, un sinfín de cursos, talleres y clases. Las docenas de aplicaciones de mindfulness y meditación para el teléfono móvil, los cientos de profesores de meditación, miles de maestros del movimiento de reducción del estrés basado en mindfulness (MBSR), y aun más miles y miles de terapeutas y asesores entrenados y acreditados para enseñar mindfulness, junto a una proliferación de programas para formar a facilitadores en el tema, atestiguan su creciente popularidad y beneficios.

En las bibliotecas hay una nueva sección de libros dedicados al mindfulness y a sus aplicaciones en la vida diaria y una nueva estantería llena de revistas mensuales que pregonan los beneficios del mindfulness para aquellos que están interesados.

Además, la proximidad y la colaboración entre las prácticas de yoga y meditación están floreciendo. El mindfulness se ha convertido en un objeto de estudio fascinante para las investigaciones neurocientíficas, invitando así a la ciencia a la investigación de una comprensión refinada y sutil de la conexión y actividad de la mente-cerebro, tal como sugieren monjes budistas con muchos años de práctica profunda a sus espaldas.

A pesar de todo, puede que no podamos confirmar todavía el comentario atribuido a Arnold Toynbee cuando le preguntaron acerca de qué sería lo que los historiadores considerarían el desarrollo más importante del siglo XX: «La llegada del budismo a Occidente –dijo– bien podría ser el acontecimiento más importante del siglo XX. El budismo ha transformado todas las culturas en las que ha entrado y ha sido transformado por su entrada en cada una de esas culturas».

El mindfulness ha llegado. Aun así, personas como el reconocido profesor de meditación Joseph Goldstein en su prólogo al libro *Manual of Insight*, de Mahāsi Sayadaw, nos advierten:

«Aunque el mindfulness en sus aplicaciones seculares tiene tremendos beneficios, es conveniente recordar que las enseñanzas originales del Buda nos hablan de liberación –esto es, liberar la mente de esos estados mentales que causan sufrimiento a uno mismo y a los demás».[5]

Fue justamente esto lo que germinó y enraizó en mi corazón durante mi primer retiro de Dhamma, el sabor de la libertad. Entonces no sabía que estaba sufriendo. Era joven, tenía educación, salud y era activo, con unas posibilidades para la vida aparentemente inacabables. Simplemente no tenía una idea, filosofía o palabras para poder expresar mi experiencia de consciencia, ni para el sentimiento interior de haber llegado en mi vida y el reconocerlo por primera vez. Hasta ese momento me veía a mí mismo como jugando un papel escrito por otros. Ahora entendía mi dirección en la vida: liberarme de la interminable búsqueda de la complacencia sin sentido en el placer. Esto me dio inspiración para continuar con confianza.

Las orígenes de la tradición: los monjes de Asia

Poco después de acabar mi primer retiro fui al recientemente adquirido Insight Meditation Society (IMS) en Barre, Massachusetts, como parte del personal. Fue allí donde continuó mi contacto con el Dhamma y donde tuve la oportunidad de escuchar y practicar la meditación mindfulness con estudiantes experimentados que tenían más o menos mi edad y habían vuelto recientemente tras años de práctica en Asia. Esto fue una formación y una guía de inmensa ayuda, así como una vertiginosa inmersión en una forma de vida exótica, alternativa y espiritual en esta comunidad mayoritariamente joven.

Durante los siguientes años estuvimos expuestos a las raíces del Dhamma con la llegada a Occidente de los maestros de las tradiciones budistas de Asia, tales como Birmania, Tailandia, el Tíbet, Sri Lanka, Vietnam, Corea, Japón y Camboya. Muchos de ellos visitaban un IMS lleno de estudiantes entusiastas, si bien también *naïves*. Exponernos a lo que el Dhamma ofrecía y a las diferentes maneras de manifestar una vida centrada en el Dhamma, una vida con mindfulness, una vida consciente, generó en nosotros una expansión exponencial.

Los maestros de la tradición de mindfulness que se practicaba en el IMS vinieron para compartir con nosotros su sabiduría y también para darnos ánimos. Además, con este proceso, ampliaron nuestra manera de entender lo que era un compromiso con la práctica del Dhamma.

Mahāsi Sayadaw, el renombrado maestro de meditación que en 1949 estableció en Rangún un centro de meditación para que las personas laicas pudieran aprender y practicar meditación mindfulness, llegó con cinco monjes, uno de los cuales, Sayadaw U Sīlananada, permaneció en la Bay Area. Ajahn Chah, el maestro de la tradición tailandesa del bosque, y su joven discípulo occidental, Ajahn Sumedho, llegaron para compartir su visión de la vida comunal monástica como apoyo y soporte para una vida de atención consciente. Taungpulu Sayadaw, el maestro birmano de meditación que estuvo 33 años en una cueva solo y que tenía la reputación de no haberse estirado para dormir durante décadas, vino para ofrecer sus enseñanzas. Durante estas enseñanzas, la idea que teníamos del camino medio del Buda se resituó en la dirección que él nos proponía. Anagārika Munindra, de Bodh Gaya, India, un maestro de Dhamma y académico de pali, estudiante de Mahāsi Sayadaw, ofreció amplias y profundas enseñanzas en visitas que se alargaron en el tiempo. Dipa Ma, la ama de casa bengalí que había logrado resultados extraordinarios, tanto en las prácticas de concentración y calma mental como en la práctica de la *vipassanā*, llegó para hacer unas visitas de larga duración y nos mostró cómo la sabiduría profunda se manifiesta en forma de profundo amor.

En 1979, Su Santidad el Dalái Lama se detuvo durante un día, en el transcurso de su primera visita a los Estados Unidos, para ofrecernos una breve introducción a las enseñanzas del Dhamma de la tradición tibetana. Seung Sahn Soen Sa Nim, el maestro zen coreano, vino anualmente durante el retiro de 3 meses para ofrecer a los estudiantes una perspectiva zen de la sabiduría del Dhamma. Chogyal Namkhai Norbu, el maestro de dzogchen, también vino para ofrecer sus enseñanzas. Maha Ghosananda, el *bhikkhu** de Camboya, llegó durante el período de la destrucción de monasterios bajo los jemeres rojos.

* *N. del T.:* un *bhikkhu* es un monje ordenado budista. Literalmente significa «mendicante». En sus inicios y, en ocasiones, todavía en la actualidad, los monjes budistas, al igual que

Conocer a quienes fueron los maestros que iniciaron el movimiento occidental de mindfulness y de la tradición de meditación *vipassanā* hizo surgir en mí la posibilidad de una vida con atención consciente y la sabiduría del compromiso con el despertar y la liberación del sufrimiento. Las prácticas de mindfulness son los cimientos de las enseñanzas del Buda acerca del camino noble de ocho factores.*

De entre todos estos maestros, Mahāsi Sayadaw fue quien tuvo un papel más importante en la introducción en Occidente de un entrenamiento en mindfulness basado en retiros de meditación cortos e intensos, con especial énfasis en los laicos, y no solo para monjes y monjas. Fue este tipo de retiros los que sirvieron como modelos de enseñanza para los retiros de mindfulness en Occidente.

Mahāsi Sayadaw es considerado uno de los académicos budistas y maestros de meditación más competentes del siglo XX. En su Birmania natal era considerado un académico excepcional y muy respetado como tal. Llegó a escribir unos 70 libros en birmano y pali. Durante el Sexto concilio de la Sangha, en 1956, fue el responsable de supervisar la creación de una edición acreditada del canon pali, junto con los comentarios y subcomentarios. Actualmente, esta edición del canon pali es

---

otros ascetas de la India, obtenían su comida mendigando (es decir, haciendo *bhiksha).* Siendo así, podemos comprender mejor que uno de los requisitos básicos para ser ordenado *bhikkhu* sea poseer un bol de mendicante.

* *N. del T.*: la traducción habitual es «Noble Óctuple Sendero». Aquí utilizaremos «camino noble de ocho factores».

ampliamente utilizada y muy apreciada dentro del mundo del budismo Theravāda.

Además de sus abundantes logros académicos, Mahāsi Sayadaw también desarrolló un método de meditación claro, simple y fácil de comprender (aunque no por ello fácil de dominar) sobre cómo practicar mindfulness para desarrollar la *vipassanā*. Este método se basa en la experiencia propia y personal de Mahāsi Sayadaw y en sus conocimientos teóricos. Tras haber enseñado el método a sus familiares, consideró que estos habían tenido un éxito total purificando el progreso de su *vipassanā*. Una vez confirmó esto, aceptó la invitación que le hicieron en 1949 para enseñar este método tanto a personas laicas como a monásticos, y así pudo guiar a numerosos estudiantes del recientemente construido Centro de Meditación Mahāsi en Rangún, Birmania, en el desarrollo de una *vipassanā* liberadora. Tras la muerte de Mahāsi Sayadaw en 1982, Sayadaw U Paṇḍita y otros maestros de meditación de renombre preservaron la tradición de su enseñanza, haciéndola disponible para miles de estudiantes de Dhamma birmanos, occidentales y asiáticos no birmanos.

El método de meditación de Mahāsi Sayadaw se caracteriza por la simplicidad de las instrucciones –que son adecuadas incluso para aquellos que no tienen un conocimiento amplio de las enseñanzas del Buda–, por los períodos intensivos de retiro con duración limitada, y por tener un método claro para hacer el seguimiento de qué capacidad ha logrado el meditador tanto en mindfulness como en los conocimientos de *vipassanā* liberadores. Estas características únicas del método Mahāsi han permitido que Mahāsi Sayadaw sea considerado uno de los maestros de lo que ha llegado a ser el movimiento de mindfulness en Occidente y de la tradición de meditación *vipassanā*. Un buen número de personajes clave para la difusión de la meditación budista en el mundo provienen del linaje de Mahāsi Sayadaw: la primera generación de profesores de *vipassanā* en Occidente –Sharon Salzberg, Joseph Goldstein y Jack Kornfield– son estudiantes del discípulo de Mahāsi Sayadaw, Anagārika Munindra y de su estudiante Dipa Ma.

Tanto esta como la posterior generación de profesores de *vipassanā* que siguen el método de Mahāsi utilizando el formato de retiro intensivo han establecido centros para el entrenamiento en meditación *vipassanā*, como el Insight Meditation Society (Massachussets), Spirit Rock Meditation Center (California), Tatagatha Meditation Center (California), Gaia House (Inglaterra), Meditation Centre Beatenberg (Suiza), y muchos centros que han surgido inspirados en ellos, como el Cambridge Insight Meditation Center (Massachussets), Common Ground Meditation Center (Minesotta), Insight Meditation Center (California), Seattle Insight Meditation Society, Vipassanā Hawaii (Honolulu), Vipassanā Mettā Foundation (Maui), de entre otros muchos grupos.

Durante el año 2017, el conjunto de las enseñanzas grabadas durante más de 40 años de cientos de profesores occidentales de Dhamma, mindfulness y *vipassanā,* disponibles en la página web de dharmaseed.org, fue visitado o descargado más de 450.000 veces cada mes. Esto nos muestra el innegable y significativo impacto de las enseñanzas de Mahāsi Sayadaw en la transmisión de las enseñanzas Theravāda del Buda en Occidente, quedando estas enraizadas con solidez en la práctica del mindfulness. La enseñanza del Buda apunta hacia el desarrollo de la *vipassanā* mediante la práctica del mindfulness.

Para esta versión reducida del *Manual of Insight* de Mahāsi Sayadaw nos hemos centrado en los capítulos 4 y 5 –el desarrollo del mindfulness e instrucciones prácticas– de los que el mismo Mahāsi Sayadaw comenta: «Aquellos con poco o ningún conocimiento de las escrituras pali deben concentrarse en los capítulos 4 y 5. Es más, la simple lectura y estudio del capítulo 5 os permitirá practicar meditación mindfulness de una manera sencilla y directa y seréis capaces de experimentar el conocimiento del camino, el conocimiento del fruto y el *nibbāna*». Esto nos llevará hasta nuestro objetivo de liberación, el fin de todo sufrimiento.

Por sí solos, estos dos capítulos nos ofrecen una guía adecuada para nuestro extraordinario viaje de despertar. Sin embargo, los capítulos del *Manual of Insight* que han sido omitidos nos aportan un valioso contexto para las instrucciones de Mahāsi Sayadaw acerca del desarrollo de la práctica del mindfulness. Por ello, incluimos aquí una breve perspectiva general de las enseñanzas del Dhamma que identifica y sitúa el mindfulness al servicio de la *vipassanā*, como medio para la liberación, para la experiencia directa del fin del sufrimiento.

Las cuatro verdades nobles

El *bodhisatta* experimentó directamente el fin de todo sufrimiento bajo el árbol de *bodhi* y fue así como se convirtió en el Buda, en el despierto. En el primer discurso que dio tras su despertar, el Buda articuló su comprensión entorno a las cuatro verdades nobles. Estas enseñanzas continúan formando los cimientos de la práctica budista sea cual sea el lugar donde esta tradición, en el transcurso de su migración desde la India hacia los Himalayas en el norte, hacia Sri Lanka en el sur, hacia el sudeste asiático al este, y ahora en Occidente –hacia Europa, Australia y los continentes americanos–, haya echado raíces.

Aunque hay diferencias en las formas, rituales, prerrogativas, símbolos, imágenes y prácticas debido a la influencia de la cultura local e indígena, los fundamentos de las enseñanzas del Dhamma reposan siempre en las cuatro verdades nobles.

La primera verdad noble

La primera verdad noble toma consciencia de la existencia de las condiciones de la vida que nos son desfavorables, insatisfactorias. Todos experimentamos dolor en uno u otro momento de la vida. Las experiencias placenteras terminan y son sustituidas por otras condiciones menos favorables: pérdida de riqueza, de seguridad laboral, de amigos, así como de estatus, logros o reputación, por mencionar algunas de las condiciones dolorosas más comunes. No podemos afirmar que sea doloroso tener una riqueza abundante, un buen trabajo, seguridad, amigos, etcétera, pero sí podemos tomar consciencia de que estas cosas no duran para siempre, o, al menos, de que son inestables, de que están más allá de nuestro control y de que su naturaleza desfavorable y no satisfactoria queda ocultada por el placer que comporta experimentarlas.

Aun más sutil es, sin embargo, la naturaleza de la existencia en sí misma cuando se experimenta como una carga y una obligación constantes, y a veces opresivas, que cada uno debe vivir por sí mismo. Crecer y hacerse mayor, asegurarse una educación, una carrera y posesiones materiales, establecer una forma de vida hogareña o doméstica que requiere de las actividades diarias de mantenimiento del bienestar físico, mental y emocional, el éxito financiero, social y profesional, así como las responsabilidades cívicas y políticas –todas las cuales están constantemente amenazadas por posibilidades desfavorables e insatisfactorias– son una carga y en muchas ocasiones son percibidas como opresivas. Cada uno de nosotros debe responder a estas circunstancias y no podemos hacer que otras personas lo hagan por nosotros. Sin embargo, mientras haya esta comprensión común y siempre que mantengamos un respeto y una consideración mutuas, podemos compartir estas responsabilidades con otras personas.

Y aun así, no nos queda otra que preguntarnos: ¿y a dónde va todo esto? Tras llevar esta carga en la espalda durante décadas, morimos. No sabemos qué sucede cuando morimos, excepto que todas las cosas que hemos adquirido quedan para recuerdo, disfrute y disponibilidad de los demás. Todo el ciclo nos resulta, de alguna manera, incompleto y desfavorable. Estas condiciones desfavorables –dolor físico y emocional, inestabilidad e inseguridad de las condiciones cambiantes, y la carga opresiva del mantenimiento de la vida– no son para nada evidentes, ni es fácil tomar consciencia de ellas, ni tan siquiera como una realidad de la vida adulta. Por esta razón, el Dhamma nos sugiere que esta primera realidad de la vida debe ser descubierta, revelada e investigada mediante la atención consciente.

La segunda verdad noble

La segunda verdad noble nos revela que la causa de todas las condiciones desfavorables e insatisfactorias es la avidez, el apego, el querer y el no querer. Queremos experiencias físicas y materiales, mentales, emocionales, financieras y sociales que sean placenteras. Nos pasamos la vida persiguiéndolas, asegurándolas y deleitándonos en ellas, esperando poder evitar así las experiencias no placenteras. Y, sin embargo, a cada paso, nos asaltan retos y obstáculos. Oscilamos entre la esperanza y el desánimo cuando percibimos las condiciones que tenemos delante, ya sean las inmediatas o cualesquiera que vislumbremos en un futuro más o menos lejano.

Incluso ahora, mientras estamos disfrutando de los frutos de nuestro trabajo, seguimos mirando de reojo al futuro y continuamos haciendo planes para más adelante. Cuando el futuro llegue, puede que sea agradable o que no lo sea. Si es agradable, no suele satisfacernos tanto como habíamos esperado; es decir, contiene cierto grado de insatisfacción. El placer no es duradero y pronto estaremos buscando otra experiencia para intentar satisfacer nuestro deseo de placer, seguridad, estabilidad, plenitud, significado, reconocimiento, abundancia, riqueza, amistad o conocimiento, entre otras. Este deseo, de más experiencias placenteras y menos experiencias desagradables, no tiene fin.

Este es la segunda circunstancia de la vida adulta: el deseo nunca se satisface, y cuando se satisface de forma momentánea, no es tan satisfactorio como esperábamos. Incluso cuando lo satisfacemos, ¡no permanece!, ¡no dura! Es la comprensión a través de la atención consciente la que reconoce este hecho y llega a la sabiduría de soltar el deseo.

La tercera verdad noble

¿Podemos siquiera llegar a imaginar que la insatisfacción, la inestabilidad, la inseguridad y la opresión que nos trae el dolor puedan acabarse? Esta fue la tercera experiencia directa que tuvo el Buda, que el fin del sufrimiento es posible. Con frecuencia, la tercera verdad noble se explica de una manera que la hace parecer lejana, poco probable, solo para algunos meditadores extraordinarios –un estado raro, exótico y esotérico que es de todo menos accesible. *¡Nibbāna!* Y eso, ¿qué significa? Cualquier cosa que pensemos que significa, seguro que no será lo que realmente es.

La tercera verdad noble apunta a la posibilidad de terminar con nuestro sufrimiento, tanto personal como interpersonal y existencial. Cuando el Buda encontró en el deseo, en el querer y en el no querer, la causa de nuestra insatisfacción, pudo ver que la causa del deseo está en no ver las cosas tal como realmente son y en no comprender las cosas correctamente. Es el mindfulness el que ve las cosas tal como son y la sabiduría la que las comprende correctamente. Aquí «correctamente» significa comprenderlas de un modo que, por un lado, nos alivie del sufrimiento y que, por otro, no nos cause más. El Buda se dio cuenta de que esto era posible entrenando el corazón y la mente. Esta es la tarea que cada uno de nosotros tiene para poderlo confirmar por sí mismo.

Cuarta verdad noble

La cuarta verdad noble es el camino que debemos cultivar y desarrollar para experimentar el fin del sufrimiento por nosotros mismos. El camino noble de ocho factores es, en su esencia, el conjunto de los tres entrenamientos. El primero es el entrenamiento de no causar daño, que se logra mediante abstenerse de matar, de robar, de una actividad sexual dañina, de hablar falsamente y de tomar intoxicantes que nos provoquen la pérdida o disminución de nuestro mindfulness.

Cuando ponemos en práctica nuestra ignorancia, nuestros deseos y nuestras aversiones de un modo que nos dañan a nosotros o a los demás, el sufrimiento es inmediato y obvio. Mediante el entrenamiento en mindfulness tomamos consciencia de la intención antes de hablar o de actuar. Esto nos da un pequeño espacio, una pausa, para considerar si esta acción se alinea con la sensibilidad de nuestro corazón o si, en cambio, hace que nuestro corazón se cierre, bien con respecto a nosotros mismos, bien con respecto a otros seres. Cuando valoramos de esta manera nuestras relaciones humanas purificamos nuestra palabra y nuestro comportamiento de los «tormentos transgresivos» que se manifiestan motivados por la codicia, la aversión y la ignorancia y que nos causarían daño a nosotros mismos y a los demás.

De esta manera evitamos, mediante el autocontrol, el sufrimiento concerniente a las relaciones interpersonales dolorosas y ofensivas, así como el remordimiento, arrepentimiento, culpa y vergüenza que podamos sentir ante el oprobio y el castigo social que podamos recibir de otras personas. Si pudiéramos reducir así nuestro sufrimiento, esta ya sería una reducción considerable. Solo tenemos que mirar las noticias del día para comprobar que hay una lista importante de miseria humana causada por la falta de autocontrol. Podemos hacerlo mejor en nuestras vidas cuando tenemos una atención consciente de la intención de hablar y actuar. El resultado es la felicidad que nos da la existencia de una mayor armonía interna y externa.

Sin embargo, si somos lo suficientemente cuidadosos como para no actuar de una manera que pueda ser dañina para nosotros y para los demás, puede que aun estemos ardiendo internamente y obsesionados con lo que nos gustaría decir o hacer cuando estamos bajo la influencia del deseo, la aversión y la confusión. Puede que este sufrimiento no sea obvio para los demás, en el sentido de causarles un daño directo, pero nosotros estaremos sufriendo bajo los efectos de la ansiedad, la depresión, el miedo, culpar a otros, la obsesión, la compulsión, etcétera, mientras maquinamos y hacemos estrategias para ver cómo deshacernos de nuestro sufrimiento.

Es aquí donde aparece el segundo entrenamiento del camino noble de ocho factores: la práctica del mindfulness para gestionar las condiciones que nos generan angustia. Con práctica, este entrenamiento nos puede traer un alivio substancial y, a menudo, inmediato. Simplemente tomar consciencia de la capacidad discursiva de nuestro sufrimiento, de lo que estamos sintiendo a nivel emocional, de cómo se siente en el cuerpo y de identificar la naturaleza de nuestro estado mental, nos ofrece un descanso del sufrimiento obsesivo, indulgente y tormentoso del corazón y de la mente. Hay una gran diferencia entre quedarse atrapado en el enfado («¡Estoy tan enfadado!»), ser consciente de la historia con la que justificamos el enfado («¡Él me hizo esto!») y ser consciente de que el enfado ha surgido y que se siente de tal o cual manera. El mindfulness momentáneo purifica la mente en ese justo momento. La purifica de los «tormentos obsesivos» que se manifiestan como desenfrenados pensamientos de aversión, deseo o ignorancia.

Mediante el interés sostenido en la atención consciente del sufrimiento interno, disfrutamos de alivio frente al deleite compulsivo de la mente en sus hábitos dolorosos. Por un momento, la mente está libre de sus tormentos obsesivos. Generalmente esto se manifiesta como calma, espaciosidad y estabilidad, con un cierto grado de claridad. Este apartamiento,* reclusión o distancia de la mente respecto a los estados de la mente obsesivos y dolorosos es un gran alivio y representa también un tipo de felicidad que no podemos comprar o conseguir a través de otros. Únicamente podemos conseguirlo cultivando y desarrollando nuestra propia mente.

Aun así, todos sabemos cuán impredecible es la vida. Nos es imposible saber cuándo ocurrirá un suceso capaz de activar nuestras obsesiones internas o nuestra explosividad emocional, es decir, aquellas que nos llevan a actuar de una manera que causa daño. Simplemente, no es posible controlar las condiciones externas para aislarnos de las condiciones desfavorables y no placenteras que surgen de forma inesperada. Nuestro caso tampoco es aquel en el que el mindfulness sea tan continuo que podamos darnos cuenta de cada estímulo que pueda condicionar una reacción física o mental. Para dar respuesta a este hecho de la vida, el Buda nos ofrece un entrenamiento más sutil y poderoso, el desarrollo de la *vipassanā,* que purifica nuestra comprensión acerca de los «tormentos latentes».

Los tormentos latentes son creencias erróneas y supuestos no examinados que están profundamente enraizados en no-

* *N. del T.*: aquí «apartamiento» significa que, aunque estamos participando de la experiencia, somos conscientes de ella de modo tal que las distorsiones no se apoderan de la mente. Por este motivo, en cada uno de esos momentos la tranquilidad está presente.

sotros y que nos hacen creer que podemos asegurar la felicidad de forma efectiva recurriendo a estrategias disfuncionales basadas en el deseo, la aversión y la ignorancia. Ganar comprensión de *vipassanā* en estos supuestos y creencias nos permite comprender su naturaleza de una forma gradual y nos permite comprender cómo nos hacen sufrir. Cuando lo vemos de esta manera, la sabiduría crece. Es la sabiduría la que extirpa los supuestos y creencias erróneos que ahora somos capaces de ver. De este modo, la proliferación de deseos, aversiones y autoengaños quedan cortados de raíz en el corazón y en la mente mucho antes de que puedan ocurrir en esta de manera obsesiva y de que podamos ponerlos en práctica.

Estos tres entrenamientos del camino noble de ocho factores –vivir en armonía, apartar, retirar o distanciar la mente mediante el mindfulness, y el desarrollo del conocimiento de *vipassanā*– son el trabajo que realiza la atención consciente cuando se aplica de estas tres maneras. En todos los casos, el mindfulness es necesario y el resultado es menos sufrimiento.

Los tres entrenamientos del camino noble de ocho factores

Purificando la palabra y el comportamiento: vivir en armonía

El primer entrenamiento del camino noble de ocho factores comprende tres factores. Son: palabra correcta, acción correcta y vida correcta. Estos tres factores purifican la mente de la ira, el deseo y la ignorancia para que no hablemos ni actuemos de un modo que cause daño a los demás.

Por lo general, esto implica tomar los cinco preceptos: abstenerse de matar, robar, tener una conducta sexual que cause daño, mentir y tomar intoxicantes. Mahāsi Sayadaw reconoce lo siguiente:

> Los cinco preceptos son universales y están presentes tanto si existen las enseñanzas del Buda como si no. Se presentan en todas las sociedades humanas por igual, sin importar el tiempo o el lugar. Romper los cinco preceptos constituye inevitablemente una ofensa, mientras que observarlos genera mérito. Esto es simplemente así, no es algo que decidiera el Buda.

Todos sabemos lo difícil que es entrenar de esta manera nuestra palabra y nuestro comportamiento, y también sabemos lo doloroso que resulta recibir las acciones de los demás cuando no guardan estos preceptos. Las indiscreciones pasadas pueden atormentar la mente y causar mucha culpa, arrepentimiento, remordimiento o una autocrítica severa, y pueden dificultar nuestra capacidad para establecer una continuidad de la atención consciente, tal como nos indica Mahāsi Sayadaw:

> Durante el transcurso de este tiempo de práctica, [...] las personas tienden a considerar su comportamiento moral, y, si encuentran que este es deficiente, sus corazones no están en paz. Tienen tendencia a sentir mucho remordimiento cuando recuerdan una transgresión pasada, incluso si su moralidad es pura en ese momento. Si no pueden poner fin a esos remordimientos, preocupaciones y ansiedad, esto puede romper su meditación *vipassanā*.

Sin embargo, la aspiración de despertar es poderosa y, cuando aspiramos de forma sincera a practicar la atención consciente, el poder de la intención junto al esfuerzo aplicado puede ser un apoyo para el desarrollo de la capacidad de ser consciente. Justo a esto nos anima Mahāsi Sayadaw:

> Uno debe ejercer el autocontrol: pensar, hablar y actuar solamente de forma que sea beneficiosa; que solamente aquello que es beneficioso entre por las seis puertas de los sentidos; ten especial cuidado en hacer surgir solamente lo beneficioso; soporta con paciencia cualquier cosa que suceda; y haz un gran esfuerzo para no enredarte con pensamientos no beneficiosos. Si poseemos este tipo de autocontrol, raramente pensaremos en algo perjudicial.

Mahāsi Sayadaw también nos ofrece apoyo confirmando que:

> La mayoría de las transgresiones morales de las personas laicas no crean obstáculos para la iluminación [...]. Uno puede, ciertamente, lograr concentración, conocimiento de *vipassanā*, el camino y el fruto, tan pronto como las perfecciones (*pāramīs*) han sido cultivadas y desarrolladas suficientemente.

Nos aconseja:

> Protege tu moralidad con sumo cuidado, tal como protegerías tu propia vida. No debes ser negligente en lo que respecta a tu comportamiento, pensando que puedes corregirlo más tarde. Puede que mueras en cualquier momento. El comportamiento moral es especialmente importante para aquellos que practican la meditación.

Y también admite así el beneficio que tiene la práctica de la *vipassanā*:

> Cuando estas personas consideren que su moralidad ha sido pura durante mucho tiempo o, al menos, durante el tiempo que han practicado meditación, no cabe duda de que sentirán alegría, gozo, deleite, calma y tranquilidad por ello. Como resultado, su concentración y su comprensión de la *vipassanā* mejorará.

De esta manera, el primer entrenamiento del camino de ocho factores –purificar la palabra y el comportamiento– implica una atención consciente de la intención de hablar y de actuar. De hecho, uno debe ser consciente de su mente durante todo el día, dado que hablamos y actuamos continuamente, excepto cuando estamos durmiendo. Si podemos tomarnos en serio este primer entrenamiento y practicarlo diligentemente, cuando abordemos el segundo y tercer entrenamientos del camino de ocho factores nuestra mente estará muy asentada y sentirá familiaridad con ambos.

Purificar la mente es apartarla de las obsesiones

El segundo entrenamiento del camino noble de ocho factores se compone de tres factores: energía correcta, correcto mindfulness y correcta concentración. El «correcto» en estos factores se refiere a que estos factores no causan sufrimiento, o que provocan que tengamos menos sufrimiento, o que nos llevan al fin del sufrimiento.

Este entrenamiento es el desarrollo de una continuidad ininterrumpida del mindfulness hasta el punto en el que la mente está momentáneamente libre de cualquier obstáculo, obstrucción o pensamiento inesperado durante un período de tiempo largo;* esto quiere decir que la mente está purificada. Subjetivamente, la mente se siente en calma, clara, sin huecos,

* *N. del T.:* cuando dice «largo» el autor quiere indicar: uno o dos segundos al principio; un minuto con una práctica moderada; después cinco minutos; con más práctica el período es más largo aun (comunicación personal).

continua, estable, luminosa, y apartada pero no disociada del contacto sensorial con el mundo.

Este estado suele definirse y experimentarse como un alivio sereno y tranquilo respecto a la habitual verborrea mental. En la lengua pali de las enseñanzas budistas se le llama *samādhi*, traducido generalmente como «concentración». Concentración hace referencia al recogimiento, continuidad y estabilidad de la mente. Normalmente la experimentamos como la quietud de la mente tras un arduo esfuerzo meditativo. Además es un gran alivio y una muy bienvenida «golosina espiritual», tal como la llamaba uno de mis maestros.

El Buda expuso una gran variedad de meditaciones mindfulness. Cuando el resultado del esfuerzo meditativo es una continuidad en el acordarse de reconocer el objeto de meditación momento a momento, la pureza de la mente brilla por momento. De ahí que la pureza de la mente sea un efecto de la continuidad del mindfulness.

Cuando uno contempla de un modo continuo el objeto de meditación para bloquear los pensamientos que obstaculizan, la mente, de forma gradual, se vuelve tranquila y calma. Cuando el objeto meditativo es una idea conceptual, un pensamiento o un objeto –por ejemplo, el reconocimiento de estar inspirando y espirando (solamente conceptual), una imagen (visualización), un sonido (mantra), o un estado mental (amor, compasión y demás)–, la atención de la mente se dirige de forma repetida hacia el objeto. Con cierto grado de continuidad, la mente se conecta y sintoniza íntimamente con el objeto de forma sostenida y, así, tiene menos disponibilidad para los pensamientos perdidos que ocurren en ella. El *samādhi* es este modo de estar apartado y ofrece un alivio inmediato de las condiciones estresantes, tanto internas como externas.

En la meditación *vipassanā* (mindfulness dirigido al cambio momentáneo de los objetos mentales y materiales), el objeto que anotamos,* o del que somos conscientes, es la sensación que sentimos de la experiencia del momento presente, ya sea del cuerpo o de la mente. Según las enseñanzas de Mahāsi Sayadaw, el ascenso y descenso del abdomen se utiliza como el objeto de meditación principal hacia el que dirigir la atención. Al comienzo de la práctica, uno solamente puede imaginar conceptualmente la experiencia de movimiento del abdomen, tal como se explica a continuación:

* *N. del T.*: Aunque generalmente la palabra «anotar» se utiliza como sinónimo de etiquetar no es así en el caso de este libro. En este libro, anotar significa una cosa y etiquetar, otra. Unas veces anotar va acompañado de etiquetar y otras, no. El Venerable Mahāsi Sayadaw describe en este libro que al comienzo, cuando observamos o anotamos un fenómeno, lo etiquetamos. Más adelante, cuando los objetos pasan muy rápido los anotamos u observamos, pero no los etiquetamos, puesto que van demasiado rápido y no tenemos tiempo (véase, por ejemplo, pág. 336-337). También podemos etiquetar algunos, aunque seremos conscientes de más objetos en el tiempo que etiquetamos uno. Al final de la práctica continuamos observando y etiquetando, pero la práctica básica es anotar o ser consciente, y etiquetar es un apoyo para esto, aunque no es la práctica principal. En este último caso, al contrario que en los comienzos de la *vipassanā*, estas anotaciones tienen siempre una relación directa con fenómenos reales últimos y no se mezclan con conceptos. En la página 178 encontramos una explicación adicional: «Puede que te hagas la siguiente pregunta [...] claro conocimiento de *vipassanā*». Como traducción del inglés *note*, *noting* hemos utilizado: «observar», «notar», «ser conscientes de algo», «tomar consciencia de algo», «anotar», «prestar atención a algo» o «darse cuenta de algo»; si bien en la mayoría de los casos hemos guardado la forma «anotar» para referirnos al caso específico de «observar y etiquetar».

> Aunque el meditador practica la observación desde el comienzo de su práctica, no puede distinguir los fenómenos mentales y materiales. Su comprensión es todavía bastante ordinaria: el meditador o meditadora ve el objeto conceptualmente.

Al comienzo, cuando el meditador dirige su atención hacia el abdomen, surge con frecuencia una imagen conceptual de su forma o la idea de la posición del abdomen. Esto es lo que uno ve. Con una atención continua, podremos «ver» el modo y manera del abdomen; por ejemplo, plano, distendido, deshinchado o hinchado. Solo con una observación persistente uno podrá tomar consciencia o «ver» la cualidad única o esencial, la característica o la naturaleza de la experiencia (*sabhāvalakkhanā*); por ejemplo, tensión, movimiento, presión o tirantez. Las dos primeras maneras de ver que hemos mencionado son conceptuales y no pueden llevarnos a una comprensión de *vipassanā* genuina. Pueden ser suficientes para lograr calma o tranquilidad y, con cierta continuidad, un *samādhi* libre de obstáculos, pero nada más.

Además, cuando comenzamos a meditar la acción del mindfulness y el objeto observado no son simultáneos. Con frecuencia, el objeto aparece y cesa antes de que la consciencia lo vea. El mindfulness llega al objeto con lentitud o tarde. Cuando hay perseverancia en el interés y la atención que dirigimos al objeto, el surgir o suceder del objeto y el mindfulness del objeto comenzarán a ocurrir de manera simultánea o concurrente. Solo entonces el mindfulness es suficiente para lograr un conocimiento de *vipassanā*, es decir, un conocimiento de la naturaleza única de la experiencia y, finalmente, de las características universales de la experiencia.

La observación conceptual y el tomar consciencia de forma no simultánea son, para todo el mundo, el punto de partida y entrada en la práctica de la meditación *vipassanā*. Ahora bien, cuando se han establecido y la experiencia de un mindfulness dirigido a la *vipassanā* es concurrente con los objetos, la práctica puede continuar.

Cada momento de experiencia es diferente. Así que, aunque la atención se dirige a una secuencia continua de objetos o experiencias cambiantes, la mente se libera momento a momento de los pensamientos que obstaculizan. Como explica Mahāsi Sayadaw:

> Cuando el proceso meditativo (de la *vipassanā*) continúa con una pureza ininterrumpida, los pensamientos y otros obstáculos no interfieren en el proceso. En esos momentos, cada vez que tomamos conciencia del objeto y lo anotamos se produce una concentración potente y clara hacia el fenómeno material o mental que constituye en este caso el objeto de meditación. Esta es una concentración momentánea que surge gracias a una observación momento a momento [...]. Esta observación momento a momento se desarrolla de forma natural en el curso de la práctica de la *vipassanā* [...] (y) es suficiente para producir la purificación mental necesaria para el conocimiento del camino y el conocimiento del fruto (el despertar).

Las dificultades para establecer una continuidad suficiente del mindfulness que nos permita lograr una comprensión de *vipassanā* más profunda vienen por los conocidos obstáculos de apego, aversión, pereza y letargo, agitación, duda, junto a otros pensamientos inesperados. Todos ellos surgen cuando no somos capaces de observar las experiencias momentáneas en el momento en que suceden. El esfuerzo para superar y comprender estos obstáculos es el trabajo esencial de una meditación mindfulness para desarrollar *vipassanā*.* Esto implica el uso de una aproximación gradual que tenga en cuenta la tendencia habitual de la mente de recurrir a estrategias disfuncionales para intentar asegurar nuestra felicidad, seguridad y bienestar.

Trabajar con los obstáculos

1. El primer paso es reconocer estos estados mentales que, cuando suceden, se manifiestan como pensamientos y sentimientos. Esto no es fácil, porque estamos tan habituados a ponerlos en práctica que generalmente no somos capaces de reconocerlos, sino que simplemente los asumimos y justificamos la situación diciendo que nosotros somos así. Incluso cuando sabemos que son estados mentales no beneficiosos que nos causan sufrimiento nos es difícil identificarlos cuan-

* *N. del T.*: Steve Armstrong aclara aquí (comunicación personal) que este no es un mindfulness que tenga como objetivo relajarse, ser creativo o mejorarnos a nosotros mismos, sino que tiene como objetivo cultivar la meditación *vipassanā* (esto es, reconocer las tres características universales de impermanencia, insatisfacción y ausencia de lo esencial, en todos los fenómenos).

do suceden. Es más frecuente vernos atrapados en su historia que reconocerlos.

> El deseo sensual se manifiesta con frecuencia como pensamientos acerca de los objetos de los sentidos. Esto es una distracción. También puede manifestarse como un suave o ligero deseo conectado con la práctica misma.

Cuando hacemos un esfuerzo continuo para reconocer el objeto principal, en este caso el movimiento ascendente y descendente del abdomen, en algún momento lograremos reconocer cuál es nuestra experiencia del momento presente cuando esta no es el objeto específico que queremos observar. Cuando atendemos al movimiento ascendente y descendente del abdomen al respirar, una experiencia que es relativamente amable, mundana y ordinaria, gradualmente la continuidad del mindfulness crece. De este modo, cuando otra experiencia consigue atraer la atención lejos del objeto principal, la mente entrenada en mindfulness, recordando que debe reconocer el momento presente, ciertamente es capaz de reconocerlo.

> Te darás cuenta de que una atención ignorante es la que hace surgir el deseo sensual y el resto de obstáculos, y que la atención sabia es la que los disipa.

2. Cuando esto sucede experimentamos con frecuencia una reacción momentánea de desazón, de disgusto o un senti-

miento de culpa ante el resultado fallido de nuestros esfuerzos. Esto también debe ser reconocido y aceptado. ¡Después de todo, el mindfulness es ser consciente del momento presente! Cuando reconocemos un condicionamiento de la mente profundo y habitual, en lugar de estar generando aversión a reconocerlo, estamos, de hecho, practicando mindfulness con éxito. Una manera práctica de responder a esto es simplemente relajarse y aceptar. «Ahora, esto está sucediendo así».

Todos queremos ser buenos meditadores, pero todos estamos llenos de comentarios negativos acerca de cómo lo estamos haciendo. Parece que el mindfulness esté revisando nuestra historia personal. Esta revisión nos revela una cantidad considerable de experiencias de sufrimiento similares que tendremos que reconocer y aceptar. Es como si destapáramos las raíces experienciales profundas de nuestra personalidad, llevándolas a un espacio de atención a la luz del mindfulness.

Recuerdo la ocasión en la que vi un hábito inconsciente de la mente que nunca había visto antes. Había practicado como *bhikkhu* durante un tiempo en el centro de meditación de Mahāsi en Rangún y el *momentum* del mindfulness era bastante continuo. Sin embargo, comencé a ser consciente de un colapso periódico de la energía y de la confianza. Cuando observé más detalladamente descubrí que me repetía mentalmente la siguiente creencia: «¡Oh, pobre de mí, no puedo hacer esta práctica!», seguida de una creencia que había racionalizado, como «¡soy demasiado viejo!», «¡soy demasiado estúpido!» o «¡mi juventud perdida en la comuna dañó mi mente!», entre otras.

Cuando reconocí la sensación desagradable subyacente, los pensamientos eran menos dominantes y creíbles. Sufría cuando quedaba atrapado en pensamientos de pena por mí mismo. En cambio, cuando era capaz de reconocer la sensación mental desagradable, entonces estaba practicando con corrección.

Entonces puse especial cuidado en observar esas sensaciones. Y, de este modo, dejó de surgir la complacencia con respecto a los pensamientos de pena por mí mismo. Es así como dejamos de sufrir: saliendo de la historia de nuestro sufrimiento y tomando consciencia de la realidad de nuestra experiencia momentánea.

3. Con este reconocimiento y aceptación relajada, podemos ejercer cierto autocontrol para no dejarnos llevar por los estados tormentosos de la mente, y escoger, en cambio, ser pacientes y soportarlos, o sustituirlos por alguno de los antídotos. El amor bondadoso es un antídoto para muchos tipos de aversión. Cuando culpamos, el perdón es un antídoto. Las historias acerca de los retos que han superado otras personas nos sirven, temporalmente, para lograr confianza y superar la duda. Hay muchas posibilidades para abordar de forma práctica un estado de la mente que nos desborda, que es frecuente y reactivo, en lugar de apartarlo motivado por la aversión, o de ceder a él poniéndolo en práctica.

La duda escéptica son las dudas acerca de si la bondad de la *vipassanā* consiste o no en observar con sencillez el estado de la mente y los fenómenos materiales-físicos que surgen en el momento presente. Esta duda es tan sutil que raramente la detectamos y, en cambio, suele confundirse de manera errónea con investigación. Esta duda se esconde bajo el conocimiento analítico. Para el meditador que duda y cae presa de la vacilación, la indecisión y la procrastinación es imposible continuar practicando. Sé cuidadoso y no confundas la duda con el conocimiento analítico.

4. Nos puede ayudar resituar nuestra comprensión para recordar que es justo esta experiencia el lugar en el que debe asentarse la atención consciente. Cuando estos estados son habituales en nosotros significa que nos hemos complacido con frecuencia en esta manera de pensar. Incluso con tanta frecuencia que cuando sucede de nuevo llegamos a exclamar «¡siempre tan impaciente!», «¡siempre estoy deprimido!». De esta manera, lo que estamos haciendo es eternizar una experiencia fugaz cuando en realidad solo nos sentimos así en ese justo momento. ¡Poner especial atención en tomar consciencia cuando no estamos impacientes o deprimidos puede ser un alivio!

   Sin embargo, cuando sentimos que siempre tenemos este o aquel humor, el camino hacia la creencia «yo soy una persona impaciente» o «yo soy una persona deprimida» es corto, resbaladizo y empinado. Lo que hace el conocimiento de *vipassanā* es extirpar de la mente estas creencias tan sólidas. Y esto lo hace cuando es consciente de las tendencias latentes que presuponemos y de las creencias que soportan nuestra identidad.

> Contemplar la luz del sol, de la luna, de las estrellas y de la luz que surge en (el campo perceptivo de la mente durante) la meditación se llama «observar la luz». En el contexto de la práctica de *vipassanā*, (cuando uno está) contemplando los fenómenos mentales y materiales experimentándolos vívidamente [...] la somnolencia, el embotamiento y la pereza desaparecen.

5. Es el mindfulness el que revela la verdadera naturaleza del estado de la mente actual penetrándolo y probando su sabor único –o lo que es lo mismo, nuestra experiencia de este estado–, en lugar de ser arrastrados y engullidos por los pensamientos o historias que generamos acerca de la experiencia. Cuando la mente se acuerda de reconocer la experiencia del momento presente, se encuentra entonces cara a cara con él, entra en él y lo observa desde el interior. Esta es una característica que encontramos únicamente en el mindfulness.

> Un estado agitado de la mente que pierde el contacto con el objeto mientras lo está observando es un estado de la mente que llamamos agitación. Se marcha del objeto. Es debido a la agitación que la mente no puede quedarse mucho rato en

el objeto, sino que con frecuencia pierde el contacto con él y va a algún otro lugar... Y debido a esta agitación de la mente [...] pasa de largo el objeto que deberíamos observar. La concentración momentánea que se enfoca en los objetos mentales y materiales de momento en momento se llama no distracción. La no distracción es un estado de la mente opuesto a la agitación. Sean cuales sean las corrupciones mentales que sucedan, uno debe ser resuelto y persistente en tomar consciencia de ellas sin interrupción alguna.

6. Cuando la experiencia del momento-presente es un objeto mental difícil y contactamos con él de forma directa e inmediata, este estado de la mente ya no representa un obstáculo para la práctica. En lugar de ello, se convierte en un objeto mental del mindfulness que está siendo reconocido en el momento presente. Así ve el mindfulness. Y la sabiduría comprende y experimenta por sí misma de un modo que no puede ser aprendido de ninguna otra manera. ¿Qué es lo que experimenta la sabiduría?:

   - ¡Esta experiencia no es satisfactoria!
   - Yo no invité a esta experiencia, ni me puedo deshacer de ella. Ha surgido debido a sus propias causas y condiciones.
   - Esta experiencia es efímera, no es permanente.

Estas tres experiencias directas son comprensiones de *vipassanā* que surgen de forma natural y espontánea como resultado de la atención consciente a todas y cada una de las experiencias. Conocer estas tres características de toda experiencia –que son insatisfactorias (*dukkha*), condicionadas (*anattā*) e impermanentes (*anicca*)– libera la mente de comprensiones erróneas que crean sufrimiento.

> Si... uno observa los fenómenos mentales y materiales en el momento en el que suceden, podrá experimentar por sí mismo que, en ellos, no hay nada más que mente y materia. Y la mente y la materia son condicionadas, impermanentes, insatisfactorias y carecen de una identidad propia.* Como resultado, uno estará libre del apego [...]. De este modo, la acción beneficiosa de la *vipassanā* nos libera [...] del ciclo del sufrimiento.

Opiniones erróneas que generan sufrimiento

Es posible que nos preguntemos ¿qué son las opiniones erróneas que causan sufrimiento? La respuesta no es ni exótica ni opaca ni esotérica ni religiosa ni abstrusa ni filosófica ni

* *N. del T.*: en el libro *Mindfulness y vipassanā*, la palabra *atta* se utiliza principalmente con el siguiente significado: alma, «yo», ser, Ser, persona. Como veremos a continuación, el negativo de este significado en la forma de *anattā*, por poseer varios aspectos, es difícil de englobar en una sola expresión. Basándose en los textos pali, el Venerable Nandisena nos resume por qué se llama *anattā:* 1) porque no es sujeto de control o autoridad (*avasavattana*); 2) porque carece de propietario (*asāmika*); 3) porque es vacío (*suñña*); 4) porque es lo opuesto de *atta* (*attapaṭikkhepa*); 5) porque no es sujeto de control o autoridad (*avasavattana*), y 6) porque no se comporta de acuerdo con los deseos.

Por todo ello, en este libro hemos optado por utilizar varias traducciones: «impersonal», «ausencia de una identidad propia» o «no esencial». Hemos preferido evitar la traducción más común «no yo» porque nos da una idea de personalidad en cuanto a carácter psicológico y porque se confunde con otra expresión pali (*ahaṃ asmi*: yo soy).

remota, pero sí que es difícil tenerla en cuenta, aceptarla y vivir en conformidad con ella.

La primera observación es reconocer y tomar consciencia de que disfrutamos de experiencias sensoriales placenteras, tales como imágenes o formas, sonidos, olores, sabores, sensaciones táctiles, actividad mental o sensaciones. No disfrutamos de las experiencias sensoriales desagradables. Por tendencia, buscamos siempre más placer e intentamos evitar las experiencias desagradable y dolorosas planificando, calculando, manipulando y defendiéndonos a nosotros mismos. Toda nuestra vida está orientada a esta búsqueda de placer con carreras, relaciones, familias o posesiones, entre otras. Y a ti, ¿te pasa lo mismo?

Lo siguiente que observamos es que no somos omnipotentes, ni somos capaces de hacer que las cosas sean como nos gustaría. Condiciones inesperadas que caen fuera de nuestro control inmediato nos afectan en cada momento y, muchas veces, desbaratan o destruyen nuestros planes y estrategias. Con frecuencia, cuando sucede esto nos sentimos tristes, enfadados, vacíos, derrotados y deprimidos. Para evitar el dolor del disgusto puede incluso que culpemos a los demás, o que nos causemos daño a nosotros mismos con comportamientos emocionales reactivos, consumiendo intoxicantes o desarrollando otros comportamientos obsesivos, compulsivos o adictivos. Y a ti, ¿te sucede lo mismo?

La tercera observación es darse cuenta de que, incluso cuando conseguimos lo que queremos, ya sean posesiones materiales, conocimiento, reconocimiento, relaciones, logros, abundancia de cualquier cosa que sea deseable, u otras cosas, de alguna manera no nos hace sentir tan felices como pensábamos y, además, nuestra satisfacción no dura mucho tiempo. También tenemos miedo de perder lo que hemos adquirido y nos vemos obligados a tomar medidas para asegurar un disfrute continuado de estas posesiones. Esto nos genera más preocupaciones, más ansiedad, nuevas necesidades de planificar, gastos, inseguridad, vulnerabilidad, lucha y miedo. Y tu experiencia, ¿es también así?

Si es así, la pregunta que debemos hacernos es: si es de este modo, entonces, ¿por qué estoy haciendo esto? ¿Qué es lo que me hace pensar que es posible conseguir lo que quiero? ¿Por qué no estoy aun satisfecho con todo lo que he conseguido y adquirido? ¿Creo que es posible estar satisfecho de una manera duradera? ¿Tendré suficiente alguna vez? Si fuera así, ¿cuánto me llevará conseguirlo?

En algún lugar, bajo todos estos negocios, intentos de conseguir y esfuerzos hay unas creencias y supuestos muy enraizados que nos empujan a actuar de una manera que no nos satisface.

- Creemos profundamente que las experiencias placenteras nos harán felices.
- Sentimos que debemos ser capaces de hacer que nuestro cuerpo se sienta cómodo y que nuestra mente esté feliz.
- Creemos que si logramos lo que queremos, entonces seremos felices.

- Cuando somos infelices tenemos una sensación sutil de que esto será así toda la vida.
- Cuando estamos felices con una experiencia, también tenemos la expectativa de que continúe para así mantenernos felices.
- Creemos o tenemos la esperanza de que las cosas sean para siempre; por ejemplo, buena visión, unas facultades mentales claras, agilidad corporal o relaciones duraderas.
- En el fondo, sentimos que el sufrimiento no está bien, o que el sufrimiento no debería estar pasando, o que somos unos fracasados porque sufrimos.

Cuando hagamos una revisión de nuestros supuestos y creencias veremos hasta qué punto son falsas y, aun así, continuaremos sintiendo y viviendo como si fueran ciertas. Estas falsas creencias están tan profundamente enraizadas en nuestros corazones y en nuestras mentes que nuestra consciencia ordinaria es incapaz de acceder a ellas y comprenderlas como lo que son –falsas– en aquellos momentos en que más lo necesitamos. En cambio, las vivimos desde la oscuridad de la ignorancia y, como resultado, experimentamos sufrimiento.

El mindfulness dirigido a las experiencias momentáneas deja al descubierto estas creencias y supuestos justo en el momento en el que están condicionando activamente nuestro sufrimiento. Esta atención o mindfulness ve y siente la disonancia entre lo que creemos y la realidad que experimentamos. Cuando tenemos fe y confianza en la visión correcta del Dhamma, esta acompaña nuestro esfuerzo para que nuestra atención consciente esté presente y operativa. De esta manera, la mente puede estabilizarse y así ver profundamente las causas del sufrimiento, mientras la sabiduría, tras experimentar directamente, comprende la impermanencia, insatisfacción y naturaleza impersonal de los fenómenos.

Cada vez que observamos intencionada y conscientemente, con comprensión y sin una lucha o ansia por liberarnos del sufrimiento, debilitamos el hábito de estas visiones desviadas, de estos supuestos y de estas creencias y fortalecemos el tomar consciencia de tal modo que hacemos que la sabiduría crezca. Así pues, tanto el tomar consciencia como la sabiduría son cada vez más accesibles en cada una de las experiencias. Con el tiempo, estos supuestos opacos y creencias no ejercerán su efecto reactivo y dominante. En lugar de eso, la sabiduría estará disponible para guiar una respuesta compasiva a las condiciones actuales. De forma gradual, las estrategias disfuncionales de codicia, odio y confusión ya no podrán dominar nuestra mente y la consciencia con sabiduría de *vipassanā* guiará nuestro camino.

El comienzo de la *vipassanā*

Mahāsi Sayadaw identifica este proceso de atención a la naturaleza única y específica de las experiencias cambiantes de la mente y de la materia (el 5.º paso de «Trabajar con los obstáculos», véase pág. 48), tanto beneficiosas como perjudiciales, como necesario y suficiente para unificar y purificar la mente. También considera que es la base sobre la que surge un verdadero conocimiento de *vipassanā* (el 6.º paso de «Trabajar con los obstáculos», véase pág. 49).

> Este nivel básico de *vipassanā* con concentración momentánea comienza con el conocimiento que distingue entre fenómenos materiales y mentales. En este nivel de concentración, los pensamientos y los obstáculos no son capaces de interferir en nuestra práctica. Esto trae como resultado una mente libre de obstáculos, y es así como puede experimentar directamente y comprender las características particulares de los fenómenos mentales y materiales. Distinguir las características particulares da lugar a la aparición del conocimiento que distingue entre mente y materia [...]. Es imposible ser consciente de la naturaleza de los fenómenos mentales y materiales sin este nivel básico de concentración. Esta concentración momento a momento constituye una purificación de la mente que ayuda al desarrollo de los conocimientos de *vipassanā*, como por ejemplo el conocimiento que distingue entre fenómenos mentales y materiales.

A partir de aquí hace una distinción entre la potencia de esta concentración que ha llamado concentración momentánea o concentración momento a momento y aquella que se conoce como concentración de absorción tal como se experimenta en el *jhāna*; además, delimita para cada una de ellas sus propósitos respectivos. La concentración de calma mental nos acerca a *sukha* –un confort feliz para la mente y para el cuerpo–, mientras que la concentración momentánea de *vipassanā* lo acerca a uno al *dukkha* –dolor, inestabilidad, opresión, vulnerabilidad.

> La concentración momentánea puede crecer hasta llegar a la misma fuerza y potencia que la concentración que se construye centrándose en un solo objeto. Aunque se mueve entre diferentes objetos, los momentos mentales precedentes y subsiguientes están concentrados exactamente de la misma manera, pero un objeto tras otro. Cuando esto sucede, la fuerza de la concentración momentánea es comparable a la de la absorción de la meditación de calma mental. La diferencia es que el objeto de la absorción en calma mental es siempre el mismo y, por ello, no nos ayuda a ver con claridad los fenómenos mentales y materiales, su impermanencia, etcétera. El objeto de la concentración de *vipassanā* cambia constantemente. Este hecho nos ayuda a ver con claridad, a medida que el conocimiento de *vipassanā* va madurando, los fenómenos mentales y materiales, su impermanencia, etcétera. Esta es la única diferencia entre los objetos para estas dos formas de concentración –por ejemplo, la observación de la forma conceptual de la respiración produce calma mental, mientras que la atención a su roce y su movimiento produce conocimiento de *vipassanā*–. La mente puede concentrarse con la misma fuerza y potencia con ambos tipos de objetos.

Este vislumbrar incipiente de las tres características universales lo conocemos como el primer *vipassanā jhāna*.* Aunque no estamos absortos en ningún objeto, el desarrollo de los cinco factores de *jhāna* –conectar con el objeto, sostener el objeto, interés gozoso, *sukha* y unificación de la mente– es equivalente a los factores necesarios para entrar en la primera absorción de *jhāna*. Pero en nuestro caso, el objeto de la atención consciente es el conocimiento de la *vipassanā*. Este conocimiento es ahora una verdad empírica que hemos experimentado por nosotros mismos.

Mahāsi Sayadaw nos ofrece esta explicación en el *Manual of Insight* cuando afirma que:

> Aquellos que toman el vehículo de la *vipassanā* para iluminarse no necesitan desarrollar previamente la calma mental para purificar la mente, sino que pueden comenzar con *vipassanā* de forma exclusiva. La concentración momentánea que sucede cuando la práctica de *vipassanā* se fortalece lo suficiente sirve como purificación mental. El énfasis principal de este libro reside justamente en explicar este aspecto: cómo deben practicar aquellos que toman el vehículo de la *vipassanā* como práctica para el despertar; esto es, como desarrollar exclusivamente la *vipassanā* sin tener una base de concentración de calma mental.

* *N. del T.*: la expresión *vipassanā jhāna* aparece en algunos comentarios y además se considera sinónimo de *lakkhaṇa-upanijjhāna* que significa absorción (*jhāna*) en las características (comunes o universales) y cuyo uso es más común en el canon. Sin embargo no fue Mahāsi Sayadaw quien hizo popular esta expresión, sino uno de sus discípulos principales y maestro de muchos profesores del movimiento de *vipassanā* en occidente, Sayadaw U Paṇḍita.

La comprensión que purifica: la *vipassanā* que libera

El tercer entrenamiento del camino noble de ocho factores comprende dos aspectos: la visión correcta y el pensamiento correcto.

Cuando vemos una noticia en televisión vemos y escuchamos entre 10 y 20 segundos de acción y eso nos permite saber por nosotros mismos qué ha sucedido. Los comentaristas de televisión nos ofrecen opiniones y análisis que reflejan sus creencias acerca de aquello que todos hemos visto: nos dan su interpretación de cómo comprenden el suceso y de lo que significa.

Cuando terminan su comentario de 30 minutos acerca de las imágenes que vimos, ya no sabemos muy bien qué creer. Puede que también nosotros tengamos nuestras opiniones acerca del suceso, pero surge la siguiente pregunta: ¿qué perspectiva estamos tomando?, o ¿en qué interpretación estamos atrapados?, o ¿a través de qué lentes estamos viendo esa situación? Y puede que nos preguntemos, ¿y en qué momento y de dónde sacamos nuestra opinión por primera vez?

Sayadaw U Paṇḍita, el sucesor de Mahāsi Sayadaw en el centro de meditación de Rangún, solía decir: «Vivimos bajo múltiples capas de ignorancia». Acto seguido afirmaba que la tarea de eliminar estas capas de engaño es la tarea de la meditación *vipassanā* basada en mindfulness.

La primera capa de engaño queda al descubierto cuando nos damos cuenta de cuán frecuentemente nos quedamos perdidos en ensoñaciones, en una fantasía o en una historia, cuando en realidad estamos intentando ser conscientes del momento presente. ¡¿No os resulta asombroso?! Cuando practicamos atención consciente, no tardamos mucho en descubrir cuánto tiempo hemos estado en piloto automático, sin ser conscientes de lo que verdaderamente estaba pasando. Ni nos damos cuenta del discurso sobre el que damos vueltas y vueltas acerca de lo que nos sucede. Incluso con un interés sincero y con esfuerzo, acordarse de reconocer la realidad convencional con mindfulness es un reto. Del mismo modo, lo que suponemos y creemos sobre nuestras experiencias carece de claridad.

Nuestras creencias y supuestos sobre nosotros mismos y sobre nuestra vida están profundamente condicionados por nuestros padres, o por otras personas que han cuidado de nosotros, y quedan reforzados por otros familiares, compañeros y maestros. También por expertos religiosos, económicos, políticos, civiles y sociales. De ellos aprendemos, bajo su punto de vista, cómo son las cosas. Queda implícito en este condicionamiento la creencia de que esto que nos cuentan es aquello que necesitamos saber o hacer para pertenecer a estos grupos –para ser felices, aceptados y tener éxito–. Adquirimos una visión consensuada de la realidad, una comprensión mutua convencional que consta de mecanismos médicos, jurídicos, políticos, psicoterapéuticos y mecanismos no regulados por la ley para manejar diferencias de opiniones e ideas significativas, dañinas e inabordables.

Solo es necesario mirar las noticias diarias para darnos cuenta de que estas comprensiones consensuadas son implícitas, en el mejor de los casos, y, en general, a nivel práctico, son nominales. Esto, claro está, provoca una tremenda cantidad de sufrimiento cuando estamos lejos del consenso en teoría implicado. Queda claro que es necesaria otra manera de comprender el sufrimiento si, individual o colectivamente, estamos interesados en liberarnos del sufrimiento y sus causas.

Esto es lo que el Buda logró y lo que comparte con nosotros: cómo entender el sufrimiento, la causa de este sufrimiento, el potencial de poner fin a este sufrimiento, y el camino que lleva al fin del sufrimiento. Las cuatro verdades nobles son la visión correcta: un modo de comprender o entender que minimiza el sufrimiento y que nos permite que este termine.

Incluidas dentro de estas cuatro visiones u opiniones correctas encontramos otras opiniones o visiones que nos son útiles para dar apoyo y soporte a nuestro viaje del despertar a la verdad.

Podemos reconocer las cuatro verdades nobles y las otras opiniones o visiones correctas como un mapa hacia la liberación. Pero es solo un mapa y cada uno de nosotros debe emprender el viaje por sí mismo. Para ello necesitamos escuchar qué son estas opiniones correctas. Aunque es cierto que hay largos discursos y comentarios acerca de las opiniones correctas, una vez que las hemos leído o escuchado, debemos desarrollar una atención sabia para poder confirmar por nosotros mismos si estas opiniones y visiones están en concordancia con la verdad. Es aquí donde la meditación *vipassanā* da sus frutos. Es la *vipassanā* la que revela la verdad que está escondida bajo la visión convencional de la realidad. Revelar aquello que es real, veraz y realidad última es la tarea de la *vipassanā*.

Cuando los kalamas preguntaron al Buda cómo determinar qué maestro espiritual ofrecía el método correcto o la verdad, él les dijo:

> No aceptéis por tradición oral, no por linaje de la enseñanza, no por lo que hayáis oído decir, no por colección de escrituras, no a causa de la lógica, no a causa de la inferencia, no por consideración de causas, no por aceptación reflexiva de una idea, no por ideas especulativas, no por la competencia de un maestro, no porque un asceta sea reverenciado.
>
> Cuando comprendáis por vosotros mismos: «Estas cosas son beneficiosas, estas cosas son irreprochables, estas cosas son elogiadas por los sabios, estas cosas, cuando son aceptadas y practicadas, conducen a la felicidad y beneficio», entonces, habiendo comprendido, deberíais entrar y morar ahí.[6]

Nosotros también hemos tenido que afrontar retos similares cuando nos hemos visto obligados a determinar la veracidad de lo que hemos oído o la veracidad de nuestras propias creencias. Si sentimos esta llamada a descubrir por nosotros mismos aquello que es veraz y escuchamos el Dhamma, entonces, con confianza y con la aspiración de despertar, podemos comprometernos con la práctica del mindfulness. Cuando prestemos atención a la experiencia mental y material del momento presente, nuestras historias personales saldrán a la luz. Esta arqueología del corazón, con frecuencia fascinante, nos revelará una capa tras otra de condicionamientos. Las instrucciones del Dhamma y las enseñanzas nos ofrecen una manera de comprender los retos de la vida y el gran dolor y sufrimiento que hemos tenido que soportar debido a estos condicionamientos. La primera verdad noble se vuelve evidente.

El mindfulness siempre está acompañado de una mente honesta. Esto evita el autoengaño. Nuestro mindfulness supervisa internamente el cumplimiento de la integridad. Con este aliado, comenzamos a descubrir la realidad empírica que hay bajo las historias que empleamos para crear, proteger y defender nuestra idea de «mi ser»: de «mí» y de «mío». Las historias que hemos heredado de la familia en lo que respecta a clase, religión, riqueza y educación, junto a nuestra potencialidad genética y epigenética, son solo la punta del iceberg de capas adicionales de creencias condicionadas, congeladas, y de supuestos acerca de nuestro género, sexo, etnia y especie que condicionan nuestro actuar en el mundo.

Prestar una atención consciente a la serie de momentos-presentes deshace el entramado de «mí» y de cómo me convertí en quien «yo soy». Cuando lo vemos de esta manera, un fotograma tras otro, llega un momento en el que las memorias y fantasías nos revelan unos supuestos y creencias latentes que anteriormente permanecían ocultos a la consciencia ordinaria.

Ver que las raíces profundas de estos condicionamientos son la base de nuestra realidad relativa nos provoca, con frecuencia, una fortísima reacción personal de angustia, desencanto y desconfianza. Y solamente de forma gradual podremos recuperar y mantener la estabilidad de la mente. También es necesario que veamos cada una de las tendencias o estrategias disfuncionales que tenemos para manejarnos con el dolor; esto quiere decir, desmontarlas píxel a píxel prestándoles atención consciente. Es necesario un interés provisto de perseverancia y coraje para penetrar en los fenómenos materiales y mentales, dejando atrás la historia de la mente, y adentrándonos en la realidad empírica de la experiencia momento a momento.

Con el aumento del *momentum* del mindfulness, la estabilidad recogida de la mente es capaz de ver más profundamente las características particulares de cada experiencia momentánea. De esta manera degustamos realmente el sabor de cada una de las experiencias de la vida. Como dice Sayadaw U Paṇḍita: «¡La vida sin mindfulness es como la comida sin sal!». Insípida.

A medida que los velos de las convenciones y consensos comienzan a desprenderse de uno, tenemos disponibles las enseñanzas del Dhamma de la visión correcta. Estas enseñanzas nos ofrecen otra manera de comprender la situación. Pero solo mediante la experiencia directa de la atención consciente podemos confirmar por nosotros mismos que el Dhamma nos ofrece un método útil para comprender lo que ahora vemos como circunstancias de la vida adulta. Una de las cualidades del Dhamma es *ehipassiko*, que, *grosso modo,* significa «ver por ti mismo si el Dhamma es o no es veraz, útil y sabio».

Al comienzo, mediante la actividad de la atención consciente –que es acordarnos de reconocer, observar y saborear las experiencias del momento presente–, la sabiduría empírica reconoce un amplio catálogo de acontecimientos que hemos experimentado y que consisten en un conocimiento empírico y confirmado por nosotros mismos de lo que es real. Como reconoce Mahāsi Sayadaw: «Solo lo que experimentamos por nosotros mismos es realidad última».

Cuando el mindfulness penetra el velo de la realidad conceptual para reconocer el sabor particular de cada momento, dejando a un lado la visión condicionada y convencional de cada uno de ellos, comenzamos a ver la verdad de nuestras experiencias a través de los ojos de la visión correcta del Dhamma. También comenzamos a tener acceso a la experiencia de las características universales de todos los fenómenos. Nos damos cuenta de que todas nuestra experiencias son impermanentes –fugaces, inestables y, por ello, insatisfactorias– e impersonales –que surgen debido a causas y condiciones que están fuera de nuestro control.

> Cuando comenzamos a practicar por primera vez, solo nos es posible poner el foco en los objetos de nuestra mente cuando somos conscientes de ellos uno a uno. Sin embargo, con el tiempo, aprendemos a experimentar los fenómenos reales, aquellos que están más allá de los nombres o conceptos, a nivel último. De este modo, la percepción de la solidez y continuidad de los fenómenos se desvanece y uno es capaz de comprender las tres características universales.

La sabiduría de estas experiencias directas es la entrada en el verdadero conocimiento de la *vipassanā*. Mahāsi Sayadaw habla justamente de esto cuando nos confirma:

> Para poder desarrollar un verdadero conocimiento de *vipassanā*, comenzando por el conocimiento que discierne la mente y la materia, debemos observar los fenómenos últimos mentales y materiales en lugar de los objetos conceptuales.
>
> A medida que la realidad última emerge, los conceptos van quedando sumergidos.

El mindfulness de la *vipassanā* observa, dentro de la propia experiencia, un único fenómeno mental o material en cada momento: el más obvio, el más perceptible.

> No debemos buscar objetos externos para la meditación *vipassanā*. Si lo hacemos así provocará, generalmente, agitación mental. Y, a su vez, la agitación traerá consigo un desarrollo más lento de la concentración y del conocimiento de *vipassanā* [...]. Aquellos que se dedican a considerar y pensar tomando como punto de partida su comprensión común de las cosas no logran un conocimiento empírico profundo y no desarrollan concentración ni conocimiento de *vipassanā*.
>
> Solo podemos lograr la *vipassanā* cuando comprendemos internamente la mente y la materia tal como son [...]. En cambio, los

> conocimientos académicos no traen ningún logro. Sean cuales sean los objetos que percibamos a través de la consideración y la especulación son conceptos y no son realidad última, porque no existen de forma real, ni interna ni externamente.

En el primer capítulo de este libro, Mahāsi Sayadaw señala los cuatro factores que suponen el único medio de conocer empíricamente cualquier experiencia. Estos cuatro factores son sus características o cualidades destacables, su manifestación o la manera en las que se presentan, su función entendida como tarea u objetivo que cumplen, y su causa próxima o la condición o condiciones de la cual o de las cuales dependen.

> Solo podemos experimentar esos fenómenos reales últimos bajo una de estas cuatro modalidades. Si percibimos un objeto de cualquier otra manera, el objeto que percibimos no es un fenómeno que sea real en un sentido genuino, último o definitivo, sino un concepto de algo, por ejemplo su modo, identidad, imagen o forma sólida. Solo podemos experimentar un fenómeno tal como es si lo observamos en el momento en el que sucede.

Solo de este modo el mindfulness enfocado a la *vipassanā* puede acordarse de confrontar y observar directamente la experiencia mental o material del momento-presente. Esto lo hace conectando con el objeto y sosteniendo la atención en él. De esta manera, nos permite llegar al objeto de manera profunda, tocarlo de manera profunda e íntima, y reconocer con claridad su naturaleza única y diferenciada sin que los pensamientos acerca del objeto nos arrastren.

Las cinco facultades espirituales

Las cinco facultades espirituales lideran la aparición y maduración de los conocimientos de *vipassanā* desde su comprensión inicial de la materia y de la mente hasta el despertar que libera por completo. Las actividades de estas cinco cualidades de la mente aparecen de forma secuencial dado que tienen una relación de causa-efecto. Maduran gradualmente, se desarrollan de forma cíclica y tienen como resultado el despliegue progresivo del conocimiento liberador de la *vipassanā*. Como Mahāsi Sayadaw nos dice:

> Cuando la confianza, esfuerzo, mindfulness, concentración y sabiduría de un practicante de meditación *vipassanā* han conseguido fortaleza y equilibrio, el proceso de meditación continúa de forma ininterrumpida. Los pensamientos u otros obstáculos no interfieren en el proceso.

La confianza, el esfuerzo, el mindfulness, la concentración o la sabiduría son conocidos de forma empírica por el mindfulness cuando hay una experiencia directa de uno de los cuatro factores para cada facultad, esto es cuando nosotros mismos la saboreemos.

Por ejemplo, aunque de forma ordinaria pensemos que la confianza es un pensamiento, una cuestión de creencias, un mandato religioso, una sensación espiritual, una esperanza intuitiva o una garantía que proviene de tiempos pasados, si consideramos el consejo del Buda a los kalamas –un consejo sobre no aceptar nada por el mero hecho de estar basado en lo que uno haya oído, en la lógica, en la tradición, etcétera, sino de investigar mediante la observación directa para poder conocer por nosotros mismos–, entonces, solo mediante la atención consciente de la experiencia de la confianza podremos saber qué es esta realmente.

En mi primer retiro, el mindfulness me reveló qué era la confianza. Me reveló que es una experiencia personal y directa de su causa próxima, de su manifestación, de su función y de sus características, y no una creencia que hubiera leído en un libro, ni algo que hubiera escuchado en una charla, ni un conocimiento adquirido. Aunque yo no lo sabía en ese momento, lo que estaba experimentando era confianza. Simplemente era consciente de los elementos de mi experiencia del momento-presente: claridad (la manifestación de la confianza), dirección en la vida (la función de la confianza), fe (la característica de la confianza), inspiración para adoptar un cambio en mi tipo de vida (la función y la causa próxima de la confianza). Y era consciente de estos elementos de un modo tal que cuando surgió la confianza, yo la sentía de forma vivencial sin el conocimiento conceptual de lo que era.

Si previamente hubiera escuchado acerca de la visión correcta o acerca de la naturaleza de la confianza, quizá hubiera reconocido su apariencia. Pero en aquellos momentos, esas visiones correctas a nivel conceptual me eran desconocidas. Este es el modo en el que la *vipassanā* comprende mediante el mindfulness.

Saddha –confianza o fe– puede ser conocida de forma empírica de una de estas cuatro maneras. Surge cuando hay algo en lo que poner confianza, por ejemplo, el Dhamma, la propia bondad inherente, un maestro, etcétera. Estos son precisamente la causa próxima. Se manifiesta como una determinación firme y constante y una claridad sin ambigüedad alguna para reconocer la experiencia fugaz del momento presente. Esta claridad nos sirve a modo de brújula espiritual que apunta en la dirección de la bondad que hay en el corazón. Con esta brújula espiritual, aspiramos con seguridad a tener confianza en comenzar el viaje del despertar.

Tomar conciencia de la confianza condiciona que surja el esfuerzo. Aunque los *pāramīs** del *bodhisatta* habían madurado, la confianza necesitaba la chispa de ver y comprender con claridad los hechos de la vida adulta –ver a una persona mayor, ver a una persona enferma y ver un cadáver– para encender la urgencia espiritual que hace surgir el esfuerzo. Nuestra propia chispa personal, que, en algún momento, sintió con intensidad y perspicacia un sentido de urgencia –«¡Ahora es el momento!»– es la causa próxima para aplicar esfuerzo. Una vez que ocurre, el esfuerzo se manifiesta como la fuerza de

* *N. del T.:* traducido normalmente por «perfecciones». Véase nota 7.

la mente que no se apaga o cesa ante el dolor, las dificultades y los desafíos. El esfuerzo funciona como apoyo y soporte de los factores mentales concurrentes de atención, intención, dirigir, sostener, entre otros, en la actividad que ejerce la atención consciente. El esfuerzo se caracteriza por liderar y dar apoyo a estas facultades concurrentes de la mente en la actividad de tomar consciencia de un objeto.

Cuando surge el conocimiento empírico del esfuerzo, alguno de los elementos de la experiencia del momento-presente (el objeto sensorial) aparece en la mente a través de una de las puertas sensoriales. Cuando, previamente, hay una visión correcta del mindfulness, este funciona para recordar, confrontar y observar el objeto de los sentidos. Con esta manifestación del mindfulness, la cualidad única del objeto queda penetrada y tocada o saboreada íntimamente desde su interior. Reconocer claramente (percepción) el sabor único del objeto en cuestión es la causa próxima del mindfulness, que se caracteriza por evitar que la mente sea arrastrada por un torrente de pensamientos acerca del objeto. La continuidad de este mindfulness empírico se manifiesta como *samādhi*, focalización en punto, purificación o estabilidad de la mente. Cuando damos en el punto justo de equilibrio entre tranquilidad y rapidez de respuesta, el confort corporal y la felicidad de la mente son la causa próxima del *samādhi*. Una mente pura no vagabundea, ni se distrae con pensamientos que obstruyen. Esta característica viene dada por la estabilidad de los elementos dispersos de la mente. El *samādhi* se manifiesta como paz de la mente.

Cuando alguno de estos factores de *samādhi* es reconocido de forma empírica surge la sabiduría; lo hace gracias a que la atención sabia ilumina el objeto. La sabiduría penetra el velo conceptual del objeto observando la naturaleza intrínseca de los fenómenos mentales y materiales justo en el momento en el que surgen; lo hace atendiendo a sus características generales y específicas. *Pañña** se manifiesta como ausencia de perplejidad, que es lo mismo que decir ausencia de ignorancia.

Cuando crece la sabiduría que uno mismo ha experimentado y verificado, crece también la confianza en la práctica, en el maestro, en el Dhamma y en la capacidad propia para practicar de forma efectiva. Con el aumento de la confianza, surge aun más esfuerzo sabio y continuo, etcétera. Es así como la fortaleza de las cinco facultades crece de forma gradual, cíclica y progresiva, desde los estadios de la *vipassanā* hasta la experiencia directa de la iluminación.

La relación entre los cuatro factores (característica, función, manifestación y causa próxima) de las cinco facultades espirituales (confianza, energía, mindfulness, focalización en un punto y sabiduría), junto a las facultades mentales de atención y percepción que componen la sabiduría atenta, se muestran en el Anexo 1.

Puedes tener una experiencia directa del camino, el fruto y del *nibbāna* en cualquier momento dado, una vez que las faculta-

* *N. del T.*: *Pañña* es una palabra pali que significa «sabiduría».

des de confianza, energía, mindfulness, concentración y sabiduría estén bien equilibradas y en armonía.

La amplitud y alcance de la sabiduría

Según la enseñanza del Buda, la práctica de la meditación *vipassanā* nos permite experimentar y comprender directamente la naturaleza última de la mente y de la materia, ver sus características de impermanencia, sufrimiento y ausencia de identidad y experimentar directamente con comprensión las cuatro verdades nobles.

La amplitud y alcance de la sabiduría que se manifiesta gracias a las prácticas de *vipassanā* surge de observar directamente y como objeto las series de experiencias mentales y materiales que ocurren. Comenzamos con la creencia convencional y consensuada de cada experiencia y gradualmente llegamos a comprender un modo de relacionarnos con la experiencia que nos es útil para no sufrir con ninguna de ellas. Este es el camino de la purificación de la comprensión que nos lleva a liberarnos de los estados mentales que nos causan sufrimiento.

Aunque hay muchos modos diferentes de presentar la sabiduría que emerge de la práctica –esto quiere decir, muchas lentes diferentes desde las que puedes mirar la comprensión que surge–, Mahāsi Sayadaw describe con exhaustivo y minucioso detalle el progreso del conocimiento de la *vipassanā*. Lo hace describiendo la creciente experiencia directa con comprensión de las tres características universales: todas las experiencias condicionadas son impermanentes, todas son incapaces de traernos una satisfacción estable, y todas ellas son impersonales, es decir, no son susceptibles de estar bajo nuestro control personal.

Cuando observamos cuidadosamente, encontramos estas características en cualquier experiencia. No verlas nos indica que hemos perdido el foco y que, por lo tanto, no estamos sincronizados con cómo son las cosas. Estar fuera de sintonía causa fricción y esta fricción la experimentamos como sufrimiento. Cuando experimentamos directamente y comprendemos estas características, nos alineamos en cada momento, dejamos de forcejear y de sufrir, y disfrutamos de la experiencia directa de la paz.

Dado que hay muchos detalles por descubrir en el despliegue de estos conocimientos, Mahāsi Sayadaw nos advierte de que obtener previamente una comprensión detallada puede obstaculizar nuestra práctica de *vipassanā*.

> Aquellos que conocen o han oído hablar de los conocimientos de *vipassanā* puede que incluso encuentren o descubran más fluctuaciones. Por este motivo, es mejor no aprender de antemano acerca del progreso de los conocimientos de *vipassanā*.

Por respeto a la comprensión que tenía Mahāsi Sayadaw y para no añadir obstáculos a tu práctica, limitaré mi exposición a una visión general de los aspectos de la *vipassanā*. De este modo, espero que te anime y te inspire a embarcarte en el viaje del despertar para encontrar por ti mismo todo aquello que tus perfecciones acumuladas (*pāramīs*) te permitan descubrir.[7]

> No es posible saber de antemano si tus *pāramīs* han madurado lo suficiente para lograr un nivel (de despertar) específico [...]. Tampoco puedes decir ahora que tus *pāramīs* no han madurado. Además, de forma natural, tu propia práctica actual ayuda a la maduración de tus *pāramīs*. Así que, no debes evaluar si tus *pāramīs* están maduros.

Purificar la comprensión

¿Por qué es tan importante descubrir las características universales?

Asumir los preceptos para purificar el comportamiento dificulta que actuemos bajo el influjo inconsciente de nuestras estrategias disfuncionales de apego, aversión y confusión, que causarían daño a los demás. Este es un beneficio obvio e inmediato que respalda las relaciones armoniosas con otras personas y disminuye el sufrimiento interpersonal. Pero incluso cuando estamos poniendo en práctica el autocontrol puede que aun estemos atormentados por los pensamientos obsesivos alimentados por la codicia, la aversión y la ignorancia.

Podemos prevenir estos pensamientos obsesivos, que nos tormentan, mediante una continua atención consciente. Si en alguna ocasión estos pensamientos tienen la oportunidad de surgir, el mindfulness detiene su proliferación y existe la oportunidad de aprender acerca de su naturaleza. Los pensamientos obsesivos de deseo, irritación o confusión responden a estados perjudiciales de la mente; sin embargo, ser consciente de ellos es un estado útil y beneficioso de la mente.

La continuidad del mindfulness hace que ocurra el *samādhi*. El *samādhi* es el apartamiento de la mente de los tormentos obsesivos. Esto trae como resultado tranquilidad interna y estabilidad. Esto también supone un resultado obvio y beneficioso ya que previene el pensamiento obsesivo y compulsivo que fácilmente puede llevarnos a comportamientos inútiles y adictivos.

Sin embargo, incluso con la purificación del comportamiento y la purificación de la mente, surgen situaciones que provocan nuestra caída en pensamientos obsesivos y en comportamientos dañinos. Esto es posible porque hay una comprensión incorrecta. Quedamos atrapados cuando no comprendemos la situación en la que estamos envueltos. Cuando hablamos de la comprensión profunda de las tres características universales, estamos señalando a tres supuestos no examinados que quedan latentes en nuestra mente y que, cuando se activan, causan sufrimiento.

Ver la característica de la impermanencia

Aunque en el marco conceptual sabemos que todas las cosas son impermanentes, no vivimos desde esta comprensión. Y, en cambio, actuamos con frecuencia como si asumiéramos que es posible que las condiciones actuales duren. Un auténtico conocimiento de *vipassanā* en cuanto a la impermanencia de los fenómenos condicionados ocurre cuando el mindfulness ve la fugacidad de las características únicas y particulares de los sucesos. Mahāsi Sayadaw lo explica así:

> Observar la impermanencia significa ver cómo los fenómenos condicionados surgen y se desvanecen mientras observamos sus características particulares y únicas.
>
> Si uno presta atención a la impermanencia en sí misma, sin observar la particularidad y singularidad de las características [...] entonces el conocimiento genuino que se deriva de observar la impermanencia no puede desarrollarse. Esto se debe a que la impermanencia de la que uno es consciente es meramente conceptual.
>
> Comenzamos a desarrollar la observación y contemplación de la impermanencia desde el momento en que la *vipassanā* se vuelve suficientemente clara para romper la continuidad de los fenómenos.

El simple hecho de ver cómo la experiencia condicionada, fotograma a fotograma, se desvanece en un fenómeno pixelado nos permite comprender que aquello que existió hace un momento ya no existe más. Es un fenómeno nuevo en su totalidad. Pero dado que no prestamos una atención sabia a lo que vemos, no somos capaces de reconocer que las cosas han cambiado, a menos que haya una diferencia dramática en la apariencia que podamos reconocer. Incluso cuando esto sucede, continuamos pensando que es la misma persona. Si tomáramos una foto a modo de retrato en el mismo lugar cada día de nuestras vidas, veríamos un cambio gradual, como si hubiéramos sufrido una metamorfosis, desde la infancia hasta la niñez, y de esta a la juventud, luego la edad adulta, hasta la mediana edad y, finalmente, la vejez (si es que consigues llegar). Pero en realidad nunca hay tal metamorfosis; en lugar de ello, hay un nuevo surgir en cada momento.

Es como si experimentáramos la muerte en cada momento, pues nada es realmente lo mismo de un momento al siguiente. El concepto de «mi» permanece igual, pero la experiencia mental-material real es diferente. Cuando nos referimos al mundo convencional, tenemos que reconocer la continuidad de los individuos y de nuestras relaciones con ellos. Esto funciona bien hasta que no funciona: por ejemplo, cuando alguien muere o la naturaleza de una relación cambia. Y sea a través del concepto o de nuestra comprensión de la relación asumimos mentalmente una estabilidad o permanencia, pero la realidad de la experiencia ya ha dejado de existir. Esta discordancia causa sufrimiento.

> Solo podemos vivir cada momento presente de consciencia. Los momentos pasados ya no existen. Nunca vuelven. Se han ido para siempre, como los momentos de consciencia de quien ha fallecido. Por ello decimos que el cese de cada momento de conciencia es la muerte de ese ser.

La *vipassanā* se asemeja a aprender a cómo lamentarse y afligirse por la pérdida de todo lo que sucede. Aunque reconozcamos que la situación externa ya no está presente, podemos sentir esa pérdida. También sentimos la pérdida de nuestra identidad que queda condicionada por nuestro apego a esa persona o suceso. Esta pérdida nos deja un gran vacío que la práctica de la *vipassanā* nos enseña a reconocer sin tener que correr a llenarlo inmediata y apresuradamente con otra identidad a la que podamos aferrarnos.

> El propósito de la meditación *vipassanā* es observar tal como son, momento a momento, los fenómenos mentales y materiales, y extirpar el apego que permanece dormido en ellos.

> El propósito de la *vipassanā* es eliminar el campo de las distorsiones latentes.

Abandonamos la tendencia latente a percibir la permanencia donde no la hay cuando logramos ver y comprender directamente la característica de la impermanencia. Es necesario verlo no una, sino muchas veces, para poder extirpar de forma efectiva esta tendencia camuflada que supone permanencia, estabilidad y continuidad donde no la hay.

Pero es necesario responder a la siguiente pregunta, ¿qué percepción distorsionada de la permanencia debe ser abandonada?

Las distorsiones del pasado han desaparecido y ya no están aquí presentes, es decir, no es necesario que uno abandone las distorsiones previas. Las distorsiones futuras se manifestarán en algún momento, pero todavía no han ocurrido en el momento en el que la observación se produce. Por ello, tampoco es necesario que abandonemos las distorsiones futuras. Siempre que estamos observando la impermanencia en el momento presente, existe únicamente consciencia de *vipassanā* y no hay distorsiones que podamos abandonar, de tal modo que no necesitamos abandonar tampoco las distorsiones presentes. Cuando los fenómenos materiales y mentales que ocurren en las seis puertas de los sentidos no son observados y comprendidos correctamente como impermanentes, entonces estos fenómenos mentales y materiales son percibidos como permanentes, y es aquí donde las condiciones son las adecuadas para que las distorsiones ocurran. Por ello debes entender que las distorsiones que puedan surgir cuando las condiciones son las adecuadas son las que deben ser abandonadas. A estas distorsiones, que, de hecho, no pueden describirse como existentes en el pasado, en el presente o en el futuro, las llamamos «distorsiones latentes».

Cuando desarrollamos la visión profunda de la impermanencia, la visión de *vipassanā*, la sabiduría abandona las distorsiones latentes que permanecen inactivas en la mente y que tienen el potencial de hacernos sufrir en el futuro.

Cuando decimos «que permanecen inactivas» no queremos decir que existen escondidas en algún lugar, sino que, cuando las con-

> diciones son las adecuadas, proporcionan la oportunidad a las distorsiones de la mente para que surjan. Esto sucede, bien cuando el conocimiento de la *vipassanā*, o bien cuando el conocimiento del camino, todavía han de abandonar estas distorsiones.

Dado que el sufrimiento potencial deja de existir una vez que las distorsiones latentes han sido abandonadas, no existe la oportunidad para que una reflexión o consideración obsesiva nos lleve a comportamientos inútiles e insanos que causen sufrimiento y nos dañen a nosotros mismos y a los demás. Este es el fin del sufrimiento que nos pone al alcance el conocimiento de la impermanencia mediante la *vipassanā*, una característica presente en todas las experiencias condicionadas. Este conocimiento purifica la mente de la confusión.

Ver la característica de la insatisfacción

Tenemos tendencia a creer que una experiencia placentera nos satisface. Cuando experimentamos fenómenos placenteros, tenemos la tendencia de apegarnos a ellos para disfrutarlos también en el futuro. Sin embargo, la insatisfacción (*dukkha*) tiene tres aspectos: dolor físico y mental, capacidad de cambio de las experiencias agradables, y la condición de surgir y desvanecerse. Cuando hay alguna cosa en la que no vemos estos tres aspectos, nos aferramos a ella, ya sea recreándonos en las experiencias placenteras o con aversión hacia las experiencias desagradables.

Ver el dolor como dolor no es ver con profundidad, no es visión de *vipassanā*, es algo obvio. Sin embargo, ver los otros dos aspectos de *dukkha* es menos obvio. Los fenómenos placenteros no son dolorosos, pero, sin embargo, no son duraderos ¡justamente esta es la característica de la insatisfacción que hay en ellos!–. Y, en cambio, no siempre actuamos con este conocimiento: suponemos que lo que es placentero ahora siempre lo será, o que será placentero siempre que queramos recrearnos en ello. Tu comida preferida es agradable... una vez a la semana aproximadamente. Ahora bien, si tuvieras que comerla cada día, enseguida la encontrarías aburrida o desagradable. Hay muchas experiencias en la vida que comienzan siendo placenteras y que luego acaban así. Cuando no vemos las característica de *dukkha* como parte de la experiencia placentera, entonces siempre estamos corriendo tras estas experiencias.

Podemos tomar como ejemplo a personas sin suerte que están controladas por comportamientos adictivos que destruyen todas las cosas que para ellos son importantes en la vida –su salud, sus carreras, sus relaciones– y comprendemos entonces cómo nosotros, en cambio, nos movemos por la fuerza de ser conscientes de las cosas. Tanto si tenemos comportamientos adictivos como si no los tenemos, todos estamos familiarizados con los pensamientos obsesivos y con hábitos corporales compulsivos. Todos ellos pueden causarnos daño de manera inmediata, seguramente un daño a largo plazo y, sin duda, una disonancia interna debido a una falta de integridad a la hora de cuidar de nosotros de forma útil y beneficiosa. Esto es sufrimiento.

Suele decirse que la característica de *dukkha* queda oculta cuando cambiamos continuamente de posición.

> Si uno cambia de posición tan pronto como se presenta alguna que otra sensación desagradable por haber permanecido en la misma postura, entonces, incluso resulta difícil de percibir el surgir del dolor físico o mental, qué decir de la impermanencia del placer mental o físico o de la condición de estar sujeto al surgir y desvanecerse. Esto es así porque ambas quedan ocultas cuando cambiamos de posición.

Sin embargo, el mindfulness dirigido hacia las fugaces experiencias mentales y materiales ve sus características únicas y, cuando está maduro, también ve la característica universal de la insatisfacción.

> El conocimiento que comprende los objetos que observamos en el presente como objetos insatisfactorios lo llamamos «contemplación empírica de la insatisfacción».

La sabiduría de *vipassanā* acerca de la insatisfacción es similar a la sabiduría de *vipassanā* acerca de la impermanencia. En este caso, esta sabiduría abandona también distorsiones latentes que permanecen inactivas en la mente y que generarían el potencial necesario para sufrir en el futuro. Este conocimiento purifica la mente de confusión.

Ver la característica de la ausencia de personalidad

El supuesto de que somos seres autónomos capaces de controlar las experiencias de nuestro cuerpo y de nuestra mente está profundamente enraizado en la ignorancia. Dado que no somos conscientes de este supuesto, creemos que existimos en el cuerpo, que el cuerpo es mío, que yo poseo mi propio cuerpo, etcétera, y esto viene acompañado de mi sufrimiento acerca de mi cuerpo y de mi mente cuando no están en sintonía con mis deseos.

Desde una perspectiva relacional, esta es una creencia necesaria y útil. Cuando los seres no pueden ejercer con autonomía sus decisiones debido a la esclavitud, prohibiciones, falta de empoderamiento político o social, sentimiento de deshonra o inferioridad por verse sometidos a una autoridad externa, existe un sufrimiento tremendo y obvio. Estos comportamientos son inmensamente torpes y perjudiciales para los que los perpetran e increíblemente dolorosos para las víctimas. Mientras leemos esto, está sucediendo de manera habitual y generalizada en el mundo.

Hay motivos más que suficientes para dar respuesta a estos asuntos explicando la verdad de lo que sucede, con acción política y económica, confrontación compasiva y decisiones personales. De este modo, no contribuimos ni hacemos la vista gorda con tales sufrimientos. Además, es necesario que cada uno de nosotros examine cuidadosamente su vida para ver de qué manera nos estamos beneficiando de esta explotación y tomar los pasos necesarios tanto para minimizarlo como para remediar el daño hecho. Esto sería una sabiduría compasiva en acción.

Cuando hablamos de identificar la naturaleza impersonal de los fenómenos mentales y materiales no nos estamos refiriendo a esto; en realidad estamos hablando de darnos cuenta de que no podemos controlar nuestra mente. En la mente aparecen una infinidad de pensamientos que preferiríamos no tener que soportar. Esto también sucede con las experiencias físicas del cuerpo: desde crecer, envejecer y ser vulnerables a las diferentes enfermedades, hasta la muerte. Todas estas experiencias surgen de sus propias causas y condiciones, y estas causas y condiciones no están bajo nuestro control. No tenemos autonomía sobre ellas.

Además, como los fenómenos materiales y mentales suceden de manera continuada, no vemos los fenómenos de forma individual, sino que solo los vemos como se muestran cuando son percibidos de forma combinada, esto es como un «yo» sólido ya sea a nivel corporal o mental. Cuando nos aferramos a una idea de «mí mismo» como sólida y perdurable, establecemos las bases para el sufrimiento siempre que este sentido de «identidad» o de «yo» no quede afirmado por las condiciones externas, lo cual, tal como he descubierto, sucede con frecuencia.

Me gustaría compartir una historia que me sucedió y que nos muestra cómo la idea de tener derecho a algo puede llevarnos a una identidad que resulte dolorosa. Esta identidad, cuando es vista con consciencia, nos lleva a una comprensión liberadora de la impermanencia, de la insatisfacción, y de la evanescencia de la identidad.

Hace ya algún tiempo, debido a un cambio de planes, iba a perderme una reunión a menos que me admitieran en la lista de espera de un avión y que hubiera sitio. Llamé a la aerolínea y me aseguraron que había sitios disponibles de sobra en el vuelo nocturno que necesitaba tomar. Cuando llegué al mostrador para adquirir una tarjeta de embarque para pasajeros en lista de espera me dijeron que sería difícil que quedara un sitio libre porque el vuelo previo había sido cancelado y sus pasajeros habían sido transferidos a este.

Estaba ansioso por llegar a mi reunión, así que le recordé al personal del mostrador que era un viajero habitual, que tenía la tarjeta llena de puntos y kilómetros y que tenía una reunión al día siguiente, por la mañana temprano.

¡La puerta de embarque era un caos! Cuando finalmente conseguí llegar al mostrador le dije otra vez al personal de la puerta de embarque que era un viajero habitual con la tarjeta llena de kilómetros. Me dijeron que me quedara a un lado junto a los otros pasajeros que esperaban una oportunidad para poder viajar en lista de espera.

Cuando la mayoría de los pasajeros ya habían embarcado, los tres que estábamos en lista de espera permanecíamos allí con la esperanza de que nos pusieran al final de la cola de pasajeros. Recordé de nuevo al personal del mostrador que, dado que era un viajero habitual de la aerolínea y tenía muchos kilómetros en la tarjeta, si había un sitio disponible, aunque fuera uno solo, lo quería.

Allí, en la puerta del avión, nadie pensó que quedaran sitios vacíos, pero resultó que encontraron un asiento que quedaba entre otros dos, al final del avión. Yo levanté mi mano, ansioso e impaciente para que me escogieran, y me condujeron hacia la puerta. Una vez me dejaron entrar, me sentí aliviado y excitado por haber sido escogido. Llegué a mi asiento, uno bien estrecho, y me acomodé lo mejor que pude. En ese momento me percaté de que habían encontrado otro asiento vacío para otro de los pasajeros que quedaban en lista de espera. Después la puerta se cerró y ya estábamos a punto de separarnos de la puerta de embarque.

Hubo un último aviso para asegurarse de que todos los pasajeros estaban en el vuelo correcto: «Este vuelo va a Boston; si no viajas allí avísanos». Cuál no sería mi sorpresa, y así la del personal de cabina, cuando uno de los pasajeros de primera clase se dio cuenta de que no estaba en el vuelo correcto. Se levantó, y pidió permiso para abandonar el avión. La puerta se abrió de nuevo y el pasajero se marchó. Pero antes de cerrar la puerta, el personal de cabina invitó a subir al pasajero en lista de espera que aun quedaba, ¡y lo condujo al asiento de primera clase!

«¿CÓMO?», mi mano se levantó hacia el botón de llamada. «¡Escucha! Yo soy el viajero habitual. ¿No debería quedarme yo el sitio?». En el momento en que el avión se separaba de la puerta de embarque me dijeron: «Permanezca sentado. Está en el vuelo. Ahora estamos partiendo. Tiene un sitio».

Yo sentía que tenía derecho a ese sitio por la cantidad de kilómetros de vuelo que había hecho con esa aerolínea y mi mente daba vueltas y vueltas, sintiendo que mi indignación estaba totalmente justificada, maldiciendo por el modo en el que había sido tratado, al mismo tiempo que mentalmente redactaba la carta que iba a escribir a la compañía aérea cuando llegara a Boston. Durante la primera media hora tras el despegue, estaba fuera de mí, hasta que tomé conciencia de la situación: «Mira, estoy en el avión. Voy a Boston a tiempo para mi reunión. ¿Cuál es el problema? Si continúo con este enfado durante las siguientes cinco horas, estaré completamente agotado cuando llegue a la reunión por la mañana». Esto me permitió calmarme, zanjar el asunto y dejarlo ir. Estaba agradecido por estar en el vuelo.

Llegué a tiempo. Tuve mi reunión. Estaba contento por haberlo conseguido. Todavía era viajero habitual con la tarjeta llena de puntos por kilómetros de vuelo. Así que, de veras, ¿cuál era el problema? El único problema era que no había logrado confirmación de la aerolínea de mi estatus de viajero habitual. A parte de eso, todavía tenía mis kilómetros acumulados. Todavía tenía mi estatus con las ventajas ocasionales que ello comporta. Lo único que cambió es que dejé de sufrir cuando solté toda esta historia de quién era y de mis expectativas acerca de cómo debía ser tratado, además de dejar ir todo mi enfado. ¡El resto de cosas permanecieron exactamente igual!

Con qué frecuencia nos aferramos a una historia de nuestra mente acerca de esto o aquello que no hace más que causarnos sufrimiento. Cuando lo único que necesitamos para que el sufrimiento pare es que tomemos consciencia de las creencias y supuestos profundamente asentados en nosotros que causan el sufrimiento. Con esta forma de estar presentes, y atendiendo a nuestras sensaciones y a lo que estamos haciendo, podemos escoger dejar de sufrir cuando dejamos ir la historia –solo es necesario que nos demos cuenta de que hay esta opción y que la escojamos. Aquellos supuestos y creencias que no hemos podido ver condicionan nuestro sufrimiento. Y a menos que no los veamos, nos atraparán y sufriremos. El mindfulness dirigido a la *vipassanā* nos da la opción de ser conscientes de lo que realmente está sucediendo. Nos permite verlo como una experiencia momentánea ya sea física-material o mental. Este mindfulness dirigido a la *vipassanā* también nos permite ser conscientes de los supuestos que subyacen en nuestras historias acerca de lo que está sucediendo. ¡Es solo una historia! Creérnosla nos causa sufrimiento: verla y entenderla alivia nuestro sufrimiento.

Esta es la sabiduría que nos descubre el mindfulness: la experiencia de *dukkha* es dolorosa. ¡La comprensión de *dukkha* es liberadora!

> No hay una idea de mí mismo que pueda hacer lo que le dé la gana. Hay simplemente fenómenos que suceden de manera natural de acuerdo a las condiciones operantes.

Lo que hace que esta sabiduría se manifieste es el entrenamiento de la mente a través del saber del Dhamma, la consideración sabia y útil, y el cultivo y desarrollo de la mente. Pero ni tan siquiera aquí podemos apropiarnos de la mente o de la sabiduría. Estos son fenómenos de la mente que suceden de forma natural, e identificarnos con ellos como míos, mí mismo, o quién soy yo, es el apego más sutil que debemos reconocer y dejar ir.

Si piensas que tú estás practicando, o que la práctica es tuya, entonces la práctica no está libre de identificación personal y no puede ser considerada como una práctica que elimine las visiones erróneas acerca de la personalidad.

Si te sientes orgulloso de tu práctica y piensas: «Soy capaz de practicar bien, he aprendido a practicar correctamente», entonces tu práctica no puede considerarse como una práctica que elimine la vanidad.

Si te aferras a tu práctica, pensando que observas bien, que tu práctica va bien, o que tu observación y tu anotar son buenos, entonces tu práctica no puede ser considerada todavía como una práctica que está eliminando el apego, porque, de hecho, no puede eliminar el apego.

Incluso identificarse con la capacidad de la mente de saber es apego y es no ver la naturaleza impermanente del saber.

Hay momentos en los que el número de objetos diferentes que observamos se reduce a uno o dos, puede también que todos los objetos desaparezcan. Sin embargo, en estos momentos, la conciencia que conoce está todavía presente. En este espacio de cielo, claro y abierto, permanece solo una consciencia gozosa y muy clara, que es clara más allá de cualquier comparación, y extremadamente gozosa. Pero esta consciencia no va a permane-

> cer siempre. Su fraccionamiento en segmentos de conocer y desaparecer, conocer y desaparecer, es evidente. Debemos anotarlo como «conocer, conocer». Los yoguis tienden a deleitarse en esta consciencia clara y gozosa. Esto se conoce como *dhamma raga*. Bajo estas circunstancias, el progreso hacia estados superiores de conocimiento se vuelve imposible. Por ello debemos tomar consciencia de este deleite y etiquetarlo [también como impermanente].

¿Y qué nos queda entonces? Bien, nos quedan todos los fenómenos condicionados, que incluyen varios tormentos que suponen un gran reto, «golosinas espirituales» como la tranquilidad, el gozo, la dicha, el equilibrio, los conocimientos de *vipassanā* y la sabiduría, junto a la capacidad misma de la mente para conocer. Todos ellos son experimentados directamente y con comprensión como impermanentes, insatisfactorios e impersonales. Y al final de todo, ¿qué queda? Solo el alivio de lo no condicionado –*nibbāna*– y el cese de los fenómenos condicionados, que tiene la naturaleza de la paz.

> Uno experimenta y comprende la verdad del sufrimiento cuando la comprende por completo; uno experimenta y comprende la verdad de la causa del sufrimiento cuando la abandona; uno experimenta y comprende la verdad del cese del sufrimiento cuando lo experimenta; y experimenta y comprende la verdad del camino al cese del sufrimiento cuando lo desarrolla.

La sabiduría de *vipassanā* que comprende las tres características universales de impermanencia, insatisfacción y ausencia de personalidad purifica nuestra comprensión y libera nuestra mente del sufrimiento, tanto futuro como inmediato. Más que el beneficio que nos ofrece un comportamiento consciente en cuanto a relaciones armoniosas y sentirnos libres de remordimientos, y más que la tranquilidad que nos aporta la gestión consciente de las condiciones estresantes, lo que purifica nuestra comprensión es la liberación sobre los estados mentales que causan sufrimiento a través de una profundización consciente, con el mindfulness de *vipassanā*, en las tres características. Esta liberación es el beneficio más grande que aporta la práctica del mindfulness.

Conclusión

Mahāsi Sayadaw nos explica cómo el mindfulness para la *vipassanā* libera la mente.

> Si no observamos los fenómenos mentales y materiales cada vez que ocurren en alguna de las seis puertas de los sentidos, no podemos experimentar y comprender que no hay nada en ellos más que mente y materia, y que estas son condicionadas, impermanentes, insatisfactorias y carecen de identidad propia. Entonces, el resultado es que desarrollamos apego hacia los objetos que no somos capaces de observar. Si, por el contrario, observamos los

fenómenos mentales y materiales en el momento en el que suceden, experimentaremos y comprenderemos que no son más que mente y materia, y que estas son condicionadas, impermanentes, insatisfactorias y carentes de identidad propia. El resultado es que estaremos libres de apego hacia los objetos que seamos capaces de observar. De este modo, la acción beneficiosa de la *vipassanā* nos libera del apego, por eso es considerada como renuncia. Esta renuncia, a su vez, libera a los nobles del ciclo del sufrimiento (*saṃsāra*) mediante el desarrollo de la *vipassanā* paso a paso, hasta que logramos el *nibbāna*. Y es justo por su efecto liberador, por lo que la acción beneficiosa de la *vipassanā* es conocida como «la gran liberación de los que son nobles».

Solo podemos terminar con las propias palabras del Buda, no sería correcto hacerlo de otra manera.

El propósito de mis enseñanzas en cuanto
a la vida de santidad del Dhamma
no es para lograr ganancias y fama,
ni para lograr el dominio de la concentración,
ni para lograr el resultado de la visión y el conocimiento,
es para una liberación de la mente inamovible
por lo que se vive la vida santa,
esa es su esencia, ese es su núcleo, esa su verdadera plenitud.
(MN 29)

Prefacio

De Mahāsi Sayadaw

En las enseñanzas del Buda, la práctica de la meditación *vipassanā* nos permite experimentar directamente la naturaleza última de la mente y del cuerpo, ver las características comunes de impermanencia (*anicca)*, insatisfacción (*dukkha)* y ausencia de identidad propia (*anattā*), y experimentar directamente las cuatro verdades nobles.

Rechazar la práctica de la meditación *vipassanā* equivale a rechazar la enseñanza del Buda, a abandonar la posibilidad de lograr el camino y sus frutos, y mina la fe y confianza de otras personas en la práctica. Estos versos del *Dhammapada* nos muestran cuán grande es esta ofensa:

Aquellos que no son sabios rechazan
a los *arahats** que viven de acuerdo a la Enseñanza,

* *N. del T.*: un «*arahat*», literalmente «uno que es digno». Uno que ha eliminado todas las

a los nobles que viven de acuerdo al Dhamma.
Actuando bajo influencia de sus opiniones
no logran más que deméritos,
como los juncos de *kaṭṭhaka*
que perecen tras dar sus frutos.[8]

Tener acceso al Dhamma es una preciosa oportunidad. Somos muy afortunados por estar vivos en este momento de la historia en el que podemos acceder a las enseñanzas del Buda. Las enseñanzas son un precioso regalo para que todos nosotros podamos experimentar directamente el camino, el fruto y el *nibbanā*, y para que podamos comprender que estos son los *dhammas*[*] más valiosos. Ahora bien, esta oportunidad no es algo que dure para siempre; es inevitable que pase. La duración de nuestra vida no es muy extensa. Podemos morir en cualquier momento. Incluso, mientras estamos vivos, podemos perder la capacidad de practicar si perdemos nuestro vigor o enfermamos, si nuestro entorno es demasiado peligroso, o si surgen otros problemas o dificultades.

¡No podemos perder el tiempo! ¿No es mejor practicar ahora que encontrarse completamente desvalido en el lecho de muerte sin ningún logro espiritual que nos pueda servir de apoyo y soporte? El Buda nos recordaba constantemente que debemos

distorsiones y ha logrado la completa liberación en esta misma vida. Es el cuarto y último estadio del despertar según la tradición Theravāda.

* *N. del T.*: la palabra *dhamma* tiene varios significados en pali. Aquí significa un objeto de la mente, de la consciencia, o cualquier cosa que podamos experimentar.

practicar antes de ese momento, mientras hay tiempo disponible, de forma efectiva.

> Hoy mismo debemos aplicarnos intensamente.
> Mañana, la muerte podría estar aquí, ¿quién sabe?
> No hay acuerdo posible con las hordas de la muerte.[9]

De nada sirve arrepentirse. Si no practicamos cuando tenemos la oportunidad, sentiremos arrepentimiento cuando estemos enfermos, cuando envejezcamos, cuando nos debilitemos, y cuando estemos estirados en nuestro lecho de muerte o renazcamos en los reinos inferiores. Antes de que sea demasiado tarde, recuerda el consejo del Buda:

> Meditad, *bhikkhus*, no seáis indolentes, no sea que luego os arrepintáis. Este es mi consejo de corazón para vosotros.[10]

¿Eres capaz de apreciar las propiedades del Dhamma desde tu propia experiencia personal? ¿Sabes que este Dhamma ha sido explicado por el Buda de forma adecuada? ¿Sabes que da resultados inmediatos? ¿Que estás siendo invitado a venir y ver, para experimentar por ti mismo la verdad?

Dirígete a un maestro y practica de forma sistemática bajo su guía de acuerdo a las instrucciones de este libro. Este libro ofrece unas instrucciones esenciales y efectivas, tanto teóricas como prácticas, para practicar un mindfulness que esté al servicio del desarrollo de la experiencia de la *vipassanā*. Es la *vipassanā* la que libera la mente de los estados mentales que causan sufrimiento. Tu experiencia será satisfactoria y vivirás por ti mismo los conocimientos de la *vipassanā*. Experimentarás por ti mismo que el Dhamma posee las propiedades que mencionamos anteriormente.

El desarrollo del mindfulness

Comenzaré explicando cómo meditar y qué es ver y comprender correctamente en conformidad con los textos pali, en conformidad con los comentarios y también en conformidad con los subcomentarios.

Una persona que toma el vehículo de la *vipassanā* observa la consciencia de ver, oír, oler, saborear, del tacto o de la actividad mental que surge en el momento presente. Observa también la base material de estos tipos de consciencia, los fenómenos materiales que surgen debido a estos tipos de consciencia y los fenómenos materiales que surgen debido a los objetos de estos tipos de consciencia. De acuerdo con las escrituras pali, con los comentarios y con los subcomentarios, «ver» se refiere a todo el proceso de ver, no a cada momento individual de ese mismo proceso.

Contrastando la meditación con los textos pali

Los cinco tipos de fenómenos

Uno debe anotar ver como «ver» justo en el momento en que hay ver. Lo mismo sucede con escuchar y demás. Cuando uno anota «ver», uno experimenta uno de los cinco tipos de fenómenos siguientes: 1) sensibilidad del ojo (*cakkhuppasāda*); 2) la base de la forma (*rūpāyatana*); 3) consciencia del ojo (*cakkhuviññāṇa*); 4) contacto mental (*phassa*) entre el ojo y el objeto, y 5) sensaciones (*vedanā*) que son agradables, desagradables o ni desagradables ni agradables.

Por ejemplo, cuando a un meditador se le hace obvia su claridad, la vista, él está experimentando principalmente la sensibilidad del ojo. Cuando la forma visible que hemos visto capta nuestra atención, uno es consciente principalmente del objeto visual. Si uno es consciente del estado mental de ver, entonces uno está experimentando directamente la consciencia del ojo. Si el contacto entre el ojo y el objeto visual es claro, entonces estamos experimentando el contacto mental. Si uno encuentra que el objeto es agradable, desagradable, o ni desagradable ni agradable, entonces el objeto del que somos conscientes de manera predominante son las sensaciones.

Quizá te preguntes: «Si esto es así, ¿en lugar de anotar ver como "ver", no deberíamos anotar aquello que experimentamos con claridad como "sensibilidad del ojo", "objeto visual", "conciencia del ojo", "contacto mental" o "sensación", ya que está más en consonancia con lo que estas etiquetas indican?». Esto parece razonable. Sin embargo, en la práctica, nos tendría tan ocupados pensando exactamente cuál es el objeto que estamos experimentando en el momento de ver, que tendríamos muchos espacios entre una observación y la siguiente. En otras palabras: no nos sería posible centrarnos en los objetos presentes. Además, nos sería imposible etiquetar el pensar y el analizar, de modo tal que el mindfulness, la concentración y el conocimiento de *vipassanā* no podrían madurar en su justo momento. Por este motivo, no debes etiquetar y, al mismo tiempo, intentar encontrar una palabra que haga encajar perfectamente la etiqueta con la experiencia. En cambio, debes anotar simplemente ver como «ver» cada vez que ves; de esta manera evitarás las dificultades que acabamos de describir.

Debemos entender la palabra «ver» como una palabra que hace referencia a todos los fenómenos involucrados en el proceso mental de ver. Por esta razón decimos que se trata de un concepto que está relacionado con lo que existe a nivel último (*vijjamānapaññatti*). También decimos: un concepto que hace referencia a los fenómenos reales últimos (*tajjāpaññatti*). Palabras tales como «tierra» (*pathavī*), «contacto mental» (*phassa*), y demás, son todas conceptos que hacen referencia a fenómenos reales últimos. Y aun así, puede surgir la siguiente pregunta: «Pero, cuando utilizo estos conceptos para anotar, ¿no atraerán estos mi atención en lugar de ayudarme a conectar con el fenómeno último y real al que señalan?».

Esto es cierto en los estadios inmaduros de la meditación. Al comenzar a practicar, solo somos capaces de focalizar la mente en el objeto cuando, para ser conscientes de ellos, los etiquetamos uno a uno. Sin embargo, con el tiempo, uno aprende a experimentar los fenómenos reales últimos que subyacen en los nombres y conceptos. De esta manera, la percepción de la solidez y continuidad de los fenómenos (*santatighana*) se desvanece y somos capaces de comprender las tres características universales. Esto queda confirmado en el siguiente pasaje del *Mahāṭīkā*:

> ¿Debemos observar los fenómenos reales últimos como conceptos que hacen referencia a la realidad última de los fenómenos?[11] Sí, al comienzo de la práctica debemos hacerlo así. Sin embargo, cuando la práctica ha madurado, nuestra mente alcanzará la realidad última de los fenómenos más allá de los conceptos que hacen referencia a esta realidad última.[12]

Este pasaje hace referencia a la meditación en las cualidades del Buda, pero también nos puede servir de guía para el caso de la meditación *vipassanā*. En algunos estadios, como el conocimiento de *vipassanā* del surgir y desvanecerse, los fenómenos surgen tan rápidamente que no es posible etiquetarlos de forma individual. En tal caso basta con ser conscientes de las características de esos fenómenos. Aunque explicaremos esto en el capítulo siguiente, lo experimentarás y comprenderás por ti mismo cuando alcances este estadio de conocimiento. En resumen, uno no debe desperdiciar su tiempo en decidir qué anotar.

Uno simplemente anota «ver» cada vez que ve. Entonces, uno experimenta los objetos en relación con sus características, funciones, manifestaciones y causas próximas. Es en ese momento cuando uno comprende estos fenómenos tal como son.

Los cuatro aspectos de los fenómenos

Algunos se preguntan si es posible experimentar los fenómenos con precisión sin conocimientos teóricos. Sí, es posible si observamos con mindfulness los fenómenos mentales y materiales en el momento en el que ocurren. Los fenómenos reales últimos no están formados por nada más que por aspectos de sus 1) características (*lakkhaṇā*); 2) función (*rasā*); 3) manifestación (*paccupaṭṭhānā*), y 4) causa próxima (*padaṭṭhānā*).

Esto significa que si experimentamos directamente un fenómeno real último, lo comprendemos en función de uno de estos cuatro factores. Dicho de otra manera, solo podemos experimentar fenómenos reales últimos en función de estos cuatro factores. Si percibimos un objeto de cualquier otra manera, el objeto que percibimos no es un fenómeno real último y genuino, sino un concepto de algo, como su manera de presentarse, identidad, imagen, forma sólida, y demás.

Podemos experimentar un fenómeno tal como es cuando lo observamos en el momento en el que sucede. Este tipo de experiencia no es ni razonamiento ni imaginación, sino ser consciente de un fenómeno en relación con su característica y demás. Por ejemplo, si observamos un rayo en el momento en el que cae, no hay duda de que seremos conscientes de su característica particular (luminosidad, brillo), su función (disipar la oscuridad), su manifestación (si es recto, si se bifurca, o si se arquea), o su causa próxima (una nube y demás). Sin embargo, es imposible experimentar el rayo tal como es si nos lo imaginamos o lo analizamos una vez ha desaparecido. Del mismo modo, cuando observamos los fenómenos en el momento en el que ocurren, podemos comprender tal como son las características y demás aspectos de estos fenómenos mentales y materiales que surgen realmente, incluso sin tener un conocimiento teórico de ellos.

Las características y demás aspectos de estos fenómenos mentales y materiales que surgen realmente no pueden comprenderse tal como son mediante el mero pensamiento o consideración acerca de ellos. Ni siquiera podemos hacerlo aunque tengamos un conocimiento teórico del tema. No podemos hacerlo a menos que no las experimentemos directamente y las etiquetemos cuando surgen en el momento presente. Por ejemplo, si notamos una sensación desagradable, podemos comprender tal como son, por propia experiencia, su característica (desagradable), su función (estrés), su manifestación (incomodidad), o su causa próxima (contacto entre la mente y el objeto desagradable). Podemos comprenderlas tal como son a través de nuestra propia experiencia.

De hecho, la causa próxima de un objeto es diferente al objeto observado. Por ello, en los estadios iniciales de la meditación[13] no debes prestarle atención. Por esta razón, el subcomentario *Abhidhammatthavibhāvinī* nos dice que solo debemos prestar atención o ser conscientes de un objeto en relación con su característica, función y manifestación, y que esta comprensión se considera purificación de la visión (*diṭṭhivisuddhi*). El *Mahāṭīkā*[14] nos explica que la causa próxima no se menciona porque es un fenómeno diferente. En el caso de la meditación en los cuatro elementos principales, por ejemplo, cuando uno observa cualquiera de los cuatro elementos materiales principales, no es necesario que prestemos atención a los elementos restantes, pues son su causa próxima. Si no lo hiciéramos así, estaríamos observando objetos diferentes de aquellos que tenemos intención de observar.

Del mismo modo, en el caso del conocimiento que discierne los fenómenos mentales y materiales, solo necesitamos ser conscientes de los fenómenos mentales y materiales en el momento en el que ocurren. No es necesario que nos preocupemos de sus causas. Si observáramos objetos en relación con sus causas próximas, entonces, cuando observáramos un elemento material principal, primero tendríamos que ser conscientes de los otros tres elementos. Cuando observáramos la sensibilidad del ojo, necesitaríamos observar primero los objetos materiales principales que son la causa próxima de la sensibilidad del ojo. Cuando una sensación fuera obvia, primero necesitaríamos prestar atención al contacto mental que fue su causa próxima. O cuando el contacto momentáneo se hace obvio, previamente tendríamos que observar el objeto.

En tal caso, cuando un objeto fuera el más obvio, tendríamos que ser conscientes de otro objeto diferente. En otras palabras, tendríamos que anotar el primer objeto después. Puede parecer que esto nos permitirá lograr el conocimiento que discierne la condicionalidad (*paccayapariggahañāṇa*) saltándonos el conocimiento que discierne los fenómenos mentales y materiales. Es un dato significativo que el *Visuddhimagga* y los subcomentarios del *Abhidhamma*[15] no incluyan la observación de las causas próximas en sus instrucciones sobre el primer nivel de conocimiento. La razón por la que el *Abhidhammattha Saṅgaha* incluye las causas próximas es porque estas son obvias y pueden observarse en estados más avanzados de la purificación de la visión, cuando estamos cerca de vivenciar el conocimiento que distingue la condicionalidad.

Una persona puede, cada vez, experimentar directamente solo uno de los cuatro aspectos: característica, función, manifestación y causa próxima. Cuando tomamos consciencia de un fenómeno mental o material en un momento concreto, solo uno de estos cuatro aspectos nos es obvio. Por eso, en cada momento, solo podemos observar uno de los cuatro aspectos. Dado que dos, tres o cuatro aspectos no nos son obvios al mismo tiempo, una persona no puede ser consciente de todos ellos a la vez. Por suerte, no es necesario ser consciente de todos los aspectos de un objeto al mismo tiempo para conseguir nuestro objetivo. Así es, comprender un objeto mediante un solo aspecto es suficiente para lograr nuestro objetivo. Como dice el *Mahāṭīkā*:

> ¿Por qué mencionamos aquí ambas [en el caso de los cuatro elementos principales] característica y función? Porque están diri-

> gidas a meditadores con inclinaciones diferentes. Cuando meditamos en un elemento material principal, una persona lo experimentará según su característica, y otra según su función.[16]

Cuando una persona observa uno de los cuatro elementos materiales solo basándose en sus características o solo basándose en su función, cumple el propósito completamente. Uno no puede observar al mismo tiempo, simultáneamente, tanto su característica como su función. La razón por la que los comentarios explican ambas, es decir, la característica y la función, es porque existen diferentes inclinaciones y preferencias. Dejadme que lo explique con más detalle. Cuando observamos uno de los cuatro elementos materiales principales, para algunas personas resulta obvia la característica particular, y por ello solo pueden observar y experimentar esta directamente; para otras resulta obvia la función, y por ello solo pueden observar y experimentar directamente la función.

Contemplar el cuerpo

El caso de la vista

Cuando anotamos «viendo», podemos experimentar cualquiera de los cinco factores de ver desde cualquiera de sus cuatro aspectos. A continuación explicaré por orden cada uno de estos casos.

Sensibilidad del ojo

Cuando experimentamos nuestro ojo claramente, o con suficiente claridad, de modo tal que un objeto visual aparece en él, entonces estamos comprendiendo la sensibilidad del ojo basándonos en su característica particular (*sabhāvalakkhaṇā*).

Cuando experimentamos la sensibilidad del ojo llevando nuestra atención hacia un objeto o permitiéndonos ver el objeto, comprendemos la sensibilidad del ojo basándonos en su función.

Cuando experimentamos la sensibilidad del ojo como la base para ver, o como el punto donde el ver comienza, lo entendemos basándonos en su manifestación.

Cuando somos conscientes de la solidez del ojo, del ojo corporal, comprendemos la sensibilidad del ojo como causa próxima.

El objeto visual

Cuando comprendemos con precisión un objeto visual comprendemos que este objeto se hace evidente al ojo (su característica), que es un objeto que vemos (su función), que es un objeto de la vista (su manifestación), y que está basado en los cuatro elementos materiales principales (su causa próxima). Esta explicación está en concordancia con las explicaciones que aparecen en los textos pali que indican «comprende el ojo, comprende la forma».[17] Esta expresión significa que «comprendemos la sensibilidad del ojo y de la forma visible según su característica y su función».[18]

Consciencia del ojo

Cuando comprendemos con precisión la consciencia del ojo, sabemos que sucede en el ojo, o sabemos que ve formas visibles (su característica), sabemos que toma la forma visible como su objeto, o que simplemente ve (su función). Sabemos que se dirige hacia la forma visible (su manifestación), y sabemos que ocurre por causa de la atención, por la conjunción del ojo funcional con el objeto visual, o por el buen o mal karma (causa próxima).

Contacto mental entre el ojo y el objeto

Cuando comprendemos el contacto del ojo, sabemos que contacta con un objeto visual (su característica), que encuentra objetos visuales (su función), que es el encuentro del ojo, del objeto visual y de la vista (su manifestación), y que los objetos visuales hacen que surja (su causa próxima).

Sensaciones que son agradables, desagradables o ni desagradables ni agradables

Cuando comprendemos con precisión una sensación agradable, sabemos que es agradable (su característica), sabemos que la sentimos agradable (su función), sabemos que surge placer en la mente (su manifestación), y sabemos que está causada por el contacto con un objeto agradable o deseable, o por una mente en paz (su causa próxima). Cuando comprendemos con precisión una sensación desagradable, sabemos que es desagradable (su característica), sabemos que la sentimos desagradable (su función), sabemos que surge malestar en la mente (su manifestación), y sabemos que está causada por el contacto con un objeto desagradable o no deseado (su causa próxima).

Ten en cuenta que la consciencia del ojo en sí misma está asociada con una sensación neutral. Sin embargo, según los discursos canónicos que nos hablan de la *vipassanā*, hemos de observar la totalidad de los seis sentidos basándonos en estos tres tipos de sensaciones. Esto se debe a que el proceso completo de los seis sentidos incluye partes mentales que también están directamente asociadas con las sensaciones placenteras o desagradables, concretamente: investigación (*santīraṇa*), impulso (*javana*) y registro (*tadārammaṇa*). Esto nos resultará evidente cuando abordemos el *Abhiññeyya Sutta* y el *Pariññeyya Sutta*.

Con el fin de ampliar nuestro conocimiento voy a extenderme en este punto. El subcomentario dice:

> Una sensación no beneficiosa que es un fruto y que no es ni agradable ni desagradable (*upekkhā*) puede considerarse una sensación desagradable puesto que es no placentera; una que fuera beneficiosa puede considerarse agradable puesto que es placentera.[19]

Tomando como base el uso de las palabras «placentero» y «no placentero» en la cita de arriba, es razonable asumir que si un objeto no es ni placentero ni no placentero, la sensación asociada debe ser considerada como ni desagradable ni agradable. Aunque la sensación de la consciencia misma está asociada con una sensación ni desagradable ni agradable, lo más probable es que experimentemos una sensación agradable cuando nos encontremos con una vista o imagen agradable, con un sonido dulce, con una fragancia agradable, con un sabor delicioso. Cuando olemos perfumes o la fragancia de las flores, o cuando consumimos comida sabrosa o una rica bebida, la sensación de placer es obvia. Por el contrario, sentimos desagrado cuando nos encontramos vistas, sonidos, olores o sabores no placenteros. Por ejemplo, el olor de algo en estado de putrefacción o ardiendo, el sabor amargo de una medicina, etcétera. La consciencia del cuerpo es también de dos tipos: placentera y no placentera. Podría parecer que cuando un objeto no es ni placentero ni no placentero, sería posible experimentar no solo sensaciones agradables y desagradables, sino también sensaciones que no son ni desagradables ni agradables. Estas sensaciones ni desagradables ni agradables, sin embargo, deben ser consideradas como una forma menor de placer.

Como hemos mencionado anteriormente, los cinco factores que constituyen la vista son: la sensibilidad del ojo, la forma visible, la consciencia del ojo, el contacto mental entre el ojo y el objeto, y las sensaciones agradables, desagradables o ni desagradables ni agradables. Cuando vemos, además de ser conscientes de ello, etiquetamos, «ver, ver», y, tal como explicamos antes, podemos conocer su característica, función o manifestación, según sea nuestra inclinación o disposición natural. En los estados maduros de purificación de la visión, también seremos capaces de conocer su causa próxima. Con esta idea en mente, tanto el *Saṃyutta Nikāya*[20] como el *Paṭisambhidāmagga* nos dicen:

> *Bhikkhus*, el ojo debe ser comprendido en su totalidad, las formas deben ser comprendidas en su totalidad, la consciencia del ojo debe ser comprendida en su totalidad, el contacto mental entre el ojo y la forma debe ser comprendido en su totalidad, y las sensaciones que surjan, cualesquiera que sean – agradables, desagradables o ni desagradables ni agradables– deben ser entendidas en su totalidad.[21]

El estudio y el pensamiento lógico.

El conocimiento que logramos mediante el estudio y el pensamiento lógico no es *vipassanā*. Para comprender los fenómenos mentales y materiales hemos de ser conscientes de ellos basándonos en sus características y demás justo en el momento en el que ocurren. Esta comprensión o conocimiento de *vipassanā* es superior al estudio y al pensamiento lógico. Es incluso superior al conocimiento que deriva de la meditación de calma mental (*samathabhāvanāmaya*). En los textos encontramos esta referencia:

> La «sabiduría de la comprensión total» (*abhiññāpaññā*) es un conocimiento que comprende los fenómenos reales últimos cuando es consciente de ellos según sus características, etcétera.[22]

En un sentido último o definitivo, este es el conocimiento que distingue los fenómenos mentales y los materiales y el conocimiento que discierne la condicionalidad.

> La comprensión total (*abhiññātā*) es una comprensión [de los fenómenos reales últimos] que se deriva del conocimiento [que distingue los fenómenos mentales y materiales y la condicionalidad] y es un conocimiento superior al que se deriva del estudio, del razonamiento lógico e incluso al que se deriva de la meditación de la calma mental.[23]

Este fragmento nos deja claro que la comprensión y el pensamiento lógico ni tan siquiera pertenecen al reino del conocimiento básico, qué decir entonces de su pertenencia al reino del conocimiento superior.

El *Abhiññeyya Sutta*[24] dice que uno debe comprender en su totalidad el ojo, uno debe comprender en su totalidad la forma visible, exponiendo así los diferentes aspectos uno tras otro, de forma general y ordenada. Si una persona anotara un objeto de cinco maneras diferentes, habría muchos objetos que pasarían de largo sin que pudiéramos observarlos. Sea cual sea el suceso, nuestra mente no puede anotar tan rápido como para anotar los cinco factores en cada momento de ver. Una aproximación así contradeciría también el *Paṭisambhidāmagga*, un libro del canon pali, que nos dice que una persona que ha logrado el estadio del conocimiento de *vipassanā* de disolución puede ser consciente tanto de la desaparición de un objeto como de la disolución de la consciencia que lo ve. Así que debemos observar solo un objeto en cada momento de ver. El propósito de ser consciente, etiquetar y comprender se logra cuando observas y comprendes un objeto concreto de entre estos cinco.

El *Pariññeyya Sutta*[25] nos explica cómo lograrlo. En los estadios maduros de los dos primeros conocimientos, cuando anotamos «ver» o «viendo» logramos darnos cuenta de que ver no existía antes y de que ver ha aparecido ahora. Es así como comprendemos la aparición de estos cinco fenómenos. Comprendemos todavía más sobre la desaparición de estos fenómenos cuando los vemos desaparecer tras haberlos visto surgir –cuando el mindfulness es penetrante y nítido podemos verlos desaparecer al instante. Cuando comenzamos a ver el surgir y desvanecerse, comprendemos la característica de la impermanencia (*aniccalakkhaṇā*). Como los fenómenos no están exentos de surgir y desaparecer, son insatisfactorios –a esto lo llamamos comprender la característica de la insatisfacción (*dukkhalakkhaṇā*). Y como surgen y desaparecen aunque no lo queramos así, no hay nadie, ninguna persona, identidad o esencia que tenga control sobre ellos – esta es la característica de ausencia de identidad (*anattālakkhaṇā*). De este modo, uno comprende en su totalidad las características generales de impermanencia y demás para cada uno de estos fenómenos que están presentes en cada momento en el que vemos.

Tanto el *Abhiññeyya Sutta* como el *Pariññeyya Sutta* explican cada una de las seis bases exactamente de la misma manera. De acuerdo al *Pariññeyya Sutta*, cuando una persona comprende las características generales de la impermanencia y demás observando únicamente uno de estos cinco fenómenos, entonces logra el objetivo de comprender la totalidad de estos fenómenos justo en el momento de ver alguno de ellos. Cuando logramos esta comprensión, los fenómenos no pueden dar lugar a distorsiones.

El surgir y el no surgir de las distorsiones mentales

Cuando una distorsión surge conectada con la vista, surge en el momento de ver y toma como base el objeto específico que uno ha visto. Cuando no hay un objeto específico y no hemos cognocido este objeto, la distorsión no surge. La afección u odio por un objeto determinado solo surge cuando uno ha visto o se ha encontrado con esta persona con anterioridad. También puede suceder cuando oímos hablar de esta persona, cuando otra persona nos habla acerca de ella. Asumamos por un momento que nunca hemos conocido a esta persona y que nunca hemos oído hablar de ella, ni tan siquiera sabemos que esa persona existe aquí en nuestro planeta. Como esa persona no es algo diferenciado y claro para nuestra mente y ni tan siquiera la conocemos, es imposible que surja afecto u odio en nuestra mente en relación con esa persona. Lo mismo sucede con una forma que no hayamos visto en el pasado o en el presente y que nunca hayamos imaginado. Una forma visible así es como una mujer o un hombre que vive en un pueblito, en un pueblo, en una ciudad, en un reino celestial o en un universo que no hayamos visitado nunca. Dado que no hay una forma visible tal, es obvio que en tu mente no puede surgir codicia, odio u otras distorsiones con respecto a esta forma. Por esto, instado por un *bhikkhu* llamado Māluṅkyaputta, el Buda dio instrucciones a través de preguntas. Lo hizo del modo siguiente:

–¿Qué piensas, Māluṅkyaputta, sientes deseo, lujuria, o afecto hacia formas cognocibles por el ojo que no hayas visto y que nunca antes has visto, que no ves ahora y que no pienses que puedan ser vistas alguna vez?

–No, venerable señor.[26]

Con esta primera pregunta el Buda dice explícitamente que los objetos visibles que no son aparentes no pueden hacer surgir distorsiones mentales. Es decir, no es necesario que hagamos esfuerzo alguno para prevenir que surjan distorsiones mentales en relación con tales objetos. Por otro lado, esto implica que las distorsiones mentales pueden surgir a partir de los objetos diferentes que, de hecho, uno ve. Así que, si uno puede prevenir la aparición de la afección y el odio, entonces las distorsiones no pueden surgir ni tan siquiera con los objetos visibles, del mismo modo que sucedería con los objetos visibles que no vemos. El hecho es que debemos observar los objetos que vemos de modo tal que las distorsiones sean abandonadas mediante la meditación *vipassanā*, del mismo modo que sucedería con un objeto que no hemos visto. Estos métodos implícitos en pali se llaman *neyyatthanaya* (métodos implícitos), *avuttasiddhinaya* (método establecido sin ser dicho) o *atthāpannanaya* (método deductivo).

¿Qué es lo que nos hace amar u odiar a alguien cuando lo vemos? En un sentido último, es un fenómeno visual, la forma visible que queda delimitada por la piel. Basándonos en esta forma generamos pensamientos acerca de la persona y acabamos por considerar todo su cuerpo como algo que nos gusta o no nos gusta. Si no viéramos la forma externa de su cuerpo, no consideraríamos la totalidad de su cuerpo como algo que nos gusta o que no nos gusta. Dado que no surgiría apego cuando viéramos a esa persona, la consecuencia natural es que las distorsiones no surgirían y, por ello, no sería necesario que las abandonáramos. Sin embargo, cuando desarrollamos apego hacia un objeto en el momento en que lo vemos, este puede hacer que surjan distorsiones en la mente cada vez que pensemos en él. Por ello, tenemos que observar los objetos que vemos de modo tal que no nos lleven hacia la afección o el odio, del mismo modo que los objetos que no vemos son incapaces de llevarnos hacia la afección o el odio.

El Buda hace la misma pregunta y da la misma respuesta para al resto de los sentidos: oído, olfato, gusto, tacto y actividad de la mente.

> –Aquí, Māluṅkyaputta, respecto a las cosas que vemos, oímos, sentimos y cognocemos, que en lo visto haya solo ver, que en lo oído haya solo oír, que en lo sentido haya solo sentir, que en el ser consciente haya solo ser consciente.
>
> »Cuando, Māluṅkyaputta, en lo visto haya solo ver, en lo oído solo oír, en lo sentido solo sentir y en el ser consciente solo ser consciente, entonces, Māluṅkyaputta, no serás «por esto». Cuando, Māluṅkyaputta, no seas «por esto», entonces no serás «en esto». Cuando, Māluṅkyaputta, no seas «en esto», no estarás aquí, ni más allá, ni entre ambas. El fin del sufrimiento es justo esto.[27]

El *Udāna-aṭṭhakathā*[28] nos comenta que la frase «cuando tú no eres "por esto"» significa que uno no está ni en las seis bases internas (ojo, oído, nariz, lengua, cuerpo y mente) ni en las seis bases externas (formas visibles, sonidos, olores, sabores, sensaciones táctiles y actividad mental), ni en la conciencia que hay entre ambas. Cuando uno no está en las seis bases internas, ni en las seis bases externas ni en la conciencia, es el fin del sufrimiento.

La explicación de este verso es tal como sigue: cuando ves un objeto visual, deja que ver sea ver, no permitas que las distorsiones mentales se entrometan pensando acerca de la forma que has visto. Debes observar la forma visible que ves de modo tal que las distorsiones no tengan opción alguna de surgir. Siendo consciente de la forma visible, serás capaz de conocer su verdadera naturaleza. La comprenderás como algo que tiene la naturaleza de ser simplemente visto, que desaparece tras haber surgido, y que desaparece incluso cuando todavía la estamos anotando. Debes experimentar directamente y comprender que es impermanente, insatisfactoria y que carece de identidad propia, justo como lo descubriste cuando lo etiquetaste anteriormente. De esta manera, las distorsiones de la afección y el odio serán incapaces de surgir basándose en pensamientos conectados con la forma visible.

En otras palabras, cada vez que ves debes observar de tal manera que no pueda surgir distorsión alguna. Cuando escuches un sonido, huelas un olor, saborees un sabor, o toques cualquier tipo de objeto táctil, o haya actividad mental, como por ejemplo pensar un pensamiento, debes observar de tal modo que los pensamientos y distorsiones que les siguen no tengan opción de surgir. Simplemente deja que el oír sea oír, y haz de la misma manera con el resto. Cuando dejes que el ver sea ver, que el oír sea oír, etcétera, y continúes observando ininterrumpidamente, podrás desarrollar de forma gradual el comportamiento moral, la concentración y la sabiduría que se desarrollan de la mano con la práctica de la meditación *vipassanā*. Finalmente, esto nos lleva al comportamiento moral, la concentración y la sabiduría asociadas con el conocimiento del camino.

El *Udāna-aṭṭhakathā* desarrolla todavía más este verso.[29] Cuando anotas «viendo» una forma visible de manera continua la naturaleza de «solo ver» es obvia, tal como lo es la naturaleza impermanente, insatisfactoria y carente de identidad. Sin embargo, no es obvio que la forma visible sea algo hacia lo que sentir afecto, o a la que odiar, o que sea tal o cual persona. Estos objetos los vemos como objetos no aparentes. No surgen distorsiones basadas en estos objetos y, dado que no tenemos apego a estos objetos, las distorsiones no pueden surgir. Por este motivo, los textos pali, los comentarios y los subcomentarios dicen que tales objetos no dejan una estela de distorsiones latentes (*ārammanānusayakilesā*). La meditación *vipassanā* extirpa temporalmente las distorsiones, y por ello la describimos como un «apartamiento temporal» (*tadaṅgaviveka*), «no apego» o «ausencia de pasión» (*virāga*), «cese» (*nirodha*), y «soltar» o «dejar ir» (*vossagga*). Tal como declara el *Saṃyutta Nikāya*, un meditador de *vipassanā* es «aquella persona que está temporalmente liberada de las distorsiones» (*tadaṅganibbuta*). Las distorsiones conectadas con ver y demás no arrastran a esta persona, y esta persona no siente aversión hacia ellas; ni está apegada al objeto que ve, ni siente aversión hacia él; y además no se distrae con pensamientos que tomen las cosas como permanentes, satisfactorias y con identidad propia.

Dado que estas personas pueden abandonar la percepción de la permanencia, etcétera, decimos que su comprensión es «una comprensión completa por haber abandonado» (*pahānapariññā*). Comprender la desaparición de la forma visible que estamos viendo es «una comprensión de *vipassanā* completa por haber abandonado» (*vipassanāpahānapariññā*). Comprender el cese total de todos los fenómenos condicionados que incluye la forma visible que vemos, así como la mente que etiqueta, es «una comprensión completa del camino por haber abandonado» (*maggapahānapariññā*). Esto es inmediatamente seguido del fruto (*phala*). Tanto el conocimiento del camino como el conocimiento del fruto toman *nibbāna* como su único objeto. En este momento, «tú no serás por lo tanto» en relación con los objetos de los sentidos. Esto significa que no tendrás más apego (*taṇhā*), orgullo (*māna*), o visiones u opiniones erróneas (*diṭṭhi*).[30]

El comentario del fragmento de arriba explica que el camino y el fruto hacen referencia al camino del *arahat* (*arahattamagga*) y al fruto del *arahat* (*arahattaphala*). No podemos afirmar acerca de un ser iluminado en su totalidad, es decir, de un *arahat*, que todavía esté aquí en esta vida y en este mundo, pues no tiene ningún apego. Del mismo modo, tampoco podemos decir que haya un «allí» (en la siguiente vida o en otro mundo), ya que no renacerá tras la muerte. Así que, no estar «ni aquí ni allí» (en este mundo o en el mundo de después) significa el cese total del ciclo de la insatisfacción, ya que no hay más apego, ni tampoco surgir de nuevos fenómenos mentales y materiales. A esto se le llama «*nibbāna* sin residuo» (*anupādisesanibbāna*).

Algunos académicos interpretan esta frase de la siguiente manera: en el momento del camino y sus frutos, las seis bases internas (ojo, oído, nariz, lengua, cuerpo y mente) no aparecen en la mente y, por lo tanto, uno no puede observarlas. Las seis bases mundanas externas (formas visibles, sonidos, olores, objetos táctiles y objetos mentales) tampoco aparecen en la mente y, por ello, uno no puede observarlas. El conocimiento del camino y el fruto del camino surgen cuando tomamos el cese de las bases de los sentidos, de los objetos de los sentidos y de la consciencia de los sentidos como objeto. Experimentar directamente y comprender la naturaleza del cese con el logro del camino y el fruto es lo que llamamos *nibbāna*, el fin de la insatisfacción.

El venerable Māluṅkyaputta respondió al Buda interpretando el breve discurso del Buda en sus propias palabras:

> Cuando al ver una forma, el mindfulness es débil,
> atendiendo al aspecto agradable,
> la mente la experimenta llena de capricho,
> y así quedamos fuertemente apegados.

Muchas sensaciones florecen en nuestro interior,
se originan a partir de la forma,
así también codicia y enojo,
invaden y afectan la mente.
Para los que acumulan sufrimiento así,
el *nibbāna* queda muy lejos.[31]

Este verso explica que uno no puede lograr el *nibbāna* si carece de mindfulness en el preciso momento de ver. La frase «atendiendo al aspecto agradable» nos indica una atención ignorante que nos lleva hacia el deseo. La frase «el mindfulness es débil» significa que uno no logra el mindfulness que ve las formas visibles tal como son: impermanentes, insatisfactorias y carentes de identidad. La frase «la mente las experimenta llena de capricho» implica también que uno las odia si son objetos no deseados y que las obvia lleno de ignorancia si son neutrales.

Cuando nuestro mindfulness es sólido,
no nos deleitamos en la forma,
y la experimentamos sin deleitarnos,
y así no nos apegamos.
Cuando esto sucede, vemos la forma,
sentimos la sensación asociada,
pero no prolifera, queda extinguida.
Para quien despeja así el sufrimiento,
el *nibbāna* está cerca.[32]

Este verso nos explica que podemos lograr el *nibbāna* si tenemos mindfulness en el momento de ver. El Buda expone la misma instrucción para el resto de sentidos: oír, oler, saborear, el tacto y la actividad mental. Entonces, el Buda confirma la interpretación de Māluṅkyaputta diciendo: «¡Bien dicho, Māluṅkyaputta!». El Buda dice entonces a Māluṅkyaputta que el significado de las instrucciones breves para la meditación *vipassanā* debe ser recordado con detalle. Tras esto, el Buda repite de nuevo los versos anteriores. El venerable Māluṅkyaputta practicó meditación *vipassanā* y no tardó mucho en convertirse en uno de los *arahats*.

El *Māluṅkyaputta Sutta* expone tres puntos principales. Los fenómenos que no son evidentes y no son percibidos mediante uno de los seis tipos de consciencia no tienen capacidad para hacer que surjan distorsiones, así que no debemos intentar ser conscientes de ellos. Los fenómenos que se hacen evidentes y son percibidos por uno de los seis tipos de consciencia hacen surgir distorsiones cuando no los observamos, así que uno debe tomar consciencia de ellos. Las distorsiones que surgen cuando no hay mindfulness son abandonadas cuando las observamos. Y cuando uno sí es consciente, con mindfulness, de un fenómeno evidente, entonces las distorsiones no surgen basándose en ningún fenómeno, ni los que son evidentes ni los que no lo son. Esto quiere decir que cuando observamos un fenómeno evidente, entonces el propósito de ser consciente y de comprender queda cumplido completamente para la totalidad de los fenómenos.

Si cuando anotamos el surgir y desvanecerse de los fenómenos cada vez que vemos su naturaleza impermanente y demás, comprendemos este surgir y desvanecerse y esta naturaleza, entonces el objetivo de comprender los cinco factores involucrados en el momento de ver queda cumplido en su totalidad.

Podemos encontrar el discurso completo en el *Saḷāyatanasaṃyutta*.[33]

Distorsiones

Aunque intentemos ser conscientes de forma continua de ver como «ver», las distorsiones se colarán con frecuencia mientras el conocimiento de *vipassanā* es todavía inmaduro. Sin embargo, no debes sentirte decepcionado. No debes abandonar. Puedes superar las distorsiones observándolas una y otra vez, del mismo modo que una persona que está lavando la ropa a mano consigue limpiarla completamente dándole golpes y estrujándola repetidamente. La diferencia radica en que la persona que limpia puede ver con facilidad lo limpia que está quedando la ropa, pero un meditador no tiene modo alguno de saber cuántas distorsiones está erradicando cada día. Para ilustrar esto, el Buda nos da el ejemplo de un carpintero que no se da cuenta del desgaste que sufre el mango de su hacha hasta que la forma de sus dedos aparece en el mango después de meses o años de uso. Este discurso puede encontrarse en el *Khandhavagga* del *Saṃyutta Nikāya*.[34] De la misma manera, un meditador no puede saber exactamente cuántas distorsiones ha superado hasta que logra el conocimiento del camino y el conocimiento del fruto.

Sin embargo, a medida que la *vipassanā* madura, las distorsiones surgen cada vez con menos frecuencia, y además desaparecen cuando tomamos consciencia de ellas. No son persistentes. En lugar de esto, la mente que observa fluye de forma continua la mayor parte del tiempo. Más tarde, el conocimiento de *vipassanā* se vuelve tan fuerte que previene el surgir de los impulsos perjudiciales. En su lugar, los impulsos beneficiosos surgen durante el proceso mental de ver, incluso en referencia a un objeto visual con el que, con mucha probabilidad, surgiría apego. En este momento, el proceso mental de ver puede incluso dejar de determinar (*votthapana*)* –la mente que determina el objeto es previa al impulso–. Entonces, uno ve con claridad que las distorsiones quedan extinguidas durante la práctica de la meditación *vipassanā*. De acuerdo al comentario del *Saḷāyatanasaṃyutta* del *Saṃyutta Nikāya*:

> Cuando declara: «*bhikkhus* [...] es posible que el surgir de su mindfulness sea lento»[35] quiere decir que su progreso será lento. Pero una vez se desarrolla, algunas distorsiones quedan contenidas; no pueden persistir por más tiempo. Por ejemplo, si el apego entra a través del ojo, uno se da cuenta de que esta distorsión sucede en el segundo proceso mental** y, de este modo, uno genera la causa

* *N. del T.*: *votthapana* significa que determina o define la cualidad de la experiencia o de aquello que experimentamos.

** *N. del T.*: la explicación de Steve Armstrong (comunicación personal) acerca de los momentos mentales es la siguiente: «La secuencia del flujo de consciencia es la siguiente: el primero que ve es el "ver del ojo"; entonces, la primera vez que la mente recibe la experiencia material es el primer proceso mental; el segundo proceso mental sintetiza todos

> para (hace que surja) un impulso beneficioso en el tercer momento mental. No es sorprendente que el meditador pueda contener las distorsiones mediante el tercer proceso mental. Uno puede incluso sustituir un impulso perjudicial en el proceso mental de ver por un impulso beneficioso después de los momentos mentales relacionados-con-ver, desde el continuo vital (*bhavaṅga*) y el advertir (*āvajjana*) hasta el determinar (*votthapana*).[36] Esto sucede incluso cuando el objeto visual es deseable y nos lleva al apego. Este es el beneficio que la *vipassanā* puede dar a quien medita de forma intensiva, ya que la *vipassanā* se fortalece y desarrolla la mente.[37]

Este fragmento nos muestra que un meditador que está en los niveles intermedios de los conocimientos de *vipassanā* puede tener distorsiones en el momento de ver, pero puede transformarlas en estados beneficiosos en el tercer proceso mental. La frase «no es sorprendente...» nos muestra que no surgen distorsiones en un meditador en estadios avanzados de conocimiento de *vipassanā*. En lugar de ello, lo que tenemos es una auténtica observación, una observación pura, que fluye de manera constante. Este fragmento también implica que los estados mentales subsiguientes pueden percibir el proceso mental de ver.

---

estos momentos en un proceso mental y los pone todos juntos; el tercer proceso mental nos da algo más concreto, por ejemplo nos dice: "esto es una fruta"; el cuarto proceso mental lo lleva aun más lejos en cuanto a su concreción, por ejemplo nos dice: "plátano". A partir de este momento puede surgir agrado o desagrado. El apego está presente en todos estos momentos, pero se hace cada vez más fuerte, siendo débil en el primer y segundo procesos y mucho más fuerte ya en el tercero». En el Anexo 2 podemos ver este proceso de forma más detallada.

Experiencia de los sentidos sin impulso

Incluimos la siguiente sección para mostrar que el proceso mental de ver puede incluso detenerse en el momento de determinar.

> Para el meditador maduro (fuerte), si hay un tipo de atención ignorante cuando el objeto entra a través de la puerta del ojo o de cualquier otra puerta, su mente, tras subsistir por dos o tres momentos mentales de determinar, caerá en el continuo vital sin que tan siquiera surja una distorsión. Es así como sucede para el meditador que está en el pico de su práctica.
>
> Para el resto de meditadores surge un proceso mental que va acompañado de distorsión. Cuando finaliza este proceso mental, se da cuenta de que la mente está acompañada por distorsiones y entonces comienza a anotarlas. Entonces, la mente queda libre de las distorsiones en el segundo proceso mental.
>
> Hay un tercer tipo de meditador que solo se da cuenta de que la mente está siendo acompañada por distorsiones cuando termina el segundo proceso mental. Entonces, durante el tercer proceso mental la mente queda libre de las distorsiones.[38]

Los tres tipos de meditadores descritos aquí son uno de primera clase (uno en el nivel más elevado de una meditación *vipassanā* madura), uno de segunda clase (uno que está en un nivel intermedio de una meditación *vipassanā* madura) y uno de tercera clase (uno que está en el nivel más bajo de una meditación *vipassanā* madura). Con relación al primer y segundo tipo de meditadores, la traducción del fragmento original pali es suficientemente clara y no es necesario añadir ninguna aclaración. Para el primer tipo de meditador, debido a la repetición de la práctica intensiva de *vipassanā*, incluso si el momento mental que advierte un objeto de los sentidos surge como una atención ignorante, este no tendrá la fuerza suficiente para tomar el objeto con claridad. Para los momentos posteriores de las consciencias de los cinco sentidos físico-materiales (*pañcaviññāṇa*), aquella que recibe (*sampaṭicchana*) el objeto de los sentidos, y aquella que investiga el objeto de los sentidos, sucede también de esta manera. Como resultado, el momento mental que determina, que llamamos también consciencia de la puerta-de-la-mente-que-advierte (*manodvārāvajjana*), no es capaz de determinar el objeto de los sentidos con claridad. Sucede dos o tres veces, considerando repetidamente el objeto de los sentidos al que nos referimos en este fragmento como «tras subsistir por» (*āsevanaṃ labhitvā*). Sin embargo, debido a que el objeto de los sentidos no puede ser determinado después de dos o tres veces, las unidades mentales de impulso no surgen y, en su lugar, surge el continuo vital.

Este tipo de proceso mental lo llamamos «un proceso mental que termina al determinar» (*votthapanavāravīthi*). Puede suceder no solo con objetos de los cinco sentidos, sino también con objetos de la mente. Los objetos no se distinguen con claridad en este tipo de procesos mentales. Experimentamos ver, oír, o pensar,* solo de una manera general. Tras emerger

* *N. del T.*: en la traducción inglesa se utiliza «pensar» (*thought*, *thinking*) como descripción general de la actividad mental. Ariya Baumann (comunicación personal) nos

del continuo vital (*bhavaṅga*), en la puerta de la mente surge un proceso mental, basado en la *vipassanā,* que es consciente de ver de forma muy clara. Para un meditador como este, los procesos mentales beneficiosos y perjudiciales no suceden en ningún momento por medio de las cinco puertas de los sentidos. Los procesos mentales de impulso de la *vipassanā* surgen solo en la puerta de la mente.

Los seis aspectos de la ecuanimidad

Este tipo de proceso mental puede ser experimentado con mucha claridad en el nivel del conocimiento de *vipassanā* de ecuanimidad hacia las formaciones (*saṅkhārupekkhāñāṇa*). Allí donde la ecuanimidad predomina, uno se mantiene en equilibrio. En este estadio verificamos esto con la propia experiencia y podemos decir que poseemos estos seis aspectos de la ecuanimidad (*chaḷaṅgupekkhā*), igual que un *arahat*. Tal como el *Pañcaṅguttara Tikaṇḍhakīvagga* del *Manorathapūraṇī* dice:

> Es conveniente que, de vez en cuando, un *bhikkhu* viva ecuánime, mindful, y comprendiendo con claridad, apartándose tanto de lo repulsivo como de lo no repulsivo.[39]

---

explica que pensamiento o pensar es simplemente el modo más habitual y común de describir la actividad de la mente/consciencia. Del mismo modo que el ojo ve (también puede observar, o mirar a), que el oído oye (también puede escuchar), etcétera. Para la traducción castellana hemos mantenido «pensar», «pensando» o «pensamiento» en algunos lugares, aunque en la mayoría lo hemos traducido como «actividad mental», «mente» o «consciencia». Por ejemplo, en el caso de «la consciencia que piensa o pensante» (como «consciencia de la mente») o «pensamientos» (como «objetos de la mente»).

El comentario nos lo explica del siguiente modo:

> Esta parte hace referencia a los seis aspectos de la ecuanimidad, que son comparables al estado mental de un *arahat*. Sin embargo, no es en realidad la ecuanimidad de un *arahat*. En este discurso, el Buda solo hace referencia a la *vipassanā*. Un meditador consumado (uno que ha logrado el conocimiento del surgir y desvanecerse) puede tener este tipo de ecuanimidad.[40]

Otro comentario, en el *Mahāhatthipadopama Sutta*,[41] nos dice:

> Aquí, *upekkhā* se refiere a los seis aspectos de la ecuanimidad. Este es el tipo de ecuanimidad que posee un *arahat*. Da una actitud equilibrada tanto hacia los objetos placenteros como hacia los no-placenteros. Sin embargo, un *bhikkhu* puede creer que su éxito en la práctica de *vipassanā* es el logro del estado de *arahat*. Esto sucede porque el *bhikkhu* experimenta este tipo de ecuanimidad dada la fuerza que adquiere su práctica intensiva. Así que podemos llamar a la *vipassanā* misma los seis aspectos de la ecuanimidad.[42]

La siguiente historia, en la que aparece el venerable Potthila, nos habla de este tipo de proceso mental. Con el símil de atrapar un reptil, un destacado y joven novicio instruye al venerable Potthila para practicar *vipassanā* hasta que el impulso es eliminado en las cinco puertas de los sentidos.

La historia del venerable Potthila

En tiempos del Buda vivía un *bhikkhu* llamado Potthila. Este *bhikkhu* había aprendido y enseñado los textos canónicos completos durante la vida de seis budas anteriores, incluyendo al Buda Vipassī. En el tiempo del Buda hizo lo mismo. Sin embargo, no practicó meditación. Justo por este motivo, el Buda le llamaba intencionadamente «Potthila, el inútil» (*Tuccha Potthila*)[43] siempre que se encontraba con él.

Como resultado, surgió en el venerable Potthila un sentimiento de urgencia espiritual. Entonces Potthila pensó: «He aprendido de memoria todos los textos canónicos junto con los comentarios. Enseño estos textos a quinientos monjes. Y, sin embargo, el Buda me sigue llamando "Potthila, el inútil". Esto debe ser porque no tengo ningún logro espiritual como los *jhānas* o como el camino y el fruto».

Se marchó entonces a un lugar que estaba a 120 *yojanas*[44] con la intención de practicar meditación. Encontró a 30 *arahats* en el monasterio y pidió humildemente al *bhikkhu* más anciano que le diera instrucciones para practicar meditación. Sin embargo, el *bhikkhu* más veterano, con la intención de diluir el orgullo de Potthila por su conocimiento canónico, le envió al segundo *bhikkhu* más veterano. Este *bhikkhu*, a su vez, le envió al tercer *bhikkhu* más veterano. Y así fue pasando de uno a otro. Al final, el venerable Potthila fue enviado a reunirse con el *arahat* más joven del grupo, que era un novicio de siete años.

Para aquel entonces, el venerable Potthila ya no mostraba ningún orgullo respecto a sus conocimientos canónicos. En lugar de ese orgullo, Potthila presentó sus respetos al novicio con sus palmas juntas y humildemente le pidió que le guiara y le diera instrucciones de meditación. ¡Qué admirable! Un *bhikkhu* más veterano no tiene permitido postrarse ante uno que lo es menos, pero sí que puede juntar sus manos en señal de respeto (*añjalīkamma*) cuando pide guía, disculpas y demás. Es realmente admirable que un *bhikkhu* veterano con tan elevada erudición fuera capaz de mostrar tanta humildad y respeto ante el *Dhamma* en lugar de pensar de forma arrogante: «Mejor practicar tal como he aprendido antes que aceptar guía de alguien».

Pero el novicio le dijo: «Venerable señor, soy todavía joven y no tengo mucho conocimiento. Yo soy el que debería aprender de usted». Sin embargo, el venerable Potthila insistió en su petición.

«Bien, si sigues mis instrucciones meticulosamente –dijo el novicio–, te enseñaré cómo practicar meditación».

El venerable Potthila le prometió: «Incluso si me pides que camine en el fuego, haré exactamente lo que me dices». Para probar su sinceridad, el novicio le dijo entonces que fuera a una charca cercana. Sin pensárselo dos veces, el veterano *bhikkhu* comenzó a caminar de inmediato hacia la charca. Sin embargo, justo cuando el borde de su hábito se mojó, el novicio le llamó de vuelta y le enseño a practicar del siguiente modo: «Venerable señor, imagina que hay un hormiguero con seis entradas y una lagartija dentro. Si quisieras cazar la lagartija, primero tendrías que tapar cinco de ellas y luego esperar apostado en la sexta. Del mismo modo sucede con las seis puertas de los sentidos, debes

> trabajar únicamente en la puerta de la mente, dejando las otras cinco puertas cerradas».

Aquí, «dejando las otras cinco puertas de los sentidos cerradas» significa no permitir que el proceso mental sensitivo llegué al impulso kármico. No significa cerrar literalmente nuestros ojos, oídos y demás. Esto sería imposible y no serviría para nada. Por eso, el Buda dice en el *Indriyabhāvanā Sutta*:

> Si esto es así, Uttara, entonces, de acuerdo a los postulados del brahmán Pārāsariya, un hombre ciego o sordo sería un hombre con las facultades mentales maduras. Pues un hombre ciego no ve formas con el ojo y un hombre sordo no oye sonidos con el oído.[45]

Es más, el Buda nos enseña a estar plenamente conscientes con respecto a los sentidos experimentándolos, no evitándolos. Esto es coherente con los textos canónicos, tal como vemos a continuación:

> Aquí, cuando ve una forma con el ojo, un *bhikkhu* no está ni contento ni triste pues ve con ecuanimidad, mindfulness y comprensión clara.[46]

El Buda nunca dijo que nos protegiéramos evitando que ocurran las experiencias de los sentidos. Así que podemos inferir que «cerrar las puertas de los sentidos» significa no permitir que los procesos mentales de los sentidos continúen hasta el impulso. La frase «trabajar solo en la puerta de la mente» significa desarrollar la *vipassanā* trabajando únicamente en la puerta de la mente. Lo principal aquí es trabajar hasta que uno desarrolla los seis aspectos de la ecuanimidad.

Dado que el venerable Potthila era un *bhikkhu* extremadamente instruido, comprendió a la perfección el significado de lo que el joven *arahat* le decía, como si una luz se hubiera encendido en la oscuridad. Cuando el veterano *bhikkhu* estaba practicando según estas instrucciones, el Buda emitió rayos de luz y le animó con el siguiente consejo:

> La sabiduría surge de la práctica [espiritual];
> sin práctica, se pierde.
> Conociendo este doble camino para la ganancia y la pérdida,
> establécete en lo verdadero y haz que la sabiduría crezca.[47]

El *Dhammapada-aṭṭhakathā* nos dice que al final de este verso el venerable Potthila se iluminó completamente, se convirtió en un *arahat*. Este es el método para desarrollar *vipassanā* hasta lograr los seis aspectos de la ecuanimidad: anotando ver como «ver» en el momento en el que ocurre, y también anotando así para el resto de sentidos.

Más pruebas

A partir de los argumentos ya presentados queda claro que el propósito de la comprensión se logra comprendiendo un fenómeno en el momento en el que un proceso mental surge. Sin embargo, presentaré aquí algunas referencias adicionales de los comentarios y subcomentarios para corroborar con más fuerza los puntos arriba mencionados.

> Habiendo experimentado y comprendido los fenómenos materiales a conciencia, tres aspectos de los fenómenos mentales se hacen evidentes: contacto mental, sensación y consciencia. [48]

Si una persona es capaz de observar a conciencia los objetos materiales, entonces la mente que es consciente aparece por sí misma. Cuando uno toma un objeto material, físico, como su objeto, los fenómenos mentales en las cinco puertas de los sentidos se vuelven evidentes por sí mismos. Sin embargo, no se vuelven obvios todos a la vez como un grupo: cuando el contacto mental es claro, se hace evidente; cuando la sensación es clara, se hace evidente; cuando la consciencia es clara, se hace evidente.

Ya sea el contacto mental, la sensación o la consciencia, alguno de ellos se hará evidente para el meditador principiante. Por ejemplo, cuando experimentas dureza o blandura (elemento tierra), lo anotas como «tocar, tocar», «duro, duro» o «blando, blando». Para unos, el contacto mental que golpea contra duro o blando es claro. Para otros, la sensación que experimenta duro o blando es clara. Para otros, la consciencia que simplemente conoce duro o blando se vuelve evidente.

Así, cuando el contacto mental es claro, uno solo puede observar la naturaleza mental del factor contacto. Sin embargo, el contacto mental nunca surge solo. Junto al contacto mental también surgen factores mentales como la sensación, la percepción, la volición, así como la consciencia. No es posible que el contacto mental se separe de ellos. Así pues, cuando el contacto mental, siendo el fenómeno claro y evidente, es comprendido, entonces se dice que la sensación, la percepción, otros factores mentales y la consciencia coemergen con él, se dice que son evidentes u obvios, y se dice también que quedan comprendidos; pero esto no significa que no queden comprendidos si no se vuelven obvios.

Imagina que se atan cinco cuerdas la una a la otra y cuatro quedan sumergidas en el agua. Solo puedes ver una cuerda. Si tiras de esa cuerda, no solo tiras de esa cuerda, sino que tiras de las cinco al mismo tiempo. En este ejemplo, la cuerda que puedes ver es como el contacto mental que es obvio. Las cuerdas que quedan bajo el agua son como la sensación, la percepción y demás. No son aparentes. Cuando estiramos la cuerda que vemos de tal modo que estiramos todas las que están sumergidas en el agua, es como tomar consciencia del contacto mental obvio y de ese modo incluir los fenómenos que no son evidentes como la sensación y demás. Cuando la sensación o la consciencia son evidentes, podemos entenderlo de la misma manera. Como nos dice el *Mahāṭīkā*:

> El comentario menciona de forma explícita la experiencia directa y comprensión del contacto mental (*phassa*) como contacto mental. No obstante, cuando hemos experimentado directamente

> con comprensión el contacto mental, el resto de fenómenos mentales se vuelven evidentes –esto es, la sensación (*vedanā*) como sensación, la percepción (*saññā*) como percepción, la volición (*cetanā*) como volición, la consciencia o cognición (*viññāṇa*) como consciencia o cognición.[49]

En este subcomentario nos muestra que cuando el contacto mental se vuelve evidente, podemos observarlo basándonos en sus características particulares. No obstante, cuando el contacto mental se vuelve evidente, los otros fenómenos que lo acompañan, sensación, percepción, volición y consciencia, son también evidentes. Esto significa que siendo evidentes completan su propósito.

Los comentarios al *Sakkapañha Sutta*[50] y al *Satipaṭṭhāna Sutta*,[51] así como el *Satipaṭṭhānavibhaṅga* del *Vibhaṅga-aṭṭhakathā*, un comentario del *Abhidhamma*, dicen:

> Cuando el contacto mental se vuelve evidente para una persona, no solo el contacto mental resulta evidente, sino también la sensación que experimenta, la percepción que percibe, la volición que tiene voluntad, y la consciencia que toma consciencia o que conoce. Por esto decimos que hemos sido conscientes de los cinco fenómenos.[52]

Debes comprender así el significado de los dos fragmentos de los comentarios citados arriba: para esta persona, el contacto mental es lo que se hace evidente de forma clara, y por ello observa el contacto mental. Lo hace solo basándose en sus características particulares y demás. Sin embargo, se dice que observa los cinco fenómenos que surgen debido al contacto (*phassapañcamaka*) porque los estados mentales nunca surgen solos. Siempre surgen junto a la sensación, la percepción, la volición y la consciencia.

No debes interpretar el pasaje de la siguiente manera: cuando un contacto mental se hace evidente de forma clara, observa los cinco fenómenos que surgen debido al contacto reflexionando acerca de ellos según el conocimiento estudiado o escuchado de otros, pues sabes por otros que el contacto mental nunca ocurre solo, sino que siempre viene acompañado de la sensación, etcétera. En ningún lugar de los textos pali, ni de los comentarios ni de los subcomentarios, explica que uno deba observar mediante la reflexión basada en el conocimiento aprendido o escuchado. Los textos siempre explican que el darse cuenta, el anotar, debe ser hecho únicamente mediante el conocimiento empírico.

Por ejemplo, la luna se hace evidente a las personas solo mediante su forma visible. Las personas solo pueden ver esta forma visible. Su olor, sabor y sensación táctil no son evidentes. Sin embargo, podemos decir que ven y comprenden la luna por medio de su forma visible. Del mismo modo, cuando el contacto mental es evidente y lo observamos, podemos decir que el resto de fenómenos que lo acompañan se hacen también evidentes. He explicado este punto con anterioridad en varias ocasiones, pero aquí tenéis más textos que lo respaldan:

La consciencia del ojo está asociada con tres agregados o componentes: sensación, percepción y formaciones mentales. Estos agregados pueden ser percibidos junto con la consciencia del ojo. Por este motivo se les llama fenómenos mentales que pueden ser percibidos junto a la consciencia del ojo. (*cakkhuviññānaviññātabbā*).[53]

Si el contacto mental se comprende de tres maneras distintas –esto es: comprendiendo en su totalidad por lo conocido, comprendiendo en su totalidad por lo investigado y comprendiendo en su totalidad por haber soltado–, también comprendemos tres tipos de sensaciones, dado que están enraizadas en el contacto y asociadas con él.[54]

Aquí, los términos pali deben ser comprendidos como sigue: «comprender en su totalidad por lo conocido» (*ñātapariññā*) hace referencia al conocimiento de *vipassanā* que distingue entre fenómenos mentales y materiales y al conocimiento de *vipassanā* que discierne la condicionalidad.[55] «Comprender en su totalidad por medio de la investigación» (*tīraṇapariññā*) hace referencia al conocimiento de *vipassanā* de comprensión y al conocimiento de *vipassanā* del surgir y desvanecerse.[56] «Comprensión completa por soltar» (*pahānapariññā*) hace referencia a los conocimientos de *vipassanā* restantes hasta el conocimiento del camino.[57]

Cuando comprendemos un tipo particular de consciencia, el fenómeno asociado, ya sea mental o material, también es compren-

> dido, dado que está enraizado en esta consciencia o viene junto con ella.[58]

Partiendo de este pasaje, queda claro que si uno comprende cualquier constituyente de un objeto obvio, el objetivo de comprender, no solo los cinco fenómenos a los que nos lleva el contacto, sino todo el resto fenómenos involucrados en este proceso mental singular, queda completado. Además, cuando se da la expresión «viene junto a» (*sahuppannattā*), es razonable asumir que si uno comprende alguna parte de un objeto obvio, ya sea físico o mental, logramos el propósito de comprender todos los fenómenos asociados, tanto mentales como materiales.

Los siguientes textos pertenecen, respectivamente, al *Bahudhātuka Sutta*[59] en el canon pali y a su comentario:

> «Ānanda, tenemos estos seis elementos: el elemento tierra, el elemento agua, el elemento fuego, el elemento aire, el elemento espacio, el elemento consciencia. Cuando un *bhikkhu* conoce y ve los seis elementos, podemos decir que es experto en los elementos».[60]

> Aquí, «conoce y ve» se refiere al camino (*magga*) y a la *vipassanā*.[61] Las palabras «elemento tierra, elemento agua» nos muestran que no somos un ser, sino tan solo elementos. Es más, hay que añadir otros elementos a estos seis hasta llegar a un total de dieciocho. Cuando los contamos de esta manera, hemos de

> desglosar el elemento de la consciencia en seis tipos –esto es, la consciencia del ojo, etcétera–. Cuando observamos el elemento de la consciencia del ojo, también logramos ser conscientes del ojo, que es su base, y de la materia física, que es su objeto. El Buda mencionó estos seis elementos en el discurso porque quería que la práctica de este *bhikkhu* por la liberación le condujera a la totalidad del camino, hasta la meta.[62]

Para explicar la cita de arriba: podemos decir que un *bhikkhu* es «experto en los elementos» cuando los ve y comprende por medio de su conocimiento de *vipassanā* y de su conocimiento del camino. Uno que comprende los seis elementos puede comprender en su totalidad el elemento tangible y el elemento de la consciencia mental.

En el elemento del objeto-mental, solo podemos comprender los elementos del agua y del espacio. El resto de elementos del elemento del objeto-mental y del elemento del ojo, del elemento del oído, del elemento de la nariz, del elemento de la lengua, del elemento del cuerpo, del elemento de la forma visible, del elemento del sonido, del elemento del olor y del elemento del sabor, no pueden ser comprendidos. Por ello pueden surgir dudas en referencia a la afirmación de que podemos comprender los dieciocho elementos. Para despejar tales dudas, el comentario del *Majjhima Nikāya* declara: «Es más, otros elementos (*tāpi purimāhi*)... », lo cual explica a continuación: hay seis tipos de elementos de la consciencia: elemento de la consciencia del ojo, elemento de la consciencia del oído, elemento de la consciencia de la nariz, elemento de la consciencia de la lengua, elemento de la consciencia del cuerpo y elemento de la consciencia de la mente.

Si comprendemos el elemento de la consciencia del ojo (ver), entonces logramos comprender también el elemento del ojo (la base física del ojo) y el elemento de la forma visible (la forma que vemos). Si comprendemos el elemento de la consciencia del oído (oír), entonces también logramos comprender el elemento del oído (la base física del oído) y el elemento del sonido (el sonido que oímos). Si comprendemos el elemento de la consciencia de la nariz (oler), entonces también logramos comprender el elemento de la nariz (la base física de la nariz) y el elemento del olor (el olor que olemos). Si comprendemos el elemento de la consciencia del sabor (saborear), entonces también logramos comprender el elemento de la lengua (la base física de la lengua) y el elemento del sabor (el sabor que saboreamos). Si comprendemos el elemento de la consciencia del cuerpo (el tacto), entonces también logramos comprender el elemento del cuerpo (la base física del cuerpo) y el elemento de los objetos táctiles (el tacto que sentimos). Los textos pali mencionan directamente este elemento de los objetos táctiles. En el momento en que hay tacto podemos observar empíricamente dureza, blandura, calor, frío, rigidez, flexibilidad. Si uno comprende el elemento de la consciencia de la mente (pensar), entonces logra comprender el elemento de la mente (que incluye las conciencias de recibir [*sampaṭicchana*] y de advertir las cinco puertas de los sentidos [*pañcadvārāvajjana*]) y el elemento del objeto mental (el pensamiento de que es un pensamiento). De esta manera, el objetivo de comprender se logra y, aunque esencialmente uno comprende solo los seis elementos, quedan comprendidos los dieciocho.

En resumen, a raíz de este texto pali y de su comentario queda claro que, comprendiendo uno de los elementos de la consciencia, uno logra comprender también su base físico-material y su objeto, ya sea este mental o material. Así que, tomando como base la frase «viene junto a», si uno observa y comprende alguno de los fenómenos mentales y materiales que se hacen evidentes, uno también logra comprender el resto de fenómenos mentales y materiales que suceden al mismo tiempo.

El caso del oído

Como hemos explicado arriba para el caso de ver, cuando anotamos oír, como «oír» (oler como «oler», saborear como «saborear», tocar como «tocar») uno de los cinco fenómenos que son claros en el momento de oír (oler, saborear o tocar) se vuelve evidente según sus características y demás. De esta manera comprendemos este fenómeno tal como es; esto es «comprender en su totalidad por lo conocido». También vemos y comprendemos la característica de la impermanencia y demás, y vemos y comprendemos el fenómeno que surge y se desvanece. Estos corresponden a «comprender en su totalidad por medio de la investigación» y «comprender en su totalidad por soltar».

La sensibilidad del oído

Cuando uno comprende correctamente la sensibilidad del oído (*sotapasāda*), uno sabe que es suficientemente sensible o funcional para detectar el sonido (característica); permite que la persona oiga un sonido (función); es la base de la escucha, la base desde la que se produce la escucha (manifestación); y su causa próxima es la existencia de la materia sólida del oído que está generada por el karma. Esto es lo que quiere indicarnos el *Satipaṭṭhāna Sutta* cuando nos habla de «aquel que ha comprendido el oído» (*sotañca pajānāti*).[63]

La base del sonido

Cuando uno comprende correctamente la base del sonido (*saddāyatana*), uno sabe que se hace evidente en el oído (característica), se oye (función), es un objeto del oír y se experimenta oyendo (manifestación), y está basada en los cuatro elementos materiales. Esto es lo que el *Satipaṭṭhāna Sutta* quiere decirnos cuando nos habla de «aquel que ha comprendido el sonido» (*sadde ca pajānāti*).

Consciencia del oído

Cuando uno comprende la consciencia del oído correctamente (*sotaviññāṇa*), uno sabe que surge en el oído, o que oye un sonido (característica); sabe que solo toma el sonido como su objeto, o simplemente oye (función); que está dirigido hacia el sonido (manifestación); y que está causado por el prestar atención, por la conjunción del oído con el sonido o por el karma, ya sea positivo o negativo (causa próxima).

El caso del olfato

Sensibilidad de la nariz

Cuando uno comprende correctamente la sensibilidad de la nariz (*ghānapasāda*), uno sabe que es suficientemente sensible o funcional para detectar el olor (característica); permite que la persona huela un olor (función); es la base para oler, o es la base desde la que se produce la captación del olor (manifestación); y su causa próxima es la existencia de la materia sólida de la nariz que está generada por el karma. Esto es lo que nos indica el *Satipaṭṭhāna Sutta* cuando nos habla de «aquel que ha comprendido la nariz» *(ghānañca pajānāti)*.

La base del olor

Cuando uno comprende correctamente la base del olor (*ghandhāyatana*), uno sabe que se hace evidente en la nariz (característica), se huele (función), es un objeto de olor y se experimenta oliendo (manifestación), y está basada en los cuatro elementos materiales principales. Esto es lo que quiere indicarnos el *Satipaṭṭhāna Sutta* cuando nos habla de «aquel que ha comprendido el olor» (*gandhe ca pajānāti*).

Consciencia de la nariz

Cuando uno comprende la consciencia de la nariz correctamente (*ghānaviññāṇa*), uno sabe que surge en la nariz, o que huele un olor (característica); solo toma el olor como su objeto, o simplemente huele (función); está dirigido hacia el olor (manifestación); y está causado por el prestar atención, por la conjunción de la nariz con el olor o por el karma, ya sea positivo o negativo (causa próxima).

El caso del gusto

Cuando consumimos comida, experimentamos la cualidad del sabor –dulce, agrio, picante, amargo, salado, etcétera–. Así que, cuando comemos algo, debemos anotarlo como «comiendo» o como «dulce», «agrio» y demás, de acuerdo a su sabor.

La sensibilidad de la lengua

Cuando uno comprende correctamente la sensibilidad de la lengua (*jivhāpasāda*), uno sabe que es suficientemente sensible o funcional para detectar el sabor (característica); permite que la persona saboree un sabor (función); es la base para saborear, es la base desde la que se produce el saborear (manifestación); y su causa próxima es la existencia de la materia sólida de la lengua que está generada por el karma. Esto es lo que nos indica el *Satipaṭṭhāna Sutta* cuando nos habla de «aquel que ha comprendido la lengua» (*jivhañca pajānāti*).

La base del sabor

Cuando uno comprende correctamente la base del sabor (*rasāyatana*), uno sabe que se hace evidente en la lengua (característica), se saborea como algo dulce, como algo agrio, etcétera (función), es un objeto del gusto y se experimenta saboreando (manifestación), y está basada en los cuatro elementos materiales principales. Esto es lo que quiere indicarnos el *Satipaṭṭhāna Sutta* cuando nos habla de «aquel que ha comprendido el sabor» (*rase ca pajānāti*).

Consciencia de la lengua

Cuando uno comprende la consciencia de la lengua correctamente (*jivhāviññāṇa*), uno sabe que surge en la lengua, o que saborea un sabor (característica); solo toma el sabor como su objeto, o simplemente saborea (función); está dirigido hacia el sabor (manifestación); y está causado por el prestar atención, por la conjunción de la lengua con el sabor o por el karma, ya sea positivo o negativo (causa próxima).

Sé consciente de que, cuando tomas tu comida, el ver la comida es ver, el olor de la comida es oler, el tacto de la comida en nuestros dedos, labios, lengua, cuello, etcétera, es tacto. También es tacto mover las manos, abrir y cerrar la boca, masticar la comida, etcétera. Examinar la comida se considera pensar.

De este modo, cuando anotamos tal como acabamos de mostrar en el caso de ver y demás, podemos comprender todos los movimientos y actividades según su verdadera naturaleza. Es más, también podemos comprender, según sus características y demás, las formaciones mentales como contacto, sensación, etcétera, que están involucradas en oír, oler y saborear.

El caso del tacto

Podemos experimentar el tacto en todo el cuerpo. Los pies se tocan entre ellos, las manos también, y las manos y los pies se tocan también. Las manos, los pies y el pelo tocan el cuerpo. Los mocos y mucosas, saliva, comida y agua tocan el cuello y el paladar. Muchos órganos y sustancias dentro del cuerpo se tocan entre ellos, como la comida y el aire interno tocando los intestinos. La sangre, el aire interno, carne, nervios y huesos se tocan entre ellos. También estamos siempre en contacto con cosas externas, como pueden ser: la ropa, los zapatos, la cama, la almohada, la manta, el suelo, la pared, nuestra sombrilla o nuestro bastón, piedras y plantas, el viento, la luz del sol y el agua, herramientas y muebles, etcétera. También estamos en contacto con animales e insectos, como mosquitos y tábanos. Dejando de lado las sensaciones específicas debemos anotar todos los tactos como «tocando» cada vez que somos conscientes de ellos.

Si la sensación táctil es diferenciada como una sensación placentera o no placentera, entonces debemos ser conscientes de ella tal como es. Si se siente calor, etiquetamos «calor, calor». Si es frío, etiquetamos «frío, frío». Si es templado, etiquetamos «templado, templado». Si es fresco, etiquetamos como «fresco, fresco». Si nos estiramos, etiquetamos «estirar, estirar». Si estamos cansados, etiquetamos «cansado, cansado». Si es doloroso, etiquetamos «dolor, dolor». Si una parte está como dormida, etiquetamos «dormida, dormida». Si está dolorida, etiquetamos, «dolorida, dolorida». Si pica, etiquetamos «pica, pica». Si está rígido, etiquetamos, «rígido, rígido». Si estamos mareados o aturdidos, etiquetamos «mareado, mareado». Si es agradable, etiquetamos «agradable, agradable». De esta manera etiquetamos el tacto de momento en momento. Anotamos la naturaleza de estas sensaciones táctiles claramente, con precisión y minuciosamente utilizando el lenguaje coloquial de nuestra vida diaria y palabras que indiquen realidades últimas.

Sensibilidad del cuerpo

Cuando uno comprende correctamente la sensibilidad del cuerpo (*kāyapasāda*), uno sabe que es suficientemente sensible o funcional para detectar la sensación táctil u objeto tangible (característica); permite que la persona toque un objeto tangible (función); es la base del tacto, es la base desde la que se produce el tacto (manifestación); y su causa próxima es la existencia del cuerpo sólido generada por el karma. Esto es lo que nos indica el *Satipaṭṭhāna Sutta* cuando nos habla de «aquel que ha comprendido el cuerpo» (*kāyañca pajānāti*).

El caso de los objetos táctiles en general

Cuando uno comprende correctamente la base del objeto táctil (*photthabbāyatana*), uno sabe que se hace evidente en el cuerpo (característica), se siente como contacto con el cuerpo, tocando (función), es un objeto del tacto y se experimenta como tacto del cuerpo (manifestación).

Las base de los objetos táctiles en particular: los elementos materiales principales

Cuando uno comprende correctamente el elemento tierra, uno sabe que es duro y áspero, o blando y suave (característica); es la base o fundamento para el resto de la materia física (función); recibe o da soporte a otros tipos de materia física (manifestación); y es dura o blanda debido a los otros tres elementos principales –esto es: es duro debido a la solidez, el frío y la presión, y es blanda debido a la humedad, la fluidez y el calor (causas próximas).

Ser consciente del peso, ya sea pesado o ligero, es ser consciente del elemento tierra. Sin embargo, las sensaciones físicas placenteras y no placenteras pueden estar relacionadas con cualquiera de los tres elementos siguientes: tierra, fuego y aire. El comentario del *Abhidhamma* llamado *Aṭṭhasālinī* nos dice:

> El elemento tierra queda definido por seis cualidades: dureza, blandura, suavidad, aspereza, pesadez y ligereza. Por otro lado, hay dos cualidades, la placentera y la no placentera (tacto) que quedan definidas según los tres elementos materiales (que podemos distinguir).[64]

Cuando uno comprende correctamente el elemento fuego, uno sabe que es caliente, templado o frío (característica); uno sabe que hace madurar la materia (función); que suaviza (manifestación); y que es caliente, templado o frío debido a los otros tres elementos principales (causas próximas).

Cuando uno comprende correctamente el elemento aire, uno sabe que aguanta, da rigidez, afloja o es fláccido (característica); uno sabe que mueve o cambia la materia (función); que transporta a otros lugares (manifestación); y que es rígido o fláccido debido a los otros tres elementos materiales principales (causa próxima). Esto es lo que quiere indicarnos el *Satipaṭṭhāna Sutta* cuando nos habla de objetos táctiles (*phoṭṭhabbe ca pajānāti*).

Consciencia del cuerpo

Cuando uno comprende la consciencia del cuerpo correctamente (*kāyaviññāṇa*), uno sabe que surge en el cuerpo, o que experimenta el tacto (característica); uno sabe que solo toma el tacto como su objeto, o simplemente toca (función); uno sabe que está dirigido hacia los objetos táctiles (manifestación); y que está causado por prestar atención, por la conjunción del cuerpo con los objetos táctiles o por el karma, ya sea positivo o negativo (causa próxima).

Dolor físico

Cuando comprendemos correctamente el dolor físico (*kāyika-dukkha*), sabemos que es la sensación de un objeto tangible o sensación física desagradable (característica);[65] provoca que los estados mentales asociados se debiliten o se apaguen (función);[66] es doloroso o irrita el cuerpo (manifestación);[67] y es doloroso debido a la sensibilidad del cuerpo, al fino tejido carnoso o a un tacto desagradable (causa próxima).[68]

Placer físico

Cuando uno comprende correctamente el placer físico (*kāyikasukha*), uno sabe que es la sensación agradable de un objeto táctil (característica); uno sabe que intensifica los estados mentales asociados (función); que es placentero y puede disfrutarse (manifestación); y que es agradable debido a la sensibilidad del cuerpo, al fino tejido conectivo o a un tacto placentero (causa próxima).

Mindfulness dirigido a la respiración

«Inspira mindful, espira mindful».[69] De acuerdo con esta cita del canon pali, cada vez que etiquetamos la respiración moviéndose hacia dentro y hacia fuera como «dentro, fuera», sentimos el tacto del aire y nos damos cuenta o notamos la consciencia del cuerpo. Por este motivo, ser consciente de la respiración equivale a ser consciente del tacto. La observación de la inspiración y de la espiración puede servirnos así como meditación *vipassanā*.

Si observamos la respiración, la experimentamos como una distensión en el interior de la nariz. Esto es una comprensión correcta de la característica del elemento aire, la característica de la distensión (*vitthambhanalakkhaṇā*). Si sentimos que nos movemos o movimiento, esto es una comprensión correcta de la función del elemento aire, la función del movimiento (*samudīraṇarasa*). Y si sentimos transporte, esto es comprensión correcta de su manifestación (*abhinīhārapaccupaṭṭhāna*).

Si sentimos las unidades separadas de movimiento de la inspiración y de la espiración causadas por la existencia del cuerpo físico, la nariz y la intención de respirar, esto es una correcta comprensión de las causas de su surgimiento. A esto se refiere la siguiente cita:

> Vive contemplando en el cuerpo la naturaleza del surgir.[70]

Si vemos desaparecer las unidades de movimiento de la respiración, o que la respiración no puede aparecer separada del cuerpo físico, la nariz y la intención de respirar, esto es una comprensión correcta de las causas del desvanecerse. A esto se refiere la siguiente cita:

> O vive contemplando en el cuerpo la naturaleza del desvanecerse.[71]

Cuando etiquetamos «dentro, fuera» con cada respiración, no consideramos este proceso como a una persona, un ser, una mujer, un hombre, yo o mío, sino que lo comprendemos como una mera colección de movimientos que sentimos. Tal como dice la cita:

> O se estable en él, el mindfulness de que «hay un cuerpo».[72]

El abdomen asciende y desciende como resultado de la inspiración y de la espiración. Cuando anotamos esto como «asciende» y «desciende», somos conscientes de apretar, aflojar, distender. Esto es una comprensión correcta de la característica del elemento aire. Si somos conscientes del movimiento y del transporte, esta es la comprensión correcta de la función y de la manifestación del elemento aire. Si vemos que los movimientos ascendentes y descendentes del abdomen aparecen y desaparecen en unidades separadas, esto es una comprensión correcta del surgir y desvanecerse. En otras palabras, es necesario que percibamos los movimientos de nuestro cuerpo de acuerdo a este pasaje pali:

> Comprende de acuerdo a la manera en que su cuerpo está colocado.[73]

En un sentido último, el ascenso y descenso del abdomen caracterizado por tensión, presión o movimiento es el elemento aire. Se considera parte del agregado material (*rūpakkhandhā*), un objeto táctil (*phoṭṭhabba*), un elemento del objeto táctil (*phoṭṭhabbadhātu*) y la verdad del sufrimiento (*dukkhasacca*). Así, el ascenso y descenso del abdomen es un objeto de meditación claro y apropiado para el desarrollo de la *vipassanā*.

Más aun, a partir de la última cita es obvio que cualquier acción corporal o movimiento puede ser utilizado como objeto de meditación para *vipassanā*. No hay modo alguno en el que esta visión pueda considerarse incorrecta. De hecho, coincide con las enseñanzas del Buda y es altamente beneficiosa por varios motivos. Practicando meditación *vipassanā* uno logra visión correcta (*sammādiṭṭhi*) y conocimiento verdadero (*vijjā*), las distorsiones asentadas en la ignorancia son abandonadas y uno logra el fin de la insatisfacción, esto es, el fruto del *arahat* (*arahattaphala*) y el *nibbāna*.

No menciono este punto ahora porque la observación del ascenso y descenso del abdomen sea parte de la práctica de la inspiración y de la espiración (*ānāpāna*), sino porque la inspiración y la espiración en sí mismas producen el ascenso y descenso del abdomen. De hecho, la percepción del ascenso y descenso del abdomen constituye una contemplación del cuerpo (*kāyānupassanā*), porque es tanto un movimiento físico como uno de los elementos. También puede considerarse como contemplar los objetos de la mente (*dhammānupassanā*), porque está incluido en el agregado de la materia, la base del sentido físico-material, y la verdad del sufrimiento.

Los cuatro elementos materiales principales

Podemos experimentar cualquiera de las cuarenta y dos partes del cuerpo cuando nos sentamos, estamos de pie, caminamos o nos estiramos. Esto incluye veinte partes que están dominadas por el elemento tierra,[74] doce dominadas por el elemento agua,[75] cuatro dominadas por el elemento fuego[76] y seis dominadas por el elemento aire.[77]

Cada vez que una persona toca una de estas partes del cuerpo, etiqueta «tocar, tocar» y entiende correctamente que el elemento tierra se experimenta mediante características de dureza, blandura o suavidad (*kakkhaḷalakkhaṇā*); el elemento fuego se experimenta a través de las características de calor, templado o frío (*uṇhattalakkhaṇā*); el elemento aire se experimenta mediante la característica de firmeza, rigidez o laxitud (*vitthambhanalakkhaṇā*); el elemento aire se experimenta mediante la función del movimiento, empujar o tirar (*samudīraṇarasa*), y la manifestación de transportar (*abhinīhārapaccupaṭṭhāna*).

En realidad, no podemos experimentar directamente el elemento agua con el sentido del tacto. Ahora bien, gracias al poder de este elemento, podemos conocer su naturaleza con una consciencia mental basada en las sensaciones corporales de los elementos tierra, fuego y aire que surgen en combinación con el elemento agua. Es así como podemos comprender el elemento agua: siendo conscientes del tacto. El elemento agua se experimenta mediante las características de fluir y derretirse (*paggharaṇalakkhaṇā*). Notamos especialmente este tipo de sensación cuando los mocos, las lágrimas o la saliva fluyen. Cuando escupimos o cuando tragamos flema o saliva. O cuando orinamos. Experimentamos la función del elemento agua mediante expandir o humedecer (*brūhanarasa*). La sentimos principalmente cuando bebemos algo, nos damos un baño, etcétera. La manifestación del elemento agua la experimentamos mediante la cohesión o el mantener algo unido (*saṅgahapaccupaṭṭhāna*).

Así que, cada vez que somos conscientes de una sensación del cuerpo, estaremos siendo conscientes de alguno de los cuatro elementos principales. Comprenderemos que no hay persona alguna, ni ser, ni mujer ni hombre, ni yo o mío, sino solo un conjunto de elementos físicos-materiales, como: dureza, suavidad, calor, templado, frío, rigidez, flexibilidad, movimiento, tirar, empujar, fluir, derretir, humedad, expansión y cohesión. Esta comprensión está de acuerdo con el siguiente pasaje canónico:

> Un *bhikkhu* considera acerca de este cuerpo, sea cual sea su posición, basándose en los elementos: «En este cuerpo encontramos el elemento tierra, el elemento agua, el elemento fuego y el elemento aire».[78]

Date cuenta de que ser consciente del ascenso y descenso del abdomen está en consonancia de forma natural con esta cita del pali. El mindfulness del caminar, estirar y otros movimientos también queda cubierto bajo esta consciencia del contacto. Sin embargo, la intención de caminar, la intención de estirar, etcétera, entran dentro de la contemplación de la mente, y por ello los explicaremos en las secciones siguientes.

¿Cómo observar la actividad mental?

He explicado con anterioridad que con el proceso de la puerta de la mente nos referimos a las actividades mentales, tales como los pensamientos, considerar, examinar y demás. Cuando uno es consciente de ellas y las etiqueta como «pensar», «considerar», «examinar», «reflexionar», etcétera, un fenómeno, como el de la puerta de la mente (*manodvāra*), objeto de la mente (*dhammārammaṇā*), consciencia de la mente (*manoviññāṇa*), contacto mental o sensación, se hará evidente según sus características y demás. Y de este modo, uno verá y comprenderá uno de estos fenómenos como realmente es. Esto es comprender en su totalidad por lo conocido (*ñātapariññā*). Uno verá y comprenderá la característica de la impermanencia, etcétera, y verá y comprenderá su surgir y desvanecerse. Esto es comprender en su totalidad por medio de la investigación (*tīraṇapariññā*) y comprensión completa por soltar (*pahānapariññā*).

Los comentarios y subcomentarios nos explican que la «puerta de la mente» hace referencia tanto al continuo vital como a la unidad mental que advierte objetos. Dado que la materia sensible del corazón es la base para esto, en sentido figurado también se le llama puerta de la mente (*manodvāra*). Los objetos de la mente incluyen las cinco sensibilidades –sensibilidad del ojo, del oído, de la nariz, de la lengua y del cuerpo–, los seis tipos de materia sutil (*sukhumarūpa*) –el elemento agua, feminidad (*itthibhāvā*), masculinidad (*pumbhāva*), la sensibilidad del corazón (*hadaya*), vitalidad (*jīvita*) y nutrición (*āhāra*)–, todos los estados mentales mundanos y todos los factores mentales mundanos. La consciencia de la mente incluye tanto estados beneficiosos como no beneficiosos y también el registrar (*tadārammaṇa*). El contacto mental y la sensación incluidos aquí son aquellos asociados con la consciencia de la mente.

La puerta de la mente

Cuando el conocimiento de *vipassanā* es extremadamente preciso, penetrante y puro hay espacios entre dos momentos consecutivos de tomar consciencia. Por ejemplo, cuando uno dobla el brazo, cada pequeño movimiento en el proceso de doblar debe ser anotado como «doblando, doblando». Cuando uno presta atención de esta manera, los espacios entre el notar previo, la intención siguiente y el siguiente momento en el proceso de doblar se hacen evidentes. En el transcurso del tiempo parecerá que se notan cada vez menos objetos, o que hay espacios en el proceso de ser consciente. De hecho, los objetos no serán menos, ni habrá espacios en el observar. En cambio, dada la velocidad de la observación, la consciencia del continuo vital que está entre procesos mentales sucesivos se hará obvio. Llamamos «comprender la consciencia del continuo vital o de la puerta de la mente» a ver el espacio entre dos procesos mentales sucesivos justo en ese momento.

Otra puerta de la mente es la puerta de la mente que advierte un objeto. Cuando uno comprende correctamente la consciencia que advierte, uno la conoce como atención inicial (característica), investigación inicial (manifestación) y el primer momento de completa consciencia que sigue a la consciencia del continuo vital (causa próxima).

Tal como mencionamos antes, la sensibilidad del corazón también se considera de forma metafórica como la puerta de la mente, porque sirve de base a la mente. Cuando uno comprende correctamente la sensibilidad del corazón, uno sabe que es la base de la mente que piensa y anota (característica); da soporte a la existencia de la mente que piensa y anota (función); recibe o soporta a la mente pensante (manifestación); y está causada por los cuatro elementos materiales principales (causa próxima). Esto es lo que nos indica el *Satipaṭṭhāna Sutta* cuando dice «él comprende la mente» (*manañca pajānāti*).

Objetos de la mente

Muchos tipos de consciencia (*citta*)* y factores mentales (*cetasika*)** entran dentro de la categoría de «objetos de la mente». Ya he explicado la consciencia de ciertos objetos mentales, como las cinco sensibilidades del ojo, el oído, la nariz, la lengua y el cuerpo, el elemento agua y la sensibilidad del

* *N. del T.*: en su *Curso Introductorio de Abhidhamma* el Venerable U Sīlananda lo explica así: «La mente se divide en consciencia (*citta*) y factores mentales (*cettasika*). Lo que llamamos mente en *Abhidhamma* está dividida en dos partes. Una es la consciencia y la otra, los factores mentales».

La consciencia es una de las cuatro verdades últimas. La consciencia es aquello que conoce el objeto. La consciencia siempre está con nosotros. La consciencia siempre debe tener un objeto. Nunca está sin un objeto. La característica de la consciencia es conocer el objeto; darse cuenta del objeto.

La palabra más frecuente usada como sinónimo de *citta* es *viññāṇa*. Otra sinónimo para *citta* es *mana* o *mano*. Estos términos significan lo mismo que *citta*, conocer el objeto. Otro término es *nama*. *Nama* no es un sinónimo de *citta*. Cuando decimos *nama*, mente, estamos incluyendo tanto la consciencia (*citta*) como los factores mentales (*cetasikas*).

** *N. del T.*: en su *Curso Introductorio de Abhidhamma* el Venerable U Sīlananda lo explica así: «*Ceta* es un sinónimo de *citta*. *Cetasika*, o factores mentales, significa aquellos que están acoplados con *citta*. En realidad significa aquellos que están asociados con *citta*, aquellos que surgen junto con *citta*, que dependen de *citta* para su surgimiento.

Las *cetasikas* se denominan factores mentales o concomitantes mentales. Son los diferentes estados mentales. Siempre acompañan a la consciencia. Sin la consciencia, los factores mentales no pueden surgir».

corazón. Explicaremos más adelante otro tipo de objetos de la mente, así que aquí no los elaboraré detalladamente.

Género

Cuando uno sonríe y piensa con consciencia acerca de su propio género, uno experimenta su feminidad o masculinidad. Cuando uno la comprende correctamente, uno sabe que tiene la naturaleza de feminidad o masculinidad (característica); se muestra como femenino o masculino (función); se manifiesta como la estructura del cuerpo de mujer o de hombre; las típicas ocupaciones masculinas o femeninas y el típico comportamiento (manifestación); y está causado por los cuatro elementos materiales principales (causa próxima).

Vitalidad

Un fenómeno material que llamamos vitalidad (*jīvīta*) da vida a los cinco sentidos, a la sensibilidad del corazón y al género. Se hace evidente junto a estos cuando notamos una imagen, un sonido, etcétera, dado que aparece y desaparece conjuntamente con estos. Antes de que desaparezca, realiza la función de avivar los constituyentes materiales tales como la sensibilidad del ojo y demás. El proceso por el que la sensibilidad del ojo continúa generando nuevos casos para sustituir a los viejos hasta que uno muere sucede y es sostenido gracias a la vitalidad. Cuando uno comprende la vitalidad correctamente, uno sabe que mantiene los constituyentes vitales de la sensibilidad del ojo (característica), hace que los constituyentes de la sensibilidad del ojo –básicamente los cuatro elementos materiales principales– y demás ocurran (manifestación); y está causado por los cuatro elementos principales (causa próxima).

Alimento

Cuando, después de comer, uno siente fortaleza física y la mente despierta, el alimento se hace evidente. Cuando uno comprende correctamente el alimento, uno sabe que tiene esencia nutritiva (*ojā*) (característica); sustenta el cuerpo físico (función); fortalece el cuerpo (manifestación); y está causado por la comida (causa próxima).

Consciencia de la mente

Cuando uno comprende correctamente la consciencia mental, uno sabe que aparece como pensamiento, reflexión, consideración, comprensión, despiste o vagabundeo, y demás (característica); solo toma objetos mentales como objeto, simplemente conoce o hay cognizión (característica); se dirige hacia los objetos mentales (manifestación); y es causada por la atención o la combinación de la sensibilidad del corazón y de los objetos mentales (causa próxima).

Contacto mental

Cuando uno comprende correctamente el contacto mental, uno sabe que el contacto mental es entre el objeto y la mente (característica); golpea el objeto (función); uno sabe que es la concurrencia de la sensibilidad del corazón, de la consciencia y del objeto (manifestación); y uno sabe que está provocado por la aparición de un objeto (causa próxima).

Sensación

Cuando uno comprende correctamente la experiencia de gozo (*somanassavedanā*), uno sabe que se experimenta como un objeto placentero o encantador (característica); es parte de la experiencia del placer (función); es placer mental y disfrute (manifestación); y está causada por los objetos placenteros o por la paz mental y la calma (causa próxima).

Cuando uno comprende correctamente la sensación de angustia (*domanassavedanā*), uno sabe que experimenta un objeto desagradable, es una actividad mental desagradable o frustrante, o es angustia mental, tristeza, aflicción o preocupación (característica); uno sabe que es parte de la experiencia de lo desagradable, del desagrado o del disgusto con respecto a un objeto (función); es aflicción mental o desagrado o sufrimiento (manifestación); y está causada por la sensibilidad del corazón y de los objetos desagradables (causa próxima).

Cuando uno conoce correctamente la sensación ni placentera ni desagradable (*upekkhāvedanā*), uno sabe que se siente como neutral, como ni desagradable ni agradable, como ni feliz ni infeliz (característica); uno sabe que mantiene la mente en equilibrio ante el placer y el dolor (función); es sutil o calmo (manifestación); y está causada por una consciencia sin un interés entusiasta, o por un objeto que no es ni desagradable ni agradable (causa próxima).

Percepción

También llamamos a la percepción agregado o componente de la percepción (*saññākkhandhā*), es el reconocimiento, recuerdo e identificación de un objeto para no olvidarlo. Es especialmente obvio cuando uno encuentra un objeto nuevo o presta especial atención a algo o a alguien. Cuando uno comprende correctamente la percepción, uno sabe que percibe un objeto para no olvidarlo (característica); uno sabe que reconoce objetos que uno ha encontrado previamente (función); uno sabe que queda retenido en la memoria tal como ha sido aprehendido (manifestación); y sabe que está causado por cualquier objeto que se hace evidente (causa próxima).

Formaciones mentales

Las cincuenta formaciones mentales, sin contar la sensación y la percepción, están incluidas en el agregado de las formaciones mentales (*saṅkhārakkhandhā*). Incluyen todos los fenómenos mentales que hacen que las cosas sucedan, tales como ver, oír y demás, o ir, levantarse, sentarse, estirarse, flexionar y demás (véase el Anexo 3).

De entre estos cincuenta factores, solo explicaré aquí la volición mental (*cetanā*) ya que gobierna a todos los demás. En este sentido, volición mental es como un encargado que realiza sus propias actividades a la vez que dirige las de sus compañeros. Otra analogía es que la volición es como un granjero, que realiza su trabajo en la granja y, al mismo tiempo, supervisa a los trabajadores. La volición actúa justo del mismo modo:

también hace que los otros factores mentales hagan su tarea. La volición es particularmente obvia cuando una situación urgente requiere de una acción rápida y uno siente como si fuera empujado y animado a actuar.

Cuando uno comprende correctamente la volición, uno sabe que activa o estimula los factores mentales (características); sabe que actúa, trabaja y logra (función); que coordina actividades, como un gobernador que sentencia a alguien a muerte, o un donante que permite que se lleven aquellos bienes que ha ofrecido (manifestación); y sabe que es causado por la atención sabia o por la atención ignorante o por la actitud (*manasikārapadaṭṭhānā*), por ignorancia de la verdadera felicidad y del verdadero sufrimiento (*avijjāpadaṭṭhānā*), por las bases de los sentidos o por los objetos de los sentidos (*vatthārammaṇapadaṭṭhānā*), o por la consciencia (*viññāṇapadaṭṭhānā*) (causa próxima).

Cómo tomar consciencia de las actividades generales

Cuando caminamos, debemos tomar consciencia de cada paso como «caminando, caminando» o «derecha, izquierda» o «levantando, moviendo, dejando caer». Cuando tu concentración y mindfulness se fortalezcan, serás capaz de notar la intención de caminar, o la intención de moverte antes de comenzar a caminar o de comenzar a moverte. Es aquí donde llegarás a comprender exhaustivamente y por ti mismo que la intención de caminar ocurre antes. Y que, como resultado de esta intención, sucede una secuencia de movimientos. Y que, a medida que estos movimientos suceden por todo el cuerpo, todo el fenómeno material que llamamos cuerpo se mueve en pequeños movimientos separados, surgiendo y desvaneciéndose uno tras otro. A esto lo llamamos «caminar». El siguiente fragmento pali del *Mahāsatipaṭṭhāna Sutta* y del *Satipaṭṭhāna Sutta* nos habla de esto:

> Cuando camina, un *bhikkhu* comprende: «Estoy caminando».[79]

Y del comentario del *Dīgha Nikāya*:

> Uno comprende que la intención de caminar surge. Esta (intención) hace que el movimiento ocurra (por ejemplo, el elemento aire). Este movimiento causa el surgir de la expresión*. Dado que estos movimientos surgen en todo el cuerpo, todos los fenómenos materiales que llamamos «cuerpo» se mueven en pequeños movimientos separados hacia el lugar en el que hemos puesto nuestra intención. A esto lo llamamos «caminar».[80]

Este conocimiento no es un conocimiento común. Aquellos que no han practicado nunca de esta manera, o que no han ganado ningún conocimiento pueden tener dudas acerca de esta instrucción:

* *N. del T.*: este es un término técnico del *Abhidhamma*. En palabras de Ariya Baumann (comunicación personal) «expresión» es el movimiento (verbal o corporal) que podemos ver o sentir (*kāya-viññatti*: expresión corporal; *vacī-viññatti*: expresión verbal).

«Cuando camina, un *bhikkhu* comprende: "estoy caminando"». Ahora explicaré este aspecto de acuerdo con el comentario.

Uno puede preguntarse: «Hasta un perro puede comprender que está caminando cuando está caminando, ¿no?». Esto es cierto. Pero el Buda no se refería a este tipo de conocimiento común. De hecho, los perros, los zorros y la gente ordinaria no son conscientes de su intención de caminar o del movimiento que sucede en muchos pequeños movimientos separados. No pueden distinguir entre mente y cuerpo (materia) y no pueden comprender que la intención es la causa de que suceda el movimiento. No comprenden que solo hay una secuencia de intenciones sucesivas y una secuencia de movimientos sucesivos que desaparecen y se desvanecen uno tras otro. De hecho, los perros, zorros y gente ordinaria solo son conscientes de que están caminando durante parte del tiempo que dura la actividad, y esto puede ser al principio, en el medio, o al final del caminar. Mientras caminan, la mayor parte del tiempo sus mentes se distraen o andan vagando en otros asuntos.

Incluso en el momento en el que la gente ordinaria ocasionalmente es consciente de que está caminando, lo percibe como si fuera una persona individual que camina y considera a esta persona como algo que no cambia. Incluso tras caminar 160 kilómetros, piensa que, ciertamente, es la misma persona que antes. Con una comprensión así de ordinaria, no puede abandonar la visión errónea de un ser, liberarse del apego a esa visión o manera de ver, ni producir los conocimientos de *vipassanā*. Hacer que nuestra meditación sea este tipo de comprensión del objeto o meditar basándonos en esta comprensión no es comparable a practicar *vipassanā*.

Por lo tanto, esta comprensión ordinaria no es meditación (*bhāvanākamma*). Y dado que no es una base para la meditación *vipassanā* (*vipassanākamma*), esta comprensión ordinaria no puede ser una base para la práctica (*kammaṭṭhānā*). Dado que esta comprensión no está basada en la *vipassanā* ni en el mindfulness, no es meditación en los fundamentos del mindfulness (*satipaṭṭhānabhāvanā*). Uno debe comprender que, en la cita previa, el Buda no estaba apuntando a aquello que es ordinario y que es común a perros, zorros y gente ordinaria.

Sin embargo, si tomas consciencia de «intención» y «caminar» siempre que caminas, la intención que surge en la mente y los movimientos corporales que se dan serán bien diferenciados. Así no mezclarás el proceso mental de la intención con el cuerpo, sino que los entenderás como movimientos separados. Del mismo modo, tampoco mezclarás los movimientos con la mente, sino que los entenderás como procesos diferentes. Entenderás que la intención de caminar es la causante de que las pequeñas unidades de movimiento sucedan y, entonces, entenderás que solo hay unidades separadas de intención y de movimiento. Además, las intenciones no se unirán con los movimientos, y los pequeños movimientos separados no se unirán con los siguientes pequeños movimientos, sino que desaparecerán uno tras otro. Tal como explican los comentarios, puedes ver seis pequeños movimientos separados o incluso más en un movimiento de empujar del pie.

Con esta base podrás darte cuenta que cuando decimos: «yo estoy caminando» o «él está caminando», es pura convención. De hecho, no hay persona alguna individual que camine, solo hay intención, seguida del movimiento de una colección de fenómenos físico-materiales. No hay fenómeno físico-material que dure más que el tiempo de pestañear. Todo está sujeto a la impermanencia, y dado que todo surge y desaparece de forma instantánea, resulta ser solo una masa de insatisfacción. Puedes tomarlo como insatisfactorio basándote en tu experiencia personal. Esta comprensión se llama «comprensión clara sin ignorancia» (*asammohasampajañña*) y es uno de los cuatro tipos de comprensión clara. La comprensión surge de notar que «intención» o «caminar» pertenece a la clara comprensión del dominio (*gocarasampajañña*). Esta última comprensión clara es la causa de la anterior. Debes cultivar y conseguir repetidamente comprensión del dominio de forma tal que la comprensión clara sin ignorancia pueda surgir de forma espontánea.

Esta es la manera con la que uno puede abandonar la idea de un ser y liberarse del apego a esta idea o visión por medio del conocimiento de la *vipassanā* que se desarrolla observando la intención y los movimientos del cuerpo. Además de convertirse en un objeto de *paṭivipassanā**, hace que el conocimiento

* *N. del T.*: Sayadaw U Jotika lo explica así en *Un mapa de viaje*: «Observar el *vipassanā-ñāṇa* [conocimiento de *vipassanā*] y verlo como impermanente se llama *paṭivipassanā*».
Y Steve Armstrong y Kamala Masters lo explican así en *Introduction to the Manual of Insight. Lesson 6*: «A esto lo llamamos "el segundo conocimiento de *vipassanā* de la disolución" (*dutiyabhaṅgañāṇa*) o […] *paṭivipassanā*, porque observa a su vez la disolución de la mente que observa».

de *vipassanā* surja con mucha fuerza, y por ello lo llamamos «una base o una fundación para la práctica». Y dado que la comprensión es el desarrollo del mindfulness, se llama «meditación fundamentada en el mindfulness». No hay duda de que la instrucción «cuando camina, un *bhikkhu* comprende: "estoy caminando"» es la auténtica instrucción del Buda.

> La comprensión que ahora tiene este meditador le ayuda a abandonar la visión errónea de un ser y erradica la creencia en una identidad propia. Por ello es un fundamento (para la práctica) y también es meditación basada o fundamentada en mindfulness.[81]

Según el comentario de este pasaje, la frase «fundación para la práctica» y «meditación basada o fundamentada en mindfulness» son sinónimas en un sentido último, pero son diferentes en un sentido técnico. El mindfulness que penetra objetos como la intención o el proceso físico de caminar, por ejemplo, lo llamamos «una base o fundación del mindfulness» (*satipaṭṭhāna*). También lo llamamos «meditación» (*bhāvanā*), dado que debemos desarrollarla y cultivarla. Por estas dos razones, se llama «meditación en los fundamentos o bases del mindfulness»; es un mindfulness que debe ser cultivado y desarrollado y que penetra el objeto.

El conocimiento de *vipassanā* está asociado con el mindfulness. No hay conocimiento de *vipassanā* sin mindfulness. En este sentido, debemos llamarlo «meditación en los fundamentos del mindfulness» solo cuando nuestra comprensión está siendo guiada por el mindfulness. Esta comprensión también se llama «la base o la fundación de la práctica», porque ayuda a que los conocimientos de *vipassanā* que siguen surjan con fuerza. Y también es llamado *paṭivipassanā,* dado que sirve como objeto de meditación para las prácticas que siguen. Cuando tomamos consciencia de la intención, esta mente que toma consciencia queda anotada a su vez como «tomando consciencia» o «percibir». Tras esto, prestamos atención al movimiento resultante y después tomamos consciencia de la mente que anota. A esto lo llamamos meditación *paṭivipassanā* (*paṭivipassanābhāvanā*).

De esta manera, comenzando por el estadio del conocimiento de *vipassanā* de la disolución, la *vipassanā* se fortalece tomando como objeto, para ser consciente o anotar, la mente que anota o que es consciente. Por este motivo, a la comprensión que surge debido al mindfulness de los procesos mentales y corporales involucrados en caminar se le llama «una base o fundación de la práctica» y «meditación en los fundamentos del mindfulness».

Comprensión Clara

Al caminar

Esta instrucción pali nos explica cómo surge una clara comprensión sin ignorancia (*asammohasampajañña*):

> Un *bhikkhu* es aquel que actúa con completa consciencia cuando va hacia delante y cuando va hacia atrás.[82]

Los comentarios lo explican del siguiente modo:

> La comprensión clara sin ignorancia o comprensión clara de la realidad es el conocimiento de que no hay un «yo» o una «identidad propia» tras una actividad. Comprended esto del siguiente modo: la gente ordinaria tiene visiones engañosas acerca de ir hacia delante y demás, tales como «la identidad propia va hacia delante», «la identidad propia hace un movimiento hacia delante», «yo voy hacia delante» o «yo hago un movimiento». Por otro lado, un *bhikkhu* (monje o meditador) que va hacia delante y hacia atrás comprende que, cuando uno tiene la intención de ir hacia delante, la intención y el movimiento son lo que causa que haya movimiento hacia otro lugar. Cuando el movimiento incitado por la mente se difunde por todo el cuerpo, la colección de fenómenos físico-materiales, eso que llamamos cuerpo,[83] avanza. Mientras avanza hacia delante, cada vez que uno levanta el pie, el elemento tierra y el elemento agua se debilitan y dejan de ser efectivos y el elemento fuego y el elemento aire se vuelven fuertes y poderosos. Sucede lo mismo cuando empujamos el pie hacia abajo. Cuando uno relaja el impulso de empujar el pie hacia delante, el elemento fuego y el elemento aire se tornan débiles e ineficaces y el elemento agua y el elemento tierra se vuelven fuertes y poderosos. Esto continua así cuando dejamos caer el pie y lo presionamos contra el suelo.[84]

De acuerdo con el subcomentario predominan el elemento fuego y el elemento agua cuando hay levantar. En moverse hacia delante y empujar, el elemento dominante es el aire seguido del fuego. Y soltar tiene el elemento agua predominante seguido del elemento tierra. Aquí podemos decir que el elemento agua es más pesado que el elemento tierra. Esto es coherente con el comentario del *Aṭṭhasālinī*, un comentario del *Abhidhamma*. Dejar caer y presionar tiene un elemento tierra dominante seguido del elemento agua. De este modo, cuando somos conscientes de levantar comprendemos el elemento fuego. Cuando somos conscientes de avanzar y empujar comprendemos el elemento aire. Cuando somos conscientes de soltar comprendemos el elemento agua. Y cuando somos conscientes de dejar y presionar comprendemos el elemento tierra.

> Mientras levantamos, los fenómenos mentales y materiales que conforman la intención de levantar y el movimiento de levantar no continúan durante el proceso de empujar. Del mismo modo, los fenómenos materiales y mentales no continúan en el proceso de avanzar. Aquellos que suceden en el proceso de avanzar no continúan en el proceso de soltar. Aquellos que suceden en el proceso de dejar caer no continúan en el proceso de presionar. Surgen y desaparecen uno tras otro. Su surgir y desaparecer es claro y diferenciado, como el sonido *patá-patá* del sésamo que revienta cuando lo tostamos en una sartén. Entonces, ¿quién va hacia delante? ¿De quién es ese movimiento? En un sentido último, solo los movimientos carentes de identidad propia van hacia delante, solo hay elementos que se ponen de pie, elementos

que se sientan y elementos que se estiran. Así es que junto a los fenómenos físicos...

> La mente precedente se desvanece y la mente subsiguiente aparece,[85] como la corriente de un río que fluye incesantemente y para siempre.
>
> Así es la comprensión clara de la realidad cuando vamos hacia delante y demás.[86]

Pasajes del comentario de arriba, como: «cuando uno tiene la intención de ir hacia delante, la intención y el movimiento son los que causan que haya movimiento hacia otro lugar» y «mientras levantamos, los fenómenos mentales y físicos que conforman la intención de levantar y el movimiento de levantar no continúan durante el proceso de empujar», están refiriéndose claramente a la meditación *vipassanā* y no a la meditación de calma mental que determina los cuatro elementos (*dhātuvavatthāna*). Esto es así porque una comprensión tal solo puede darse en un meditador de *vipassanā*, no en un meditador de calma mental. El pasaje de arriba nos explica que cuando el conocimiento de *vipassanā* es fuerte, referido a la comprensión clara del dominio, surge el conocimiento de *vipassanā* de la comprensión clara de la realidad.

Aquí la palabra «elemento» es opuesta en significado a la palabra «ser» o «alma» (*jīva*). Hace referencia a los fenómenos mentales y materiales, los cuatro elementos principales que son predominantes durante el movimiento. Aunque todos los comentarios que hacen referencia a esta instrucción utilizan el término «masa de huesos» (*aṭṭhisaṅghāto*), no es razonable extraer como conclusión que el esqueleto se hace evidente para un meditador de *vipassanā*. Tampoco es razonable concluir que un meditador de calma mental que está contemplando el esqueleto ganará conocimiento de *vipassanā* de fenómenos tales como la intención de ir hacia delante y demás. Por eso, aquí la frase más precisa sería «masa de fenómenos materiales» (*rūpasaṅghāto*) en lugar de «masa de huesos». Pero incluso si uno considera «masa de huesos» como el término correcto, uno debe interpretarlo como una referencia idiomática a lo desagradable o repulsivo en el cuerpo más que una referencia literal al esqueleto físico.

Algunos maestros que utilizan métodos de meditación de calma mental indican a sus estudiantes que deben observar el movimiento hacia delante del pie y demás imaginándolo como partículas de polvo. Pero esto no es correcto, ya que los textos nos indican que prestemos atención al elemento aire que es dominante en el movimiento de avanzar el pie. Cuando uno es consciente del elemento aire –el elemento dominante–, uno lo experimenta en términos de las características últimas de tensión o presión, su función de movimiento, o su manifestación como transporte. Si uno comprende alguno de estos aspectos, es consciente del elemento aire de una manera precisa. Conocer que la forma del pie son partículas es, de hecho, un concepto, no una realidad última.

Cuando estés de pie, sentado o estirado, toma consciencia

como «de pie», «sentado» o «estirado» de acuerdo a lo establecido en los textos pali.[87] Cuando el mindfulness, la concentración y el conocimiento de *vipassanā* se vuelvan fuertes y poderosos, serás capaz de comprender la intención de levantarte y el elemento aire que sostiene la postura de estar de pie dándole soporte. Esto también es verdad para sentarse.

Cuando te estires, serás capaz de comprender con claridad la intención de hacerlo y el elemento aire y el elemento tierra que se manifiestan como el proceso de estirarse. En relación con esto, la comprensión de un meditador y la de una persona ordinaria es diferente. Como dice el *Vibhaṅga-aṭṭhakathā*:

> Un *bhikkhu* camina con una mente distraída, pensando cualquier otra cosa, mientras que otra persona camina sin abandonar su tema de meditación. Lo mismo sucede para estar de pie, sentarse o estirarse. Un *bhikkhu* lo hace con una mente distraída, mientras que otro lo hace sin abandonar su tema de meditación.[88]

Así que, siendo fieles al pali, «un *bhikkhu* es uno que actúa en plena consciencia cuando va hacia delante y cuando va hacia atrás»; debes ser consciente de ir hacia delante, de ir hacia atrás, o de ir hacia los lados, o de estirarte, o acurrucarte cuando haces estas cosas. Cuando tu práctica se haga potente, también serás capaz de ser consciente de la intención y del elemento aire que están involucrados en el movimiento hacia delante, en el movimiento hacia atrás, hacia los lados y demás.

Al ver

> … uno que actúa con plena consciencia cuando mira hacia delante y cuando mira hacia un lado.[89]

De acuerdo con esta frase del pali, uno debe estar presente cuando mira hacia delante, hacia el lado, hacia abajo, hacia arriba o hacia atrás. Cuando uno mira debe tomar consciencia como «mirar». Así que uno mantiene su atención y no abandona su tema de meditación *vipassanā*. Esto es comprensión clara del dominio (*gocarasampajañña*).

> Clara comprensión del dominio significa no abandonar el tema de meditación. Significa comprender el dominio del objeto. Cuando estemos meditando en (el fenómeno de) los agregados, de los elementos o de las bases de los sentidos, debemos mirar a los lados o al frente según sea nuestra práctica de *vipassanā*. Sin embargo, cuando contemplemos objetos como los *kasiṇas* y demás, debemos dar prioridad a la práctica de la meditación de calma mental cuando miramos hacia delante y a los lados.[90]

Así que, si un meditador que practica meditación de la calma mental quiere mirar algo o a alguien, debe hacerlo sin abandonar su tema de meditación, igual que una vaca da prioridad a proteger a su ternero, incluso mientras come. Para un meditador de *vipassanā*, sin embargo, cualquier objeto puede servir como objeto de meditación. Así que, cuando tomamos consciencia de la intención de mirar, puede surgir el conocimiento de *vipassanā* de los cuatro agregados mentales, de las dos bases mentales de los sentidos y de los dos elementos mentales. Entonces, cuando anotamos los movimientos causados por la intención, como abrir los ojos, mover los ojos o girar la cabeza, puede surgir el conocimiento de *vipassanā* del agregado de la materia, de las bases físicas o materiales de los sentidos y de los elementos materiales. Cuando tomamos consciencia de la consciencia de ver, puede surgir conocimiento de *vipassanā* de los cinco agregados, de las cuatro bases de los sentidos y de los cuatro estados mentales. Si surge el pensar, al ser conscientes de ese pensar, puede surgir un conocimiento de *vipassanā* similar.

Así que los objetos de la meditación *vipassanā* no son otros que la intención de mirar y demás. Por eso decimos que hemos de relacionarnos con el acto de ver según la base o fundación de nuestra práctica. Un meditador que practica meditación de calma mental no necesita relacionarse con el acto de ver de una manera especial; simplemente, por un momento, cambia el foco de la meditación a ver. El meditador de *vipassanā*, sin embargo, tiene que ser consciente de cualquier fenómeno mental o material que surja. Cuando el conocimiento *vipassanā* se fortalezca, y anotando de esta manera, comprenderemos claramente la intención de mirar y el elemento aire (que se manifiesta como movimiento de los ojos o de la cabeza).

Al estirar y flexionar

> ... uno que actúa con plena consciencia cuando flexiona y extiende sus extremidades.[91]

Según este pasaje pali, cuando uno estira, uno debe anotar «estirar». Cuando uno mueve sus manos, cuando uno empuja y estira, cuando nos alzamos, levantamos y agachamos, uno anota «mover», «empujar», «estirar», «alzar», «levantar» o «bajar». Cuando el conocimiento de *vipassanā* se vuelva fuerte, uno comprenderá con claridad la intención de flexionar o estirar y el elemento aire que se manifiesta con el movimiento de flexionar o estirar. El comentario del *Mūlapaṇṇāsa* del *Majjhima Nikāya* nos relata la historia de un anciano *bhikkhu* que explica la clara comprensión del dominio:

> En cierta ocasión, un anciano *bhikkhu* que hablaba con sus discípulos flexionó su brazo de forma abrupta. Entonces devolvió el brazo a su posición original y lo dobló lentamente. Sus estudiantes le preguntaron por qué razón se comportaba de esa forma tan peculiar, y él les dijo: «Desde que comencé a meditar, nunca doblo mi brazo sin mindfulness. Pero mientras estaba hablando con vosotros, olvidé hacerlo con mindfulness. Por eso, puse mi brazo de nuevo en la posición original y lo doblé con mindfulness». Este maravilloso mindfulness llenó a sus alumnos de admiración y entonces le dijeron: «¡Bien hecho, señor! ¡Eres un verdadero *bhikkhu*!».

Si nosotros flexionamos y estiramos nuestras extremidades, como este anciano *bhikkhu*, sin abandonar nuestro tema de meditación y tomando consciencia de él como «flexionando» o «estirando», uno comprende la intención y los movimientos de estirar o flexionar como pequeños movimientos separados que suceden uno tras otro. Esto es comprensión clara del dominio. Cuando esta comprensión se hace aguda y penetrante, uno comprende que no hay una identidad propia dentro de este cuerpo o de esta mente que haga que se flexione o se estire una extremidad, sino que es la intención la que causa el surgir de los pequeños movimientos separados. Es más, uno ve que la intención de flexionar desaparece antes de que el actual movimiento de flexionar se produzca y que los movimientos de flexionar también aparecen y desaparecen uno tras otro. De este modo, uno comprende que todos los fenómenos son impermanentes, insatisfactorios y carentes de identidad propia. Esto es la clara comprensión de la realidad.

Puede que te hagas la siguiente pregunta: «Cuando anoto "flexionar" o "estirar", ¿no estoy simplemente viendo el nombre conceptual y la forma de mi extremidad que se estira y flexiona?». Al principio anotarás los nombres conceptuales y las formas de los objetos, pero también verás el movimiento como una manifestación del elemento aire. Así que, al principio, tu comprensión quedará mezclada con conceptos. Sin embargo, cuando tu mindfulness, concentración y conocimiento de *vipassanā* se fortalezcan y sean poderosos, ya no te centrarás en los conceptos. Desde el momento en el que solo ves las intenciones y los movimientos apareciendo y desapareciendo uno tras otro, puede surgir un claro conocimiento de *vipassanā*. He explicado esto al comienzo de este capítulo.

Llevando nuestra ropa

> ... uno que actúa con plena consciencia cuando lleva sus hábitos y carga su hábito externo y su bol.[92]

Cuando uno lleva sus ropas toma consciencia de ello como «llevar». Y cuando utiliza el cuenco de mendicante, la copa, el plato o la cuchara, uno toma consciencia de ello, según sea apropiado, como «tocar», «sostener», «levantar», «dejar» y demás. Cuando el conocimiento de *vipassanā* se fortalezca, aquello que resultará obvio será, principalmente, las intenciones y sus movimientos resultantes (que se manifiestan como elemento aire), así como las sensaciones y la consciencia del cuerpo.

En el comer y el beber

> ... uno que actúa con plena consciencia cuando come, bebe, consume comida y saborea.[93]

Cuando uno come, bebe, mastica, relame o traga, uno anota «comer», «beber», «masticar», «relamer» y «tragar». Cuando el conocimiento de *vipassanā* se fortalezca, aquello que resultará obvio será principalmente la intención de comer y el movimiento resultante (que se manifiesta como elemento aire), así como la sensación de la lengua.

Algunos sugieren que uno debe meditar cuando come contemplando el aspecto repulsivo o desagradable de la comida de acuerdo con el comentario que explica cómo desarrollar comprensión clara de la realidad. Pero, de hecho, esto es meditación de calma mental, es decir, contemplar diez aspectos de lo desagradable en la comida, tales como los problemas que se derivan de obtenerla, el proceso de consumirla y lo repugnante de esta en el estómago cuando se mezcla con bilis, flema, sangre, etcétera.

Por otro lado, uno también comprenderá lo repugnante de la comida cuando la clara comprensión del dominio madure en uno mediante la práctica de anotar «comer», «masticar», «tragar», «saborear», etcétera, cada vez que uno come. Para algunos meditadores, lo repulsivo y desagradable de la comida se hace evidente cuando anotan, mientras están preparando la comida, o comiéndola. Esos meditadores quedan disgustados, paran de comer y permanecen sentados anotando aunque todavía no hayan comido suficiente. Hoy en día, este tipo de experiencia es bastante común entre los meditadores. Algunos meditadores tienen este tipo de experiencias mientras comen, incluso cuando su práctica todavía no está madura. Si, en tal caso, uno se siente extremadamente disgustado con su comida, igual que si fueran excrementos humanos, no es comprensión clara, sino mera aversión. Los comentarios mencionan presumiblemente comprensión de la repugnancia de la comida en conexión con la comprensión clara porque generalmente surge de forma espontánea cuando la comprensión clara madura.

Al defecar y orinar

... uno que actúa con plena consciencia cuando defeca y orina.[94]

Cuando uno defeca u orina, uno lo anota como «defecando», etcétera. No hay objeto que pueda ser considerado como bueno o malo en la meditación *vipassanā*. Uno debe simplemente ser consciente de cada fenómeno tal como es. Cuando el conocimiento de *vipassanā* que tenemos se fortalezca, aquello que resultará obvio será principalmente la intención de defecar y de orinar, los movimientos resultantes (que se manifiestan como el elemento aire), así como las sensaciones no placenteras, la consciencia del cuerpo y demás.

Caminando, de pie, sentado,
cayendo dormido, despertando, hablando
y manteniendo silencio

... uno que actúa con plena consciencia cuando camina, cuando está de pie, sentado, cayendo dormido, despertando, hablando y manteniendo silencio.[95]

El método de comprensión para caminar, estar de pie y sentado ha sido explicado anteriormente. En lo que hace referencia a tomar consciencia del proceso de quedarse dormido, cuando uno se siente adormilado, uno anota «adormilado», «cabecear», «somnoliento», «pesadez», etcétera. Cuando uno se despierta intenta ser consciente de ese mismo estado mental que ocurre en el momento de despertarse.

Esto puede ser difícil para un principiante. Si todavía no puedes tomar consciencia, debes comenzar a observarlo cuando recuerdes ser consciente o estar atento. Con el tiempo, cuando tu mindfulness se fortalezca, serás capaz de captar el momento en el que despiertes. Entonces comprenderás que los fenómenos mentales y materiales que ocurren justo antes de caer dormido no continúan durante el sueño. El surgir de estos tipos de consciencia que no pueden pensar, anotar, ver, escuchar, tocar y demás (conscientemente) es lo que llamamos sueño. Del mismo modo, los fenómenos que suceden durante el sueño no continúan durante el estado despierto. Aquí, «despierto» indica el reemerger de la actividad consciente, tal como pensar, anotar, tomar consciencia, etcétera. No hay identidad propia o «yo» que se duerma o se despierte. Comprenderás que no hay fenómenos permanentes o satisfactorios. Esto es comprensión de la realidad.

Cuando uno habla, uno anota «intención de hablar» y «hablar». Es bastante difícil anotar meticulosamente cuando hablamos, así que es mejor no hablar a menos que sea absolutamente necesario. Cuando nuestro mindfulness se hace fuerte, aquello que resultará obvio será, principalmente, la intención de hablar y los movimientos resultantes (que se manifiestan como el elemento agua), así como las sensaciones del tacto (que se manifiestan como elemento tierra). Cuando uno deja de hablar, anota «intención de dejar de hablar», «parando» y «en silencio», y entonces continúa observando otros objetos obvios. Cuando el mindfulness se fortalece, uno comprende que los fenómenos de un momento de habla se van tan pronto uno se calla y que la intención de dejar de hablar y los fenómenos físicos de no hablar más se desvanecen justo en ese momento. Esta comprensión es comprensión clara de la realidad.

Fenómenos internos y externos

Cuando la comprensión clara del dominio se hace fuerte y es más penetrante, uno comprende que en el ir hay solo la intención y una colección de fenómenos materiales que se mueven en movimientos pequeños y separados uno después del otro. No hay una identidad que vaya. «Yo voy» es, de hecho, un concepto que la gente usa por conveniencia, igual que la gente, por educación, se dirige a los extraños como «sobrino», «nieto», «tía» o «abuelo».[96]

Cuando la clara comprensión de la realidad surge, uno comprende que la frase «él va», «una mujer va» o «un hombre va» son meras expresiones convencionales y que no hay un ser o una identidad que vaya. Uno llega a ver que la existencia es la misma para uno mismo que para los demás, en cuanto a que consiste solo en intención de ir y en segmentos separados de movimientos corporales. Esta comprensión es coherente con el siguiente pasaje del pali:

> Él vive contemplando el cuerpo como un cuerpo... externamente.[97]

Cuando observamos fenómenos en el continuo vital de otros, no hay necesidad de distinguirlos como continuos vitales separados. Sucede a veces que anotando «intención» e «ir» en nuestro propio continuo vital, surge la comprensión clara de la realidad y uno observa que lo mismo es cierto en el continuo vital de otro. Por esto, uno alterna entre la observación de fenómenos internos y externos. Esto está conforme con:

> Él vive contemplando el cuerpo como un cuerpo [...] tanto interna como externamente.[98]

Surgir y desaparecer

Tanto la intención de ir como sus movimientos físicos resultantes aparecen y desaparecen instantáneamente. Esto es comprender el surgir y desaparecer. Mientras uno anota uno comprende: estos fenómenos materiales surgen debido a una causa, no podrían surgir si no hubiera una causa. Estos fenómenos materiales surgen debido a la mente; no podrían surgir si no hubiera una mente. Estos fenómenos materiales surgen debido a karmas previos, no podrían surgir si no hubiera karmas previos. Estos fenómenos materiales surgen debido a la ignorancia; no podrían surgir si no hubiera ignorancia. Estos fenómenos materiales surgen debido al apego, no podrían surgir si no hubiera apego. Estos fenómenos materiales surgen por el alimento, no podrían surgir si no hubiera alimento. Así uno comprende el surgir y desaparecer de los fenómenos basándose en lo que uno ve y observa en uno mismo y basándose en lo que uno ha aprendido. Esto está en consonancia con:

> Él vive contemplando en el cuerpo tanto la naturaleza de surgir como la de desvanecerse.[99]

Ser consciente con precisión

Cada vez que anotamos «intención» e «ir» somos conscientes de que lo que existe es solo movimiento de la materia que se mueve, y que no es un ser, una persona, una identidad, una mujer o un hombre. Significa que lo que se hace evidente a nuestra consciencia es la ocurrencia continua e ininterrumpida de intenciones y movimientos sin el concepto de una forma o cuerpo sólido, de un contorno o silueta. Cuando la atención o el ser consciente comienza a ser muy intenso y penetrante, algunos meditadores examinan y consideran si aun tienen o no cuerpo, cabeza, brazos y piernas. Su atención y su conocimiento de *vipassanā* progresan paso a paso y cada vez son más intensos y penetrantes gracias a que el meditador toma consciencia de forma precisa. Cada anotación está libre de apego. Esto está en consonancia con:

> Él comprende en cualquier postura en la que su cuerpo esté.[100] Así es la contemplación del cuerpo (*kāyānupassanā*).

Contemplar las sensaciones

Sensaciones agradables

> Cuando un *bhikkhu* siente una sensación agradable comprende: «Siento una sensación agradable».[101]

Según este pasaje del *Satipaṭṭhāna Sutta*, las sensaciones corporales o mentales agradables deben anotarse como «agradable», «confortable», «buena» o «feliz». Entonces uno entenderá las sensaciones agradables como realmente son. En las secciones sobre cómo observar en el momento de ver, tocar o pensar he explicado extensamente cómo surge esta comprensión. Para aquellos que no tengan un conocimiento de *vipassanā* claro, el comentario del *Mūlapaṇṇāsa* del *Majjhima Nikāya* acabará con cualquier duda escéptica que quede respecto a este punto. A continuación presentaré una exposición basada en este comentario.

Puede que tengas la siguiente preocupación: «Incluso un lactante que mama leche materna comprende que es agradable, ¿no es así?». Esto es cierto, pero el Buda no se refiere a este tipo de comprensión. Como les sucede a los bebés, las personas ordinarias normalmente no son conscientes de sus sensaciones agradables. La mayor parte del tiempo sus mentes vagabundean y se distraen y no son conscientes de las sensaciones que están experimentando. Incluso cuando ocasionalmente son conscientes de ellas, las conocen en base a un «yo» que siente ese placer. Lo toman por algo permanente y duradero puesto que no pueden ver su naturaleza momentánea. Basándose en esta comprensión son incapaces de abandonar la idea de un ser o de una identidad. Como consecuencia, cuando se focalizan en un objeto con este tipo de comprensión el conocimiento de *vipassanā* no surge. Por ello, esta comprensión no es un objeto de meditación *vipassanā* y, por ello, no la llamamos una «base o fundación para la práctica». Dado que no es una comprensión basada en mindfulness, tampoco hace que la meditación en los fundamentos del mindfulness surja. Por tanto, debes comprender que el Buda no se refería a una comprensión como la que tienen los bebés y la gente ordinaria.

Un meditador que observa de forma continua es consciente de las sensaciones agradables cada vez que surgen y, entonces, las comprende simplemente como otro fenómeno basándose en sus características y demás. El meditador también observa que los momentos sucesivos agradables no continúan, sino que más bien desaparecen uno tras otro. Viendo de esta manera, el concepto de «continuidad» no puede seguir escondiendo el hecho de que las sensaciones son impermanentes, insatisfactorias y carentes de identidad. Con esta comprensión sí es posible que abandonemos la idea de un ser o de una identidad propia. Como expliqué anteriormente, a esto lo llamamos «una base o fundación para la práctica» y puede considerarse como una «meditación en los fundamentos del mindfulness». Fue solo en referencia a este tipo de comprensión que el Buda dijo: «Cuando siente una sensación agradable, un *bhikkhu* comprende: "estoy sintiendo una sensación agradable"».

Cuando nuestro mindfulness se fortalece, comprendemos desde nuestra propia experiencia que las frases «me siento bien» y «soy feliz» son únicamente una convención. Realmente no hay un «yo» o un «ser» que se sienta feliz o confortable. Todo lo que existen son estados mentales momentáneos de felicidad o confort. Por eso el comentario dice:

> Una persona que, al focalizarse en un objeto que hace que surja placer, observa la sensación solo como sensación es una que sabe que está observando una sensación agradable.[102]

Sensación desagradable

Las sensaciones físicas desagradables (*dukkhavedanā*), como por ejemplo calambres, rigidez, dolor, mareo, calor, frío, entumecimiento, estar dolorido, picor y cansancio, las clasificamos como dolor físico o corporal (*kāyikadukkha*). Uno debe anotarlas con precisión y corrección como «calambre, calambre», etcétera. Las experiencias mentales desagradables, tales como tristeza, frustración, preocupación y miedo, las clasificamos como dolor mental (*cetasikadukkha*) o angustia (*domanassa*). Estas sensaciones y sentimientos deben anotarse utilizando el lenguaje cotidiano. Por ejemplo: «triste, triste», «frustración, frustración», etcétera. En las secciones sobre cómo anotar cuando vemos, tocamos o pensamos, he explicado extensamente cómo estas vivencias se experimentan y entienden.

Algunas personas piensan que solo podemos entender la realidad última cuando utilizamos palabras técnicas del pali, como *rūpa*, *nāma*, *pathavī*, *āpo*, *phassa*, *vedanā*, *sukha*, *somanassa*, y demás. Esto no es cierto. Lo más importante es cómo percibir tal como son el surgir y desvanecerse de la mente y del cuerpo (materia). Los vocablos técnicos pali pueden ser útiles para los académicos del pali pero no para otras personas. Para la gente birmana, los vocablos birmanos cumplen mejor esta función; y los que hablan inglés, deben utilizar palabras inglesas.

Por ejemplo, si una persona birmana anota con precisión dolor como *narde*, en birmano, esta persona será consciente de la verdadera característica (de esta experiencia). ¿Qué más da si uno conoce o no el vocablo pali para esta experiencia? ¿Se perdería entonces el conocimiento de *vipassanā* que uno ha logrado? En absoluto. ¿Nos ayudará a mejorar nuestro conocimiento de *vipassanā* conocer la palabra pali correcta? Eso no es posible. Cuando el conocimiento de *vipassanā* de un meditador madura él será consciente del surgir y desaparecer instantáneo de los procesos mentales y materiales de un modo tal que ni tan siquiera habrá tiempo de etiquetar o nombrar cuando observe. En ese momento, el conocimiento de *vipassanā* mejora; no declina. Es un gran error pensar que comprenderemos la realidad última solo cuando anotemos un objeto utilizando terminología pali.

Sensaciones ni desagradables ni agradables

Es bastante difícil experimentar las sensaciones neutras (*upekkhāvedanā*) con claridad, ya que no son desagradables ni agradables. Los comentarios del *Cūḷavedalla Sutta*[103] y del *Saṅgīti Sutta*[104] comparan las sensaciones ni desagradables ni agradables (*adukkhamasukhavedanā*) con la ignorancia, ya que también es demasiado sutil para ser detectada.

Y el comentario al *Bahudhātuka Sutta*[105] también nos dice que una sensación neutra es como la ignorancia porque no es clara. A juzgar por el conocimiento que ganamos con las escrituras, parece que las sensaciones ni desagradables ni agradables y la ignorancia sean claras y fáciles de percibir, pero no sucede así cuando nos apoyamos en el conocimiento empírico.

No es tan fácil ser consciente de la ignorancia como lo es ser consciente del apego y la aversión. Del mismo modo, las sensaciones ni desagradables ni agradables no son tan obvias como las sensaciones agradables y desagradables. En relación con lo difíciles de experimentar que son las sensaciones ni desagradables ni agradables decimos que no son claras y son difíciles de comprender en relación con lo difíciles que son de experimentar de manera empírica. En referencia a estos puntos, los comentarios del *Sakkapañha Sutta*[106] y del *Satipaṭṭhāna Sutta*[107] dicen:

> Las sensaciones ni desagradables ni agradables son apenas obvias, como un objeto en la oscuridad. Sin embargo, cuando tanto las sensaciones agradables como desagradables están ausentes

> podemos considerar que la sensación que hay no es ninguna de las dos. Así podemos conocer, por inferencia, el opuesto de las sensaciones agradables y de las desagradables.[108]
>
> Aquí «apenas obvias» quiere decir que es difícil ver las sensaciones ni desagradables ni agradables con el conocimiento empírico. Por ello, el comentario dice: «como un objeto en la oscuridad».[109]

Aunque las sensaciones ni desagradables ni agradables son bastante sutiles, cuando desaparecen pueden representar un contraste obvio frente a las sensaciones desagradables y agradables. Llamamos a este tipo de realización «inferir la huella del ciervo» (*migapadavalañjananaya*). La expresión viene de la siguiente idea: un ciervo ha pisado en una roca plana. Aunque sus huellas no pueden verse ahí, vemos sus huellas a ambos lados de la roca. Aunque las huellas del ciervo no puedan encontrarse en la roca, podemos concluir que, ciertamente, el ciervo pasó sobre ella.

Del mismo modo, cuando el meditador experimenta claramente una sensación desagradable y anota «dolor», etcétera, puede que la sensación desaparezca. En ese momento, la sensación desagradable ya no es evidente, pero tampoco lo es una sensación agradable. Puede que haya algún otro objeto claro que el meditador observe. Tras algunos minutos, puede que suceda de nuevo una sensación agradable o desagradable. En tal caso, el meditador le prestará atención. Entonces, el meditador percibirá que, durante el intervalo entre la sensación precedente y subsiguiente de dolor y placer, ha ocurrido una sensación ni agradable ni desagradable.

Con este tipo de experiencias, nos damos cuenta de que las sensaciones ni placenteras ni no placenteras son muy difíciles de percibir de manera obvia. Dado que ningún fenómeno de la mente sucede sin sensación, podemos deducir que debe haber una sensación ni desagradable ni agradable cuando las sensaciones agradables y desagradables no son evidentes. Llegamos a esta conclusión mediante el método de «inferir la huella del ciervo». Aunque para los meditadores noveles las sensaciones ni placenteras ni no placenteras nos serán obvias, los meditadores con una mente más afilada o los meditadores más maduros pueden experimentarlas de forma empírica. Os mostré cómo pueden ser experimentadas y comprendidas cuando os hablé de cómo un meditador observa ver y pensar.

Felicidad mundana

Llamamos felicidad mundana (*sāmisasukha*) a la felicidad asociada con las cosas externas hacia las que uno tiene afección o con las que uno está encariñado –mujer, hijos, ropa, propiedades, bienes inmuebles, animales, oro, plata, etcétera–, o con las cosas internas por las que uno tiene afección –por ejemplo, la vista, el confort, los dones propios o habilidades varias–. La palabra pali significa literalmente «felicidad que alimenta el placer sensual», esto es, felicidad asociada a los objetos sensuales. También la llamamos «felicidad hogareña» (*gehasitasomanassa*), que significa la felicidad que habita el hogar de la satisfacción sensual.

Cuando uno disfruta de la dulce voz de su cónyuge o de su belleza, por ejemplo, este objeto visual o este sonido hacen que surja felicidad; o la felicidad que podemos sentir cuando pensamos en un buen momento que vivimos en el pasado. Uno debe ser consciente de todos estos tipos de felicidad como «feliz, feliz», de acuerdo con la instrucción siguiente:

> Cuando sentimos una sensación agradable asociada a un objeto sensual, comprendemos: «Siento una sensación agradable asociada con un objeto sensual».[110]

Felicidad no mundana

Un meditador que es consciente en todo momento, de forma constante e ininterrumpida, y cuyo conocimiento de *vipassanā* está maduro, experimenta el surgir y desvanecerse de los seis objetos de los sentidos que ocurren en las seis puertas de los sentidos y, de este modo, comprende su naturaleza impermanente. Cuando equipara o relaciona este objeto presente con otros objetos presentes o con objetos del pasado, llega a comprender que son impermanentes, insatisfactorios y que cambian todo el tiempo. Esta experiencia hace surgir un tipo de felicidad que llamamos «felicidad no mundana» (*nirāmisasukha*), una felicidad que no se asocia con los objetos sensuales. También la llamamos «felicidad de la renuncia» (*nekkhammassitaso-*

manassa). En relación con este tipo de felicidad, el Buda nos dice en el *Saḷāyatanavibhaṅga Sutta*:

> Cuando al conocer la impermanencia, cambio, caída y cese de las formas, uno ve tal como es, con sabiduría correcta que, tanto en el pasado como ahora, todas son impermanentes, insatisfactorias y sujetas al cambio, surge gozo. A este gozo lo llamamos felicidad basada en la renuncia.[111]

El Buda repite entonces la misma afirmación para el resto de objetos sensoriales. Esta felicidad puede crecer de un modo tal en los estadios primerizos del conocimiento del surgir y desvanecerse que es posible que a veces no podamos controlarla. En tal caso, simplemente sé consciente de esto, tal como es, y anótalo como «felicidad, felicidad», de acuerdo con este pasaje del pali:

> Cuando siente una sensación placentera no mundana, él comprende: «Siento una sensación placentera no mundana».[112]

Insatisfacción mundana

Cuando no logramos el objeto deseable que queremos, nos sentimos frustrados y pensamos que no tenemos suerte. A veces podemos sentir angustia cuando pensamos en nuestra falta de placeres sensuales, ya sea en el presente o en el pasado. A esta angustia, tristeza, frustración, preocupación y demás las llamamos «insatisfacción mundana» (*sāmisadukkha*), una insatisfacción asociada con los objetos sensuales. También se la llama «angustia hogareña» (*gehasitadomanassa*), esto es, la angustia que habita en el hogar de la insatisfacción sensual. Cada vez que esta tristeza ocurre, anótala como «tristeza», tal como nos indica este pasaje pali:

> Cuando siente una sensación mundana dolorosa, él comprende: «Siento una sensación mundana dolorosa».[113]

Insatisfacción no mundana

Cuando un meditador ha llegado a los conocimientos de *vipassanā* que comienzan por el conocimiento del surgir y desvanecerse y ha dedicado un tiempo considerable a meditar, puede tener el anhelo de convertirse en una persona noble (*ariya*) dotada del conocimiento del camino (*maggañāṇa*) y del conocimiento del fruto (*phalañāṇa*). Ahora bien, el meditador puede sentirse descorazonado cuando no ha logrado lo que quería lograr y cree que será incapaz de lograr el conocimiento del camino y el conocimiento del fruto en esta misma vida. A esta angustia la llamamos «insatisfacción no mundana» (*nirāmisadukkha*)– una insatisfacción que no está asociada con los objetos sensuales– o «angustia de la renuncia» (*nekkhammassitadomanassa*). Cada vez que este tipo de angustia o insatisfacción surge, anótalo tal como es, de acuerdo a lo indicado en este pasaje pali:

Cuando siente una sensación dolorosa no mundana, comprende: «Siento una sensación dolorosa no mundana».[114]

Con relación al desagrado no mundano, el comentario lo ilustra con la historia del *bhikkhu* erudito Mahāsīva. Os explicaré ahora la historia de forma breve:

La historia de Mahāsīva

El venerable Mahāsīva era un gran maestro que enseñaba las escrituras budistas a dieciocho sectas budistas. Se dice que bajo su guía treinta mil *bhikkhus* llegaron a conseguir la iluminación tras lograr el conocimiento del camino y el conocimiento del fruto del *arahat*.

Uno de ellos consideró sus logros espirituales y encontró que tenía innumerables virtudes. Entonces investigó las virtudes de su maestro, utilizando sus poderes psíquicos, pensando que serían muy superiores a las suyas. Sin embargo, para su sorpresa, encontró que su maestro era todavía una persona ordinaria, una persona no iluminada. En ese mismo momento, utilizando sus poderes psíquicos, voló hasta su maestro. Quería recordar a su maestro que, aunque él era un refugio para muchos, todavía no era un refugio para sí mismo.

Descendió cerca del monasterio de su maestro y se le acercó. Cuando fue preguntado acerca del propósito de su visita, dijo que había venido a escuchar un sermón de su maestro. Sin embargo su maestro le respondió que no tenía tiempo de enseñarle justo en ese momento.

Entonces le preguntó a su maestro si tendría tiempo de enseñarle cuando estuviera esperando en la entrada del monasterio para ir a mendigar comida. De nuevo el maestro le dijo que no, argumentando que estaría ocupado con otros monjes que estaban estudiando con él. El *bhikkhu* le preguntó si le podía enseñar cuando estuviera camino de la aldea para mendigar su comida. El maestro le dio de nuevo la misma respuesta.

El *bhikkhu* continuó preguntando con gran humildad si podría recibir enseñanzas mientras el gran maestro se ponía sus hábitos, cuando sacaba su bol de mendicante de la bolsa, o cuando tomaba gachas de arroz. En todas las ocasiones recibió la misma respuesta. Le preguntó si podía enseñarle cuando el maestro estuviera en el camino de vuelta de la aldea, tras su comida, durante el descanso de la tarde, cuando preparara la cama, cuando se levantara de la cama, antes de lavarse la cara, o cuando estuviera sentado en su habitación. El maestro dijo que en cada una de estas ocasiones estaría también ocupado.

El *bhikkhu* hizo entonces un comentario crítico acerca de la vida de su maestro diciendo: «Venerable Señor, debería tomar su tiempo para practicar meditación por la mañana después de lavarse la cara, cuando va a su habitación para que su cuerpo recobre la temperatura y se caliente. Ahora mismo, ¡ni tan siquiera parece que tenga tiempo para morirse! Es usted como una silla, no para de dar apoyo a los demás, pero no se lo da a sí mismo. Abandono mi esperanza de escuchar una de sus enseñanzas». Y diciendo esto, salió volando y desapareció en el cielo.

Este gran maestro se dio cuenta entonces de que el *bhikkhu* no había venido a aprender nada de él, sino a recordarle qué debía hacer. Al día siguiente, a primera hora de la mañana el maestro dejó el monasterio para practicar meditación tomando consigo su bol y sus hábitos. No informó de su viaje a ninguno de sus discípulos, pensando: «Para una persona como yo, no será difícil lograr el fruto del *arahat* (*arahattaphala*). Probablemente tardaré dos o tres días en estar completamente despierto».

El gran maestro comenzó a practicar en un valle, cerca de una aldea, dos días antes del día de luna llena de julio; sin embargo, no logró la experiencia directa de la iluminación el día de luna llena como había esperado. Aun así, continuó su práctica pensando «Creí que me llevaría dos o tres días lograr el fruto del *arahat*, pero no ha sido así. Qué le vamos a hacer. Continuaré practicando durante los tres meses del retiro anual de lluvias (*vassa*). Tras el retiro de lluvias, les mostraré quién soy».

Cuando finalizó el retiro anual de lluvias, sin embargo, todavía no había obtenido ningún conocimiento del camino y se sentía avergonzado, pensando «Esperaba lograr la meta en dos o tres días, pero ni tan siquiera después de tres meses he logrado algo. Mis compañeros *bhikkhus* celebrarán el *pavāraṇā*[115] como *arahats*, pero yo no». Mientras hacía esta reflexión, las lágrimas caían por sus mejillas.

Desde ese mismo momento, apartó su cama del lugar y pasó todo el tiempo practicando de manera intensiva, utilizando tres posturas: sentado, caminando y de pie. No se estiró en ningún momento, pensando que estirarse era una pérdida de tiempo. E incluso así, pasados veintinueve años, todavía no había logrado la iluminación. Cada día de *pavāraṇā*, durante veintinueve años, las lágrimas corrían por sus mejillas. El trigésimo año, tampoco pudo descubrir en él ninguna experiencia del conocimiento del camino ni del fruto del camino y, de nuevo, lloró ante su incapacidad de lograr el despertar, lamentándose por no poder unirse a sus compañeros *bhikkhus* como *arahat* en la ceremonia del *pavāraṇā*. Sin embargo, esta vez, también oyó a alguien llorando a su lado y preguntó en voz alta quién era.

–Soy yo, un *deva*,* venerable señor.

–¿Por qué lloras? –preguntó el *bhikkhu*.

–Porque espero lograr dos o tres estadios del conocimiento del camino y del fruto del camino llorando.

Sintiéndose humillado, el gran *bhikkhu* se amonestó a sí mismo. «¡Hasta los *devas* se ríen de mí! Esta no es manera de comportarse». Entonces abandonó su lamento y sus remordimientos, calmó su mente y desarrolló el conocimiento de *vipassanā*, paso a paso, estadio a estadio, hasta que, finalmente, logró el despertar, el fruto del *arahat*.

Cabe suponer que el venerable Mahāsīva tardó tanto tiempo en completar su práctica porque practicó la *vipassanā* contemplando una gran cantidad de fenómenos. Por esta misma razón,

* *N. del T.*: un *deva* es un ser celestial. En los casos en que puedan ser masculinos y femeninos, el femenino es *devī*. En la cosmología budista, los *devas* son seres que gozan de mejores condiciones que los seres humanos, pero en cuanto a sus características universales son también impermanentes, sujetos a sufrimiento y carecen de un ser esencial, propio e inmutable.

el venerable Sāriputta tardó más en lograr el estado de *arahat* que el venerable Moggallāna. El subcomentario dice que su *vipassanā* tardó todo ese tiempo en madurar. Esto debe referirse al desarrollo del conocimiento de la *vipassanā* sobre una gama más amplia de fenómenos de la que es necesaria para el logro del estado de *arahat*.

El venerable Mahāsīva era un *bhikkhu* tan instruido que había memorizado todos los textos canónicos, así que es razonable pensar que sus acciones nobles (*pāramīs*) y su conocimiento de *vipassanā* eran más que suficientes para entrar en el estado de *arahat* a pequeña escala. Este era también el caso del ermitaño Sumedha, que sería el siguiente Buda. En el caso de Sumedha, sus acciones nobles y su conocimiento de *vipassanā* eran suficientes para haber logrado ser un discípulo despierto ya bajo el Buda Dīpaṅkarā.

Ni insatisfacción ni felicidad mundana

Por lo general, la gente ordinaria y ciega en un sentido espiritual (*andhaputhujjana*) se siente ni feliz ni infeliz cuando se encuentran con un objeto sensual que no es ni desagradable ni agradable. Sin embargo, no son conscientes de este hecho, no pueden soltar el objeto y se relacionan con él llenos de apego. Este tipo de sensación la llamamos «ni insatisfacción ni felicidad mundana» (*sāmisa-adukkhamasukha*), «ecuanimidad hogareña» (*gehasita-upekkhā*) o «ecuanimidad asociada con la ignorancia» (*aññāṇupekkhā*). Los practicantes de *vipassanā* la experimentan con frecuencia, pero, dado que no es clara y diferenciada, es difícil de observar. Cuando seas consciente de ella, obsérvala de acuerdo al siguiente fragmento de los textos pali:

> Cuando siente una sensación mundana ni desagradable ni agradable, comprende: «Siento una sensación mundana ni desagradable ni agradable».[116]

Ni insatisfacción ni felicidad no mundana

Cuando nuestra práctica de meditación *vipassanā* quede purificada de las corrupciones de la *vipassanā*, cualquiera de los seis objetos sensoriales que surjan será muy claro y las sensaciones ni desagradables ni agradables también serán muy claras ante un conocimiento de *vipassanā* penetrante. En el estadio del conocimiento de *vipassanā* de ecuanimidad hacia las formaciones, esto se hace todavía más claro y diferenciado. A estas sensaciones ni desagradables ni agradables las llamamos «ni insatisfacción ni felicidad no mundana» (*nirāmisa-adukkhamasukha*). También las llamamos «sensaciones neutras asociadas con la renuncia» (*nekkhammassita-upekkhā*). Anótalas consecuentemente, basándote en lo siguiente:

> Cuando siente una sensación no mundana ni desagradable ni agradable, comprende: «Siento una sensación no mundana ni desagradable ni agradable».[117]

Experimentar las sensaciones directamente y con comprensión

El método para contemplar las sensaciones es el mismo método que para contemplar los fenómenos internos y externos que explicamos anteriormente en la sección sobre contemplar el cuerpo.

Cuando prestamos atención a las sensaciones, vemos que surgen y se desvanecen instantáneamente. Esta es la experiencia directa con comprensión del surgir y desaparecer de las sensaciones. También experimentamos directamente que nos sentimos felices, infelices o neutrales debido a los objetos agradables, desagradables o ni desagradables ni agradables, respectivamente. También experimentamos directamente que no experimentamos esas sensaciones en ausencia de esos objetos. Aun más, experimentamos directamente que una sensación es causada por una acción previa, por la ignorancia y por el apego, y que en ausencia de una acción previa, de ignorancia o de apego, no surgen sensaciones. Es así como uno experimenta directamente la causa del surgir, de la desaparición y del no-surgir de las sensaciones tal como se describe en los textos pali:

> Él mora contemplando la naturaleza de las sensaciones, tanto la de su surgir como la de su desaparecer.[118]

Cada vez que notamos una sensación de forma precisa, experimentamos directamente que ahí no hay una persona o un ser, que no hay un «yo» o un «mío», y que no hay una mujer o un hombre que sientan, sino simplemente una sensación que es agradable, desagradable o ni desagradable ni agradable. En otras palabras, uno es capaz de percibir la sensación independientemente de cualquier forma conceptual o contorno –esto significa, libre de imágenes sólidas y condicionadas. De esta manera, el mindfulness y el conocimiento de *vipassanā* mejoran y el apego se debilita, tal como expone este fragmento pali:

> Simplemente se establece y consolida en él el mindfulness de que «hay sensación».[119]

Esto es contemplar las sensaciones (*vedanānupassanā*).

Contemplar la mente

Estados de la mente

A la codicia, el ansia y el deseo los llamamos «mente influenciada por el deseo» (*sarāgacitta*). Cuando ocurre este estado, anótalo como «deseo, deseo». Puede que desaparezca cuando lo anotas una o dos veces. Si persiste, continúa anotándolo repetidamente hasta que, al final, desaparezca. Cuando la mente está libre de gustar y querer, se vuelve pura y clara, una mente a la que no afecta el ansia (*vītarāgacitta*). Debes anotar este estado de la mente tal como es, como se describe en los textos pali:

> Aquí, un *bhikkhu* comprende la mente influenciada por la codicia como una mente influenciada por la codicia, y la mente que no está influenciada por la codicia como una mente no influenciada por la codicia.[120]

A la ira, la frustración, el odio, la hostilidad y la crueldad los llamamos «mente influenciada por el odio» (*sadosacitta*). Cuando ocurre alguno de ellos, anótalo como «enfadado». Puede que desaparezca tras anotarlo una o dos veces. Si persiste, anótalo repetidamente hasta que desaparezca. Llegará un momento en el que se desvanecerá por completo y entonces la mente será pura y clara, una mente a la que no le influye el odio (*vītadosacitta*). También debes ser consciente de este estado de la mente tal como es, de acuerdo con los textos pali:

> Comprende la mente influenciada por el odio como una mente influenciada por el odio, y comprende una mente no influenciada por el odio como una mente no influenciada por el odio.[121]

A la mente que simplemente está confundida o agitada, bajo las garras de la ignorancia y el engaño, la llamamos «mente influenciada por la confusión» (*samohacitta*). Los pensamientos sensuales, la hipocresía y el engaño acerca de la identidad se consideran estados de la mente enraizados en el deseo e influenciados por la ignorancia (*lobhamūla samohacitta*). Los estados de la mente desagradables, como el miedo, la preocupación, la aflicción, la tristeza, los celos, el pesar y la amargura, todos ellos son estados de la mente enraizados en la aversión e influenciados por la ignorancia. (*dosamūla samohacitta*). Cuando algunos de estos estados suceden en la mente, anótalos tal como son. Cuando estos estados de la mente terminan, la mente se vuelve pura y clara, una mente que no está bajo la influencia de la ignorancia (*vītamohacitta*). También debes anotarla tal como es, de acuerdo con los textos pali:

> Comprende la mente influenciada por la ignorancia como una mente influenciada por la ignorancia, y comprende la mente no influenciada por la ignorancia como una mente no influenciada por la ignorancia.[122]

Cuando un meditador experimenta alguno de estos estados de la mente, también debe anotarlos como corresponde: un estado indolente de la mente (*saṃkhittacitta*); un estado distraído de la mente (*vikkhittacitta*); un estado concentrado de la mente (*samāhitacitta*); un estado no concentrado de la mente (*asamāhitacitta*); un estado liberado de la mente, cuando la mente que es consciente está liberada temporalmente de las distorsiones mentales (*vimuttacitta*); y un estado de la mente no liberado, cuando no hay atención y la mente vagabundea sujeta a las distorsiones mentales (*avimuttacitta*).

Los siguientes cuatro estados mentales (o de consciencia) solo les ocurren a aquellos que han logrado *jhāna* y, por este motivo, no son relevantes para uno que practica meditación *vipassanā* exclusivamente: un estado desarrollado de la mente (*mahaggatacitta*), un estado no desarrollado de la mente (*amahaggatacitta*), un estado inferior de la mente (*sa-uttaracitta*), y un estado superior de la mente (*anuttaracitta*).

Llamamos contemplar la mente (*cittānupassanā*) a la observación de los estados de la mente tal como son. Si uno se centra en la enumeración o en detallar estos estados de la mente, considerando que hay ocho tipos de mente enraizados en la codicia, que se les llama una mente influenciada por la codicia, etcétera, no podremos considerar esto contemplar la mente de forma verdadera, sino una mera conceptualización. Por este motivo, el comentario dice:

> En el momento en el que un estado de la mente surge, uno observa, bien la propia mente, bien la mente de otro, o, a veces, la propia mente y, a veces, la mente de otro. A esto lo llamamos «contemplar la mente como mente».[123]

Si uno toma consciencia de un estado de la mente justo en el momento en el que ocurre, uno comprende que tiene la característica de conocer el objeto (*vijānanalakkhaṇā*). Ve, oye, huele, saborea, siente el tacto y, aunque aparece y desaparece junto a sus factores mentales, es como un precursor para percibir el objeto; tiene la función de liderar sus factores mentales (*pubbaṅgamarasa*). Se manifiesta de forma continua, un momento tras otro (*sandahanapaccupaṭṭhāna*). Sus causas próximas son la base material, un objeto, el contacto mental, la sensación y demás (*nāmarūpapadaṭṭhāna*; *vatthārammaṇapadaṭṭhānā*).

Experimentar la mente directamente y con comprensión

El método para contemplar la mente es el mismo que el método de prestar atención a los fenómenos externos e internos explicado con anterioridad en la sección sobre cómo contemplar el cuerpo.

Cuando uno anota los estados de la mente, uno ve que surgen y desaparecen de manera instantánea. Esto es experimentar directamente el surgir y desvanecerse de la mente. Uno también experimenta directamente que un estado de la mente surge solo ante determinadas condiciones: la presencia de sus factores mentales específicos, una base física o material, acciones pasadas, ignorancia y apego. Sin estas condiciones, este estado de la mente no surge. Esta es la experiencia directa de las causas de los estados de la mente que surgen y se desvanecen tal como se describen en los textos pali:

> Mora contemplando en la mente la naturaleza tanto del surgir como del desvanecerse.[124]

Cada vez que eres consciente de un estado de la mente, experimentas directamente que no hay una persona o un ser, que no hay «yo» o «mío», y que no hay una mujer o un hombre que conozcan, sino simplemente consciencia de un objeto. En otras palabras, uno es capaz de experimentar la mente con independencia de imágenes conceptuales condicionadas. De esta manera, el mindfulness y el conocimiento de *vipassanā* mejoran y el apego se debilita, tal como se indica en este fragmento pali:

> Simplemente se establece y consolida en él el mindfulness de que «hay consciencia».[125]

Esto es contemplar la consciencia (*cittānupassanā*).

Contemplar los objetos de la mente

Los cinco obstáculos

Al deseo de disfrutar y de tener placeres sensuales se le llama «el obstáculo del placer sensual» (*kāmacchandanīvaraṇa*). Incluye también el deseo por obtener *jhāna* o por experimentar directamente el camino, el fruto y el *nibbāna*. El deseo por los logros espirituales puede convertirse en deseo sensual. Cuando surge el deseo sensual, anótalo tal como es:

> [cuando hay deseo sensual en él, un *bhikkhu* comprende]: «Hay deseo sensual en mí».[126]

Ira, frustración, odio, crueldad y hostilidad quedan incluidos en lo que llamamos «obstáculo de la aversión» (*byāpādanīvaraṇa*).

Debemos ser conscientes de ellos, tal como verdaderamente son, en el momento en el que ocurren. Al obstáculo causado por la pereza, el embotamiento y la falta de energía de la mente y de los factores de la mente lo llamamos «obstáculo de la pereza y el letargo» (*thīnamiddhanīvaraṇa*). Sé consciente de ellos, tal como verdaderamente son, en el momento en el que ocurren. A la agitación de la mente la llamamos «agitación» (*uddhacca*). Anótala tal como es en el momento en el que ocurre. A la preocupación y los remordimientos los llamamos «preocupación» (*kukkucca*). Anótalos tal como son en el momento en el que ocurren. Esta es la manera de prestar atención según los textos pali:

> [Cuando hay animosidad en él (...). Cuando hay pereza y letargo en él (...). Cuando hay agitación y remordimientos en él, un *bhikkhu* comprende]: «Hay animosidad [...] pereza y letargo [...] agitación y remordimiento en mí».[127]

La duda escéptica sobre la omnisciencia del Buda, sobre el logro del camino, los frutos y el *nibbāna*, sobre el despertar de sus discípulos, o sobre el hecho de que no hay persona alguna sino solo causa y efecto,[128] o dudas acerca de si estamos practicando el método correcto, sobre si la práctica nos llevará al camino, los frutos y el *nibbāna*, si las instrucciones de nuestro maestro son correctas o no, si alguien alguna vez se ha iluminado utilizando este método de meditación: a todo esto lo llamamos «duda» (*vicikicchā*). Cuando experimentes esta duda, sé consciente de ella tal como es en el momento en el que se produce, de acuerdo con el siguiente pasaje del pali:

> [Cuando hay duda en él, un *bhikkhu* comprende]: «Hay duda en mí».[129]

Estos obstáculos de la mente pueden desaparecer cuando eres consciente de ellos una, dos o varias veces. También debes anotar tal como son los estados mentales libres de obstáculos:

> [Cuando no hay deseo sensual en él, un *bhikkhu* comprende]: «No hay deseo sensual en mí».[130]

El deseo sensual surge cuando hay una atención ignorante. Serás capaz de notarlo cuando tu conocimiento de *vipassanā* madure. Es posible que a veces te des cuenta de la atención ignorante lo suficientemente pronto como para impedir que el deseo sensual surja. Esto mismo es aplicable al resto de obstáculos. Cuando estás observando la pereza y el letargo, por ejemplo, y estos desaparecen, puede que te sientas atento y alerta el resto del día y la noche. De este modo verás cuál es la causa de los obstáculos de la mente. Te darás cuenta de que la atención ignorante es la que hace surgir el deseo sensual y el resto de obstáculos, y que la atención sabia los disipa.

Atención sabia

Cualquier atención que hace que surja lo positivo y beneficioso puede ser entendida como atención sabia o actitud correcta (*yoniso manasikāra*). Daré ahora una explicación más extensa sobre la atención sabia ya que tiene una relación directa con la meditación *vipassanā*.

En el caso de la meditación *vipassanā,* la atención sabia consiste en observar los fenómenos mentales y materiales en el momento en el que suceden en términos de sus características particulares y comunes. Cuando el conocimiento empírico que tenemos de los fenómenos mentales y materiales madure, nos daremos cuenta, por inferencia, de la naturaleza de los fenómenos que no hemos experimentado todavía, comparándolos con aquellos que sí hemos experimentado. Esto también es atención sabia. Por ello, la atención sabia es una atención que nos lleva al logro de los conocimientos de *vipassanā* superiores, al conocimiento del camino y al conocimiento del fruto. Tal como dice el comentario:

> La atención sabia es el método (correcto) y el modo (correcto) de atender; atención sabia es ver lo que es impermanente como impermanente, ver lo que es insatisfactorio como insatisfactorio, ver lo que carece de identidad como carente de identidad y ver lo que es desagradable como desagradable.[131]

Los conocimientos de *vipassanā*, del camino, de sus frutos y el *nibbāna* son la verdadera fortuna que un meditador de *vipassanā* espera lograr. Por ello, la «atención sabia» es darse cuenta de los fenómenos tal como son, contemplar las características, la impermanencia y demás, en referencia a los fenómenos mentales y materiales.

Un meditador de *vipassanā* solo necesita conocer los fenómenos mentales y materiales claros tal como son. El meditador no necesita experimentar una persona, un ser, un «yo», una mujer o un hombre. Un meditador debe experimentar la característica común de la impermanencia y demás pues esto le ayuda a extirpar las distorsiones mentales; no necesita experimentar la apariencia o existencia aparente de la permanencia, de la satisfacción, de la identidad y de lo atractivo. Cuando un meditador experimenta alguno de estos seis objetos mediante las seis puertas de los sentidos, las unidades mentales llamadas «advertir las cinco puertas de los sentidos» (*pañcadvārāvajjana*) o «advertir la puerta de la mente» (*manodvārāvajjana*) surgen y son conscientes de estos objetos sensoriales de una manera tal que los perciben solo como fenómenos mentales y materiales impermanentes. Este tipo de «mente que advierte» es seguido de un impulso de *vipassanā*. Ambos los consideramos atención sabia, porque nos llevan a una comprensión correcta de los fenómenos mentales y materiales, al conocimiento del camino y al conocimiento del fruto. Tal como explica el subcomentario del *Satipaṭṭhāna Sutta*:

> La atención sabia es un estado de la mente guiado por la sabiduría que, con relación a los estados beneficiosos, comprende co-

> rrectamente sus características particulares y comunes, función y demás. La llamamos «atención sabia» porque es el modo correcto de prestar atención. La mente que advierte también se considera atención sabia al ser un estado de la mente (guiado por la sabiduría).[132]

Según el subcomentario, tanto la consciencia que advierte como el impulso de *vipassanā* que surge antes del proceso mental deben ser considerados atención sabia, dado que producen estados beneficiosos de la mente en los procesos mentales que les siguen.

Atención ignorante

> La atención ignorante (*ayoniso manasikāra*) no es el método (correcto) y no es el modo (correcto) de atender. La atención ignorante es ver lo que es impermanente como permanente, ver lo que es insatisfactorio como satisfactorio (o lo que es sufrimiento como felicidad), ver aquello sin identidad propia como si tuviera identidad propia y ver lo que es desagradable como agradable.[133]

Tomar los fenómenos mentales y materiales que aparecen en las seis puertas de los sentidos como permanentes, satisfactorios, con identidad propia y atractivos o agradables, es atención ignorante. De hecho, cualquier momento en el que no hay mindfulness debe ser considerado como atención ignorante porque puede llevarnos a nociones de permanencia y demás.

Pongamos por caso que no somos conscientes de un momento de ver justo en el momento en el que sucede. Dado que no nos detenemos en el mero proceso de ver, comenzamos a pensar en quien es aquel a quien vemos, o acerca del hecho de que hemos visto a aquella persona antes. O un poco más tarde consideramos que «Aquella persona estaba en aquel lugar hace tan solo un momento y ahora está en este lugar», o «Soy yo quien está pensando sobre esta persona tras haberla visto». Estos pensamientos nos indican que tenemos una percepción de permanencia. O podemos considerar felizmente «Veo a una mujer. Veo a un hombre. Él está bien. Está lindo conocerla o conocerlo». O puede que tomemos el objeto y nuestra consciencia del ojo por una persona, por un ser o por un «yo». O puede que lo tomemos por algo agradable y atractivo. Es improbable que veamos la impermanencia y otras características en esos momentos, e incluso si prestáramos atención, la impermanencia y demás no nos sería obvia, ni aparecería de forma clara. No es necesario decir que no tendríamos opción alguna de lograr el camino y sus frutos en tales circunstancias. Cualquier estado carente de mindfulness es considerado como atención ignorante porque no trae beneficio alguno y no genera el logro del conocimiento de la *vipassanā* o del camino o de sus frutos. La atención ignorante es la causa de todo lo que es perjudicial.

En tales casos, también debemos considerar como atención ignorante tanto la mente que advierte como todos los impulsos no beneficiosos que surgen precediendo procesos mentales, porque generan estados de la mente perjudiciales en los procesos mentales que les siguen. En un solo proceso mental, la consciencia que advierte debe ser considerada como atención ignorante cuando conduce a lo perjudicial. La gente ordinaria se inclina, generalmente, hacia los objetos sensuales que les generan distorsiones. Tan pronto como el objeto se hace evidente en alguna de las seis puertas de los sentidos, la mente que advierte surge, basada en la atención ignorante, como si quisiera saber si el objeto es encantador o terrible. Este tipo de mente que advierte es comparable a alguien que tiene miedo de los fantasmas y salta ante cualquier ruido en la noche, o a alguien que tiene tantas ganas de encontrarse con un buen amigo que lo confunde con un extraño que pasa en ese momento. En el caso de los procesos de las cinco puertas de los sentidos,[134] una vez que la consciencia advierte, surgen los momentos de consciencia de recibir e investigar, seguidos de una consciencia que determina. Esta consciencia que determina decide si el objeto es encantador o terrible. Los impulsos kármicos basados en la codicia, el odio y la ignorancia surgen de este modo. En el caso del proceso en la puerta de la mente, los impulsos kármicos perjudiciales también surgen en dependencia de la atención que hemos prestado al objeto cuando la consciencia lo advirtió y lo tomó por algo encantador o terrible. Es así como los estados de la mente perjudiciales surgen causados por la atención ignorante.

En resumen, la atención sabia hace referencia al mindfulness en el caso de la meditación *vipassanā*. La atención que da apoyo al mindfulness también se considera atención sabia.

La atención de la mente distraída o vagabunda es ignorante y produce obstáculos mentales. Uno debe ser consciente de estos dos tipos de atención según este pasaje pali:

> Él también comprende cómo llega a suceder el surgir del deseo sensual que aun no ha surgido. Él también comprende cómo llega a suceder el abandono de los deseos sensuales que han surgido. Él también comprende cómo llega a suceder el no surgir de los deseos sensuales que han sido abandonados.[135]

En relación con el no surgir futuro de los obstáculos que han sido abandonados, el primer conocimiento del camino extirpa la duda escéptica, el tercer conocimiento del camino extirpa la aversión y el remordimiento, y el cuarto conocimiento del camino extirpa por completo el deseo sensual, la pereza y el letargo y la agitación mental.

Los varios tipos de conocimiento del camino que causan que los obstáculos respectivos se extirpen por completo solo pueden conocerse en el momento del conocimiento de revisión. Este conocimiento sucede solo después de lograr el respectivo conocimiento del camino. Antes de esto, solo nos es posible entenderlo basándonos en el conocimiento de las escrituras. Mediante las escrituras, podemos determinar cuándo no hemos logrado un determinado conocimiento del camino porque hay obstáculos que todavía surgen. Esto nos ayuda a realizar esfuerzos aun mayores para lograr los varios tipos de conocimientos del camino.

Los cinco agregados

No hay un método específico para contemplar los agregados o componentes. Como mencionamos anteriormente, aquellos para los que ser conscientes de la materia es adecuado son capaces de comprenderla a conciencia cuando anotan, por ejemplo, «ver» o «escuchar». Sin embargo, aquellos para los que contemplar las bases de los sentidos (*āyatana*) o los elementos (*dhātu*) es más adecuado la comprenderán de esta manera cuando anoten, por ejemplo, «ver». Esto también será suficiente para aquellos que realicen una contemplación adecuada de los fenómenos materiales y mentales.

Si uno anota «ver, ver» en el momento de ver y es consciente de la propia sensibilidad del ojo o del objeto visual, entonces uno es consciente del agregado de la materia. Si uno es consciente de una sensación agradable, desagradable o ni desagradable ni agradable conectada con el objeto visual, uno es consciente del agregado de la sensación. Si uno es consciente del reconocimiento del objeto visual, uno está siendo consciente del agregado de la percepción. Si uno es consciente de las formaciones mentales que surgen, tales como el contacto mental con el objeto visual, la volición de ver, la codicia, la confianza, etcétera, entonces uno está siendo consciente del agregado de las formaciones mentales. Si uno es consciente de la consciencia del ojo, uno está siendo consciente del agregado de la consciencia. Ser consciente de los agregados de esta manera es coherente con este pasaje del pali:

> [Aquí, un *bhikkhu* comprende] «Tal es la materia… tal la sensación… tal la percepción… tales las formaciones mentales… tal es la consciencia».[136]

Podemos aplicar lo mismo a oír y al resto. Si uno anota «flexionando» cuando flexiona una extremidad, uno es consciente del agregado material en forma de movimiento, del agregado de la consciencia como intención de flexionar y de las formaciones mentales conectadas con flexionar, tales como el contacto entre la mente y el proceso material-físico y la volición que dirige este proceso material-físico. Los agregados de la sensación y de la percepción son obvios solo parte del tiempo. Cuando están presentes, uno es consciente de la naturaleza agradable o desagradable asociada con la intención de doblar y de la percepción que conoce la experiencia. Lo mismo sucede con estirar, caminar y demás.

Así surge el conocimiento que discierne los fenómenos materiales y mentales. Uno comprende que el agregado material es solo esto: algo cambiando a peor. Las sensaciones simplemente sienten, la percepción simplemente percibe, las formaciones mentales simplemente llevan a cabo sus funciones y la consciencia simplemente conoce el objeto. Esto no es una mera enumeración o una particularización de los cinco agregados, sino una experiencia empírica basada en ser consciente momento a momento, coherente con el pasaje pali previo: «Tal es la forma… tal es la sensación…». El comentario nos da la siguiente explicación:

«Tal es la forma» nos indica (de esta manera, la experiencia directa de la materialidad): «Tal es la forma. Consiste justo en esto y nada más». Uno comprende la forma basándose en sus características particulares. Lo mismo es aplicable a las sensaciones y demás.[137]

El surgir y desaparecer de los fenómenos materiales

Cada vez que uno observa o es consciente de los fenómenos materiales, uno ve que surgen y se desvanecen instantáneamente. Este es el conocimiento del surgir y desvanecerse que experimenta directamente y con sabiduría la característica del surgir (*nibbattilakkhaṇā*) y la característica del desaparecer (*vipariṇāmalakkhaṇā*).

La gente cree que los fenómenos mentales y materiales son bellos y buenos. No pueden ver que son insatisfactorios, negativos y que carecen de atractivo. No comprenden que el cese completo de los fenómenos mentales y materiales es beneficioso y nos trae paz. Este desconocimiento es la ignorancia. Debido a esta ignorancia, las personas estaban apegadas a los fenómenos mentales y materiales en sus vidas anteriores y cometieron actos beneficiosos y perjudiciales en un intento de hacer que estos fenómenos fueran agradables. Estas acciones beneficiosas y perjudiciales es lo que llamamos karma. El karma beneficioso es la causa de la existencia humana. Un meditador de *vipassanā* ya ha aceptado la ley del karma tras haber aprendido que el karma trae tanto resultados beneficiosos como perjudiciales. También comprende y experimenta de manera empírica las causas de los fenómenos mentales y materiales y de su surgir y desvanecerse practicando *vipassanā*. De este modo vemos que la comprensión del meditador es una combinación de conocimiento empírico y de los textos.

Mediante la consideración uno comprende «Este cuerpo físico ha surgido en esta vida porque la ignorancia estaba presente en una vida pasada. No podría haber surgido sin ignorancia. Este cuerpo físico ha surgido en esta vida porque el apego y la codicia estaban presentes en una vida pasada. No podría haber surgido sin apego y codicia. Este cuerpo material o físico ha surgido en esta vida porque hicimos actos beneficiosos y perjudiciales en el pasado. Este cuerpo físico ha surgido en esta vida por el alimento durante esta vida. No podría haber surgido sin alimento».

De acuerdo con el *Paṭisambhidāmagga*, esta experiencia directa con comprensión es considerada como un conocimiento inferencial del surgir y desvanecerse de los fenómenos. Uno experimentará directamente y comprenderá la causa inmediata de los fenómenos materiales-corporales en la propia existencia actual, por ejemplo, que el proceso material-corporal de doblar la mano es causado por la intención de hacerlo. Doblar no sucede sin esa intención. También las sensaciones de calor o frío son causadas por las condiciones ambientales de calor y frío. La experiencia física de frío o de calor no ocurre sin estas condiciones. Tal como dicen los textos pali:

> Tal es la materia, tal es su origen, tal su desaparición.[138]

Sensación, percepción y formaciones mentales

Al confort, al placer y a la felicidad los llamamos «sensaciones agradables» (*sukhavedanā*). A la incomodidad, lo desagradable y la tristeza los llamamos «sensaciones dolorosas» (*dukkhavedanā*). Una sensación que no es ni agradable ni desagradable la llamamos «sensación neutra» (*upekkhāvedanā*). Cuando uno es consciente de las sensaciones, uno ve que desaparecen instantáneamente. Esto es el conocimiento de *vipassanā* del surgir y desvanecerse que experimenta directamente y comprende la característica de la aparición (*nibbattilakkhaṇā*) y la característica de la desaparición (*vipariṇāmalakkhaṇā*) de los fenómenos.

Mediante considerar, comprendemos que «Estas sensaciones han surgido en esta vida debido a que la ignorancia estaba presente en una vida pasada. No podrían haber surgido sin ignorancia. Estas sensaciones han surgido en esta vida porque el apego y la codicia estaban presentes en una vida pasada. No podrían haber surgido sin apego y codicia. Estas sensaciones han surgido en esta vida porque hicimos actos beneficiosos y perjudiciales en el pasado. Estas sensaciones han surgido en esta vida por el alimento durante esta vida. No podrían haber surgido sin alimento».

Esta realización la consideramos como un conocimiento inferencial del surgir y del desvanecerse de las sensaciones. Lo mismo sucede con los agregados de la percepción y de las formaciones mentales. Tal como dicen los textos pali:

> Tales son las sensaciones, tal es su surgir, tal su desaparición.[139]

Consciencia

Cuando uno anota la consciencia como «ver», «oír», «intención de doblar», «intención de estirar», «conocer», entre otras, uno ve que surge y desaparece de forma instantánea. Este es el conocimiento de *vipassanā* que experimenta directamente con comprensión la característica de los fenómenos de surgir y la característica de los fenómenos de desaparecer o desvanecerse.

Mediante la reflexión, comprendemos que «Esta consciencia ha surgido en esta vida porque la ignorancia estaba presente en una vida anterior. No podría haber surgido sin ignorancia. Esta consciencia ha surgido en esta vida porque el apego y la codicia estaban presentes en una vida pasada. No podría haber surgido sin apego y codicia. Esta consciencia ha surgido en esta vida porque hicimos actos beneficiosos y perjudiciales en el pasado. Esta consciencia ha surgido en esta vida por el alimento durante esta vida. No podría haber surgido sin alimento».

Esta experiencia con comprensión la consideramos conocimiento inferencial del surgir y desvanecerse de la consciencia. Como hay un objeto, hay surgir de la consciencia. Sin objeto, la consciencia no surgiría. Dado que hay una consciencia precedente, la consciencia siguiente surge, y sin ella la consciencia no surgiría. Tal como dicen los textos pali:

> Tal es la consciencia, tal su origen, tal su desaparición.[140]

Según el comentario, el conocimiento de *vipassanā* de surgir y desvanecerse aparece de cincuenta maneras: cada agregado es experimentado directamente y comprendido en función de su aparición, desaparición, cuatro causas de aparición, cuatro causas de desaparición,[141] lo que resulta en diez modos para cada agregado. Por ello, en total, los cinco agregados o componentes se experimentan directamente con comprensión de cincuenta maneras distintas. Ahora bien, lo más importante es experimentar directamente con comprensión este conocimiento de diez maneras: ver en cada uno de los cinco agregados su surgir y su desvanecerse.

Las seis bases de los sentidos

La vista

En el momento de ver podemos experimentar varias bases de los sentidos, elementos, y fenómenos mentales y materiales. Por ejemplo, la sensibilidad del ojo: es la base del ojo (*cakkhāyatana*) y el elemento del ojo (*cakkhudhātu*); el objeto visual: es la base de la forma (*rūpāyatana*) y el elemento de la forma (*rūpadhātu*); y la base de la mente (*manāyatana*).

También podemos experimentar bases y elementos relacionados con el proceso mental de ver. Surgen en el orden siguiente: el elemento de la consciencia del ojo (*cakkhuviññāṇadhātu*), el elemento de la mente (*manodhātu*) –que está formado por un momento mental que advierte el objeto (*āvajjana*) y un momento mental que recibe el objeto de los sentidos (*sampaṭicchana*)–, seguido del elemento de la consciencia de la mente (*manoviññāṇadhātu*) –formado por un momento mental que investiga el objeto de los sentidos (*santīraṇa*) y un momento mental que determina el objeto de los sentidos (*votthapana*)–, momentos mentales de impulso kármico (*javana*), y un momento mental que registra los objetos de los sentidos (*tadārammaṇa*).[142]

A los factores mentales los llamamos base de los objetos de la mente (*dhammāyatana*) y elemento de los objetos de la mente (*dhammadhātu*). Algunos de estos son: contacto mental (*phassa*) con un objeto visual, sensación (*vedanā*), percepción (*saññā*), volición (*cetanā*), deseo (*lobha*), aversión (*dosa*) y confianza (*saddha*).

La consciencia y los factores mentales los llamamos *nāma* porque «van» o «se inclinan» hacia el objeto visual.[143] La sensibilidad del ojo y el objeto visual no pueden inclinarse hacia el objeto. Las llamamos *rūpa* porque sufren alteraciones y se deforman cuando se encuentran con condiciones materiales adversas.[144] De este modo, según las disposiciones de cada uno, cada vez que anotamos ver como «ver», comprendemos los fenómenos según alguno de los aspectos siguientes: las cuatro bases, los seis elementos, o según sean mentales (*nāma*) o materiales (*rūpa*).

El oído, el olfato, el gusto y el tacto

Cuando oímos, las bases, los elementos y los fenómenos mentales y materiales que podemos experimentar son la sensibilidad del oído que es materia: la base del oído (*sotāyatana*) y el elemento del oído (*sotadhātu*); el sonido que es materia: la base del sonido (*saddāyatana*) y el elemento del sonido (*saddādhātu*). El proceso de oír es mental y puede subdividirse bien según sus bases: base mental y base del objeto mental; o según sus elementos: el elemento de la consciencia del oído (*sotaviññāṇadhātu*), su elemento mental, su elemento de la consciencia de la mente y su elemento del objeto mental.

En el momento de oler, podemos experimentar la sensibilidad de la nariz que es física: la base de la nariz (*ghānāyatana*) y el elemento de la nariz (*ghānadhātu*); el olor que es físico: la base del olor (*gandhāyatana*) y el elemento del olor (*gandhādhātu*). El proceso mental de oler lo podemos subdividir en bases: base de la mente y base del objeto mental; o en elementos: elemento de la consciencia de la nariz (*ghānaviññāṇadhātu*), su elemento mental, su elemento de la consciencia de la mente y su elemento del objeto mental.

En el momento de saborear podemos experimentar la sensibilidad de la lengua que es materia: la base de la lengua (*jivhāyatana*) y el elemento de la lengua (*jivhādhātu*); el sabor que es materia: la base del sabor (*rasāyatana*) y el elemento del sabor (*rasadhātu*). El proceso mental de saborear lo podemos subdividir en bases: base de la mente y base del objeto mental; o en elementos: elemento de la consciencia de la lengua (*jivhāviññāṇadhātu*), su elemento mental, su elemento de la consciencia de la mente y su elemento del objeto mental.

Cuando se activa el tacto podemos experimentar la sensibilidad del cuerpo que es materia: la base del cuerpo (*kāyāyatana*) y el elemento del cuerpo (*kāyadhātu*); la sensación corporal que es materia: la base del objeto tangible (*phoṭṭhabbāyatana*) y el elemento del objeto tangible (*phoṭṭhabbadhātu*). El proceso mental de tocar lo podemos subdividir en bases: base de la mente y base del objeto mental; o en elementos: elemento de la consciencia del cuerpo (*kāyaviññāṇadhātu*), su elemento mental, su elemento de la consciencia de la mente y su elemento del objeto mental.

Así que, dependiendo de las preferencias de cada uno, cada vez que uno anota oír como «oír», etcétera, uno comprende los fenómenos basándose en las cuatro bases o los seis elementos, o basándose en si son materiales y mentales.

La mente y la actividad mental

Cuando hay actividad mental o pensamientos podemos experimentar las siguientes bases y elementos, o los siguientes fenómenos materiales y mentales: el proceso mental que simplemente toma el objeto de la mente, la base de la mente (*manāyatana*) y el elemento de la consciencia de la mente (*manoviññāṇadhātu*).

También podemos experimentar factores mentales formados por objetos mentales y bases mentales. Por ejemplo, el contacto mental con el objeto, la sensación, la percepción, la volición, la concentración, tocar el objeto, mantenerse en el objeto, determinación, energía, interés gozoso, intención, deseo, aversión, ignorancia, visión desviada o incorrecta, orgullo y vanidad, celos, remordimientos, pereza y letargo, agitación, duda escéptica, ausencia de codicia, buena voluntad o benevolencia, compasión, alegría compartida, confianza, mindfulness, vergüenza moral y miedo a las consecuencias, sabiduría, calma o tranquilidad, ligereza y agilidad.

También hay fenómenos materiales asociados con pensar que son bases de los objetos mentales y elementos de los objetos mentales. Por ejemplo, la base del corazón (*hadayavatthu*), que es la base material de la actividad mental, y la facultad femenina (*itthindriya*) y la facultad masculina (*purisindriya*), que traen los rasgos de hombres y mujeres, respectivamente.

De esta manera, dependiendo de nuestras preferencias, cuando uno se vuelve consciente de la mente pensante (por ejemplo, de la intención de estirar o doblar las extremidades, pensar, distraerse, divagar, considerar, anotar u observar), uno comprende los fenómenos en términos de las dos bases, o de los dos elementos, o según sean mentales o materiales. Un objeto mental puede ser tanto conceptual como último. Si es último, uno puede comprenderlo según sus bases y elementos, o según sea material o mental.

Las diez cadenas

Existen diez cadenas: 1) la codicia (*kāmarāga*), el deseo por objetos sensuales internos y externos; 2) ira (*paṭigha*), frustración, odio, desear que alguien muera; 3) arrogancia (*māna*), pensar muy bien de uno y rivalizar con los demás; y 4) visiones y opiniones incorrectas (*diṭṭhi*), la creencia de una identidad esencial o personal que, o bien dura para siempre, o bien queda aniquilada tras la muerte; 5) duda (*vicikicchā*); 6) la creencia errónea de que los rituales o los comportamientos rituales pueden llevarnos a la liberación (*sīlabbataparāmāsa*); 7) el deseo por la existencia (*bhavarāga*), el deseo de disfrutar de una buena vida; 8) envidia (*issā*); 9) mezquindad (*macchariya*), no desear que otros tengan la misma prosperidad y reputación que uno mismo, y 10) ignorancia (*avijjā*), desconocer la naturaleza de la mente y del cuerpo; esta última cadena acompaña a todas las demás.

Cuando alguna de estas diez cadenas esté presente en una persona, esta persona tomará una nueva existencia tras la muerte y no podrá liberarse de la insatisfacción relacionada con repetir una existencia tras otra. Por este motivo se las llama las diez cadenas, porque nos atan a la insatisfacción de la existencia repetida. Las diez cadenas surgen en nuestra mente en un momento de ver en el que no somos capaces de ser conscientes de la sensibilidad del ojo, del objeto visible, o de la consciencia del ojo, la sensibilidad del oído, del sonido, o de la consciencia del oído, etcétera. Cuando una cadena ocurre, debemos ser conscientes de ella tal como es.

Si el deseo sensual surge y somos conscientes de él tal como es, podemos ser conscientes, por ejemplo, de la atención ignorante que ha hecho surgir el deseo sensual. Observándolo tal como es, uno podrá ser consciente entonces de la atención sabia que deshace este deseo sensual. Cuando nuestra práctica madure, habrá momentos en los que seremos conscientes de la atención ignorante tan pronto como ocurra, y, cuando la notemos, el deseo sensual desaparecerá sin que se haya podido desarrollar completamente. Por eso los textos pali nos dicen:

> Aquí, un *bhikkhu* comprende el ojo, comprende la forma y comprende las cadenas que surgen dependientes de ambas. También comprende cómo sucede el surgir de una cadena que no ha surgido. Y también comprende cómo se da el abandono de una cadena que no ha surgido.[145]

El conocimiento de revisión (*paccavekkhaṇāñāṇa*) es el conocimiento que surge inmediatamente tras el camino y sus frutos y considera los cinco factores siguientes: camino, fruto, *nibbāna*, distorsiones mentales que han sido extirpadas, y aquellas que todavía no han sido extirpadas. Solo podemos considerar acerca del camino y los frutos que han extirpado las cadenas en un momento del conocimiento de revisión, de acuerdo a la frase pali siguiente:

> Y cómo se da aquí el no surgir futuro de las cadenas que hemos abandonado.[146]

Sin embargo, en general, deberíamos saber que el primer conocimiento del camino extirpa la creencia en una personalidad (*sakkāyadiṭṭhi*), la duda escéptica respecto a las enseñanzas del Buda (*vicikicchā*), la creencia en los ritos y rituales como camino de liberación (*sīlabbataparāmāsa*), la envidia y los celos (*issā*) y la avaricia o la mezquindad (*macchariya*). El segundo y el tercer conocimiento del camino extirpan, respectivamente, las formas burdas y sutiles del deseo sensual (*kāmarāga*) y de la aversión (*paṭigha*). Y el cuarto y último conocimiento del camino erradica el orgullo y la vanidad (*māna*), el deseo por la existencia (*bhavarāga*) y la ignorancia (*avijjā*).

Date cuenta de que cada momento evidente de mezquindad no es necesariamente la cadena de la mezquindad. Aunque el primer conocimiento del camino extirpe la mezquindad, esto no significa que uno que ha entrado en la corriente* se vuelva tan generoso que vaya a dar todo lo que tenga. La mezquindad puede aparecer de forma evidente por el apego a las propias posesiones y también por la cadena de la mezquindad. La cadena de la mezquindad es un tipo de mezquindad o avaricia que es tan fuerte que uno no puede consentir que otra persona posea o utilice nuestras posesiones, ni siquiera puede soportar pensarlo. Uno que ha entrado en la corriente está libre de este tipo de mezquindad pero no del apego a la propiedad.

Recuerda que hubo, durante los tiempos del Buda, hombres y mujeres laicos, así como reyes y reinas, que lograron los tres primeros estadios del despertar: uno que ha entrado en la corriente, uno que retorna una vez, uno que no retorna. Con toda seguridad, hubo ladrones o personas con ideas y opinio-

* *N. del T.*: «uno que ha entrado en la corriente» (*sotāpanna* en pali) es el nombre dado en el canon a los que han entrado en el primer estadio del despertar. En el párrafo anterior pueden leerse las cadenas que han sido abandonadas por quien ha logrado tal estado.

nes opuestas a las de las enseñanzas del Buda que exigieron propiedades a estas personas bajo amenaza o por la fuerza. Si estas personas nobles hubieran dado todo lo que se les requería, habrían perdido toda su riqueza. Incluso robaron en la casa del mercader Anāthapiṇḍika. Si este mercader hubiera dado siempre lo que le pedían, nadie hubiera cometido tal crimen. Así que, no querer dar algo no significa necesariamente que esté presente la cadena de la mezquindad. Por otro lado, sentir celos por pensar que otra persona poseerá o utilizará nuestras posesiones lo consideramos mezquindad. Estar apegado a nuestras propiedades y bienes no es mezquindad, sino deseo. Más aun, no dar aquello que uno no debería dar no es ni mezquindad ni apego hacia nuestras posesiones. La *bhikkhuni arahat* Uppalavaṇṇā, por ejemplo, rechazó la petición que el *bhikkhu* Udāyī le hizo sobre su hábito interior. Uppalavaṇṇā no solo estaba libre de deseo y de mezquindad, sino también de todas las distorsiones. Simplemente rechazó la petición porque su hábito interior no era algo que fuera apropiado dar.

Los siete factores del despertar

Mindfulness

A partir del conocimiento de *vipassanā* del surgir y desaparecer, los obstáculos afectan cada vez menos a nuestra práctica, y el mindfulness se establece firmemente en los objetos de los que debe ser consciente. Parece como si los objetos materiales y mentales que surgen instantáneamente y desaparecen espontáneamente se presentaran por sí mismos a la mente que observa. Justo después de que anotemos un objeto, aparece otro. La mente que toma consciencia parece sumergirse en el objeto, y el objeto parece que se sumerja en la mente que observa. El comentario dice que este ser consciente, este observar, se caracteriza por un estado mental que baña a sus factores mentales en el objeto. Esta cualidad del mindfulness es el factor del despertar del mindfulness (*satisaṃbojjhaṅga*) porque nos lleva al conocimiento del camino.

Investigación

Cuando uno observa un objeto, uno comprende las características del fenómeno mental o material asociado a él. Uno ve también el repentino surgir y desvanecerse de estos fenómenos mentales y materiales. Más aun, uno ve con claridad sus características de impermanente, insatisfactorio y carente de identidad esencial. Esta comprensión es el factor del despertar de la investigación (*dhammavicayasaṃbojjhaṅga*).

Energía

Cuando uno observa un objeto, uno debe emplear una energía o esfuerzo moderado. Si comenzamos la práctica con demasiada energía, después tendremos agitación y exceso de celo, y nuestra observación no será tan buena como podría. En cambio, si comenzamos nuestra práctica con poca energía, nuestro esfuerzo carecerá de la fuerza suficiente para observar y la mente estará aletargada y embotada. Por tanto, debemos utilizar un esfuerzo moderado en nuestra práctica, reduciendo el esfuerzo cuando es demasiado enérgico e incrementando la energía cuando es demasiado débil. Entonces no tendremos agitación debido a un esfuerzo excesivo, ni estaremos aletargados debido a una energía deficiente. Estaremos atentos a cada objeto que surge y no perderemos ninguno. Este es el tipo de esfuerzo que se considera como factor del despertar de la energía (*vīriyasambojjhaṅga*).

Gozo y calma

Experimentar gozo cada vez que se da una mente que toma consciencia es el factor del despertar del gozo (*pītisaṃbojjhaṅga*). La calma mental o tranquilidad que resulta de la práctica sin esfuerzo es el factor del despertar de la tranquilidad (*passaddhisambojjhaṅga*). Estas cualidades de gozo y calma son obvias, sobre todo en el comienzo del conocimiento de *vipassanā* del surgir y del desvanecerse. En este momento, uno siente más tranquilidad y gozo que el que haya podido experimentar en ningún otro momento de su vida, verificando así la declaración del Buda:

> El gozo del *Dhamma* supera cualquier otro gozo.[147]

En todas las actividades, como caminar, estar de pie, estirarse, doblarse o estirar, uno se sentirá bien en el cuerpo y en la mente. Debido al gozo, puede que nos sintamos como si estuviéramos balanceándonos en una hamaca. Debido a la calma, puede que no seamos conscientes de ningún objeto, sintiendo como si lo estuviéramos mirando fijamente, o como si estuviéramos sentados en calma. Estos estados mentales de gozo y tranquilidad solo ocurren de manera ocasional, comenzando por el conocimiento de la disolución, pero, con frecuencia, ganan *momentum* con el conocimiento de *vipassanā* de ecuanimidad hacia las formaciones.

Concentración

Cuando uno observa un objeto, la mente se enfoca en cada objeto observado, enganchándose a él sin vagar ni distraerse, firmemente concentrada en él. Este tipo de concentración nos permite comprender los fenómenos mentales y materiales, ya sea a través de sus características particulares, o ya sea a través de sus características comunes de impermanencia, etcétera. Este tipo de «concentración momentánea» que está involucrada en cada momento de observar es lo que consideramos el factor del despertar de la concentración (*samādhisaṃbojjhaṅga*).

Ecuanimidad

La mente está equilibrada y ecuánime siendo consciente de cada uno de los objetos. Este estado de la mente equilibrado (*tatramajjhattatā*) lo llamamos factor del despertar de la ecuanimidad (*upekkhāsaṃbojjhaṅga*). Es bastante difícil entender empíricamente este tipo de ecuanimidad o explicárselo a otra persona. Sin embargo, podemos entenderlo con facilidad a través de la propia experiencia de los conocimientos de *vipassanā* a partir del conocimiento del surgir y desaparecer.

Equilibrar las facultades espirituales

Confianza y sabiduría

Cuando un meditador ve únicamente el surgir y desvanecerse de los fenómenos cada vez que es consciente de ellos, puede pensar o considerar de forma repetida (acerca de este asunto) basándose en su fuerte confianza o fe. Por ejemplo, puede que uno se maraville de que no haya ninguna persona o ser, sino tan solo fenómenos mentales y materiales que surgen e inmediatamente desaparecen sin durar siquiera el tiempo que tardamos en pestañear. Podemos pensar que es tan verdadero que los fenómenos son impermanentes, insatisfactorios y condicionados que creamos que el Buda lo sabía todo. También podemos pensar cuán cierto es lo que el Buda y los maestros nos dicen. Sin embargo, cuando reflexionamos con esta confianza y agradecimiento, podemos olvidar ser conscientes de ese mismo estado mental de confianza, así como de otros fenómenos que están surgiendo y desapareciendo.

Aquellos meditadores cuya sabiduría es excesiva podrían pensar y considerar con frecuencia. Por ejemplo, uno puede preguntarse sobre si estamos observando un fenómeno mental o material, sobre si es contacto mental o sensación, sobre si uno anota un objeto de forma efectiva, sobre si uno está experimentando su característica, su función, etcétera, o sobre si uno está viendo el surgir, la desaparición o la impermanencia. Cada vez que estos meditadores tengan una experiencia clara en la práctica, tendrán tendencia a compararla con los textos canónicos que les sean familiares, con sus propias opiniones, o con lo que otras personas relatan. Sin embargo, cuando un meditador piensa acerca de estas cosas, se olvida de ser consciente de esos mismos estados mentales de pensar y razonar, así como de otros fenómenos que ocurren momento a momento. Esto supone un análisis o razonamiento excesivos que interfieren con la actividad de observar.

Debido al poder de la ecuanimidad, que por su naturaleza equilibra, la confianza y la sabiduría se armonizan de tal modo que ni la confianza ni el análisis se vuelven excesivos. Teniendo confianza y sabiduría, uno es simplemente consciente de todos los objetos que surgen sin pensar ni analizar. Como resultado, uno es capaz de anotar y comprender con claridad todos los fenómenos mentales y materiales que ocurren.

Energía y concentración

Cuando la energía es excesiva ponemos demasiado esfuerzo. Podemos acabar buscando objetos que podamos observar, preocuparnos porque no podemos anotar objetos de manera efectiva, o podemos pasar por alto ser conscientes de algunos objetos. A veces podemos acabar pensando sobre la efectividad con la que anotaremos los objetos en el futuro, o con qué frecuencia no fuimos conscientes de objetos en el pasado. La mente no puede concentrarse bien con una preocupación excesiva, y únicamente conseguiremos agitarla. Es debido a esta agitación que no podremos ser completamente conscientes de cada fenómeno mental y material que surja. Es así como un esfuerzo excesivo trae consigo, durante la práctica, una concentración débil y una experiencia que carece de claridad. Esto es un esfuerzo excesivo que interfiere en la observación.

Sin embargo, cuando la concentración es excesiva es posible que la mente que es consciente permanezca solo en un objeto durante un período de tiempo largo. Dado que no aparecen otros objetos en la mente, no nos esforzamos para observar otros objetos. Cuando continuemos observando solo un objeto de forma relajada y sin aplicar esfuerzo, nuestro esfuerzo se debilitará. Esto es como el debilitamiento del esfuerzo que sucede cuando repetimos un canto que hemos memorizado mecánicamente. Como resultado, el objeto y la mente que es consciente cada vez son más vagos y menos claros, la pereza y el letargo comienzan a ser dominantes, y uno no puede ser consciente de forma exhaustiva del fenómeno mental o material que surge. Esta es una concentración excesiva que interfiere en la observación.

Debido al poder de la ecuanimidad, que mantiene el equilibrio entre las facultades de esfuerzo y concentración, uno será capaz de notar los objetos con claridad en cada momento. Aunque ocurran muchos objetos, la mente no se agitará. Podremos notar todos los fenómenos mentales y materiales que se hagan evidentes como si se hicieran conscientes por sí mismos y la mente permanecerá firmemente en los objetos de los que es consciente. En ese momento pensaremos que no hemos perdido ningún objeto y que somos conscientes de todos los objetos que ocurren.

Una práctica equilibrada

Llamamos factor del despertar de la ecuanimidad a la ecuanimidad y el equilibrio entre la confianza y la sabiduría, y entre la energía y la concentración, y a la acción de equilibrar estas facultades mentales. Cuando esta ecuanimidad madura, los factores mentales, como por ejemplo el mindfulness, están equilibrados y son fuertes y claros. En ese momento, ya no es necesario que busquemos un objeto, aparecerá por sí mismo después de que hayamos tomado consciencia del objeto anterior. Seremos conscientes del objeto y será sin que sea necesario aplicar mucho esfuerzo, como si el proceso de observar fluyera sin dificultades y por sí mismo. La mente permanecerá firmemente en cualquier objeto que suceda, y experimentaremos fenómenos mentales y materiales según sus características particulares y universales.

En este estadio debes mantener el equilibrio y evitar analizar tus experiencias o aumentar o disminuir el esfuerzo. Deja que la práctica continúe equilibradamente y no hagas cambios. Entonces, también podrás ser consciente de este estado mental de equilibrio y experimentarás los siete factores del despertar involucrados, tal como nos indica la instrucción siguiente:

> [Cuando en un *bhikkhu* está presente el factor del despertar del mindfulness, él comprende] «Está presente en mí el factor del despertar del mindfulness».[148]

Cuando nuestra práctica no es fluida y los factores del despertar ya no están presentes, ya sea por un esfuerzo excesivo, o por falta de anotar objetos, entre otros, sé consciente de que los factores del despertar no están presentes anotando «inestable», «olvidando» o «pensando», entre otros. Hazlo tal como indican las instrucciones de los textos pali:

> [Cuando el factor del despertar del mindfulness no está presente en él, él comprende] «El factor del despertar del mindfulness no está presente en mí».[149]

La causa próxima para que surjan los factores del despertar son el mindfulness previo y la atención sabia, como por ejemplo la determinación para hacer surgir los factores del despertar, o considerar un objeto que hace que la confianza surja. También comprendemos qué es lo que hace que los factores del despertar surjan de acuerdo a este pasaje del pali:

> Y él también comprende cómo sucede el surgir del factor del despertar del mindfulness que aun no ha surgido.[150]

Solo se desarrollan por completo todos los factores del despertar cuando experimentamos directamente y comprendemos el camino del *arahat* y despertamos completamente. Comprendemos que su desarrollo se ha completado con el conocimiento de revisión, que sucede de forma inmediata tras la iluminación completa. Como dice este pasaje pali:

Y comprende cómo el factor del despertar del mindfulness que ha surgido llega a su plenitud mediante el desarrollo.[151]

Los siete tipos de sufrimiento

Hay cuatro verdades nobles. Son: 1) la verdad noble del sufrimiento (*dukkhāriyasacca*), la verdad que comprenden los nobles acerca de la insatisfacción; 2) la verdad noble del origen del sufrimiento (*samudayāriyasacca*), la verdad que comprenden los nobles acerca del origen de la insatisfacción; 3) la verdad noble del cese del sufrimiento (*dukkhanirodha-ariyasacca*), la verdad que comprenden los nobles acerca del cese de la insatisfacción, y 4) la verdad noble del camino que lleva al cese del sufrimiento (*dukkhanirodhagāminīpaṭipadā-ariyasacca*), la verdad que comprenden los nobles del camino que lleva al cese de la insatisfacción. A estas cuatro verdades las llamamos «verdades nobles» porque solo las experimentan los seres nobles. En resumen, las denominamos: la verdad del sufrimiento (*dukkhasacca*), la verdad del origen (*samudayasacca*), la verdad del cese (*nirodhasacca*), y la verdad del camino (*maggasacca*).

Cuando emerge el primer fenómeno mental y material en una existencia lo llamamos «nacimiento» (*jāti*). El continuo ocurrir y madurar de estos fenómenos lo llamamos «envejecer» (*jarā*). Y la desaparición del último fenómeno mental y material en una existencia lo llamamos «muerte» (*maraṇa*). Las dinámicas del nacer, del envejecer y del morir son sufrimiento (*dukkha*),[152] porque nos causan angustia mental y física en cada existencia. El sufrimiento significa que los fenómenos no son buenos, que están desprovistos de algo que pueda ser disfrutado y que son desagradables o repulsivos. Por eso se dice:

> El nacimiento es sufrimiento, el envejecer es sufrimiento, la muerte es sufrimiento.[153]

El sufrimiento del dolor

Hay varios tipos de dolor físico, como por ejemplo dolores crónicos o achaques, y diferentes tipos de dolor mental, como pueden ser la tristeza o el pesar. A ambos los llamamos el «sufrimiento del dolor» (*dukkhadukkha*) o el «sufrimiento obvio», pues es obvio que estos tipos de fenómenos mentales y físicos son angustiantes.

El sufrimiento del cambio

Aunque son agradables en el momento en el que ocurren, las sensaciones agradables tanto mentales como físico-materiales – lo que llamamos confort, felicidad, entre otros– se consideran sufrimiento del cambio (*vipariṇāmadukkha*) porque nos sentimos angustiados cuando se desvanecen, o cuando algo va mal respecto a ellas. Cuanto más agradable es una sensación cuando está presente, tanto más angustiante es cuando desaparece.

Es como una caída: cuanto más elevado es el lugar desde el que caemos, tanto más dolorosa será la herida que nos hagamos, hasta llegar incluso a la muerte. También lo podemos comparar a tener que separarnos de las personas o las cosas que amamos: cuanto más apegados estamos a una persona, más doloroso será dejarla. La sensación agradable que tenemos cuando estamos con esas personas se vuelve angustia cuando llega el momento de partir. Esta es la naturaleza de todas las sensaciones agradables. Este tipo de sufrimiento también es como un demonio que aparece disfrazado de ángel: si conociéramos la verdadera naturaleza del ángel, lo temeríamos y lo detestaríamos. Por este motivo llamamos a las sensaciones agradables «el sufrimiento del cambio».

El sufrimiento de los fenómenos condicionados

Lo llamamos «sufrimiento de los fenómenos condicionados» (*saṅkhāradukkha*) porque están sujetos a la impermanencia, a las sensaciones ni desagradables ni agradables y a todos los fenómenos mundanos mentales y materiales, excepto al apego.[154] Este tipo de sufrimiento permea todos los demás tipos de sufrimiento. El sufrimiento del cambio incluye también las sensaciones agradables y desagradables. Los textos pali nos indican:

> Y también he dicho: «Cualquier cosa que experimentemos es sufrimiento». Esto ha sido declarado por mí en relación con la impermanencia de las formaciones.[155]

Las sensaciones agradables son claras y nos sentimos angustiados cuando desaparecen. Por ello podemos decir que sentimos más miedo y angustia frente al sufrimiento del cambio que frente al sufrimiento de los fenómenos condicionados. Los fenómenos desagradables también son claros. Tenemos más miedo y angustia con ellos que con otros tipos de sufrimiento en cuanto a que son dolorosos de una manera más obvia. Es el peor de los sufrimientos. Por ello, los comentaristas nos hablan de estos dos tipos de sufrimiento de manera diferenciada, aunque puedan incluirse en la categoría de «sufrimiento de los fenómenos condicionados».

En referencia a la verdad del sufrimiento en el contexto de la práctica de *vipassanā*, es necesario que comprendamos qué significa sufrir los fenómenos condicionados. Disfrutamos de los fenómenos internos y externos porque creemos erróneamente que son permanentes. Si comprendemos que son condicionados e impermanentes, ya no los consideraremos de nuevo como permanentes y satisfactorios. En lugar de eso, los consideraremos como algo terrible y angustiante.

Sufrimiento manifiesto y oculto

El dolor físico que no es aparente de forma externa, como por ejemplo el dolor de cabeza, el dolor de oídos, el dolor de muelas, y la angustia de la mente, como por ejemplo la preocupación causada por querer algo, o la preocupación, frustración o tristeza causada por la aversión, a todo esto lo llamamos «dolor oculto o angustia» o «sufrimiento oculto» (*paṭicchannadukkha*). Este sufrimiento no puede ser percibido por otras personas a menos que quienes lo padecen lo comuniquen. A esto le llamamos también «dolor o angustia escondida» o «sufrimiento escondido» (*apākaṭadukkha*). El dolor físico que es causado por heridas externas o enfermedades lo llamamos «dolor manifiesto» o «sufrimiento manifiesto» (*appaṭicchannadukkha*) o «dolor a secas» o «sufrimiento a secas» (*pākaṭadukkha*).

Sufrimiento explícito e implícito

Las sensaciones desagradables son sufrimiento explícito (*nippariyāyadukkha*) o sufrimiento obvio. Pero otros tipos de sufrimiento –como, por ejemplo, el nacer una y otra vez y demás– son sufrimiento implícito (*pariyāyadukkha*) porque no son dolorosos de forma obvia, pero, de todas maneras, nos llevan al sufrimiento. Por esta razón, entre los siete tipos de sufrimiento, llamamos al nacimiento, el envejecer y la muerte «la verdad del sufrimiento».

Las cuatro verdades nobles

La verdad del sufrimiento

Las escrituras dicen: «El nacimiento (nacer repetidamente) es sufrimiento, envejecer es sufrimiento, la muerte es sufrimiento». Si perdiéramos a nuestros padres, a nuestros amigos, nuestra riqueza, nuestra conducta moral, nuestros valores morales, o si recibiéramos un castigo o una condena, si nos torturaran, o nos encerraran en la cárcel, sufriríamos pena y dolor (*soka*). Cuando la pena y el dolor son fuertes, surge el lamento (*parideva*). Cuando la desolación se hace insoportable e inconsolable, estamos ante una forma de aversión que llamamos «tribulación» (*upāyāsa*). Llamamos «sufrimiento» a todas las formas de dolor físico. Llamamos «angustia» (*domanassa)* al sufrimiento mental ordinario.

Llamamos verdadero sufrimiento a la pena, al sufrimiento y a la angustia mental porque nos producen sufrimiento físico y mental futuro. Aunque el lamento y la desolación inconsolable son un sufrimiento inferido, los llamamos sufrimiento verdadero porque su resultado es un sufrimiento mental y físico. También es sufrimiento tener que asociarnos con personas o cosas que no nos gustan, así como estar separado de lo que nos gusta o de aquellos hacia quienes tenemos afección. También es sufrimiento anhelar aquello que no podemos obtener.

A estas tres formas de sufrimiento las llamamos sufrimiento porque producen diferentes tipos de dolor mental y físico-material. Si no logramos ser conscientes de los cinco agregados –materia, sensaciones, percepciones, formaciones mentales y consciencia– que están involucrados en ver, oír, etcétera, estos se convierten en objetos de apego y creencias desviadas. Por eso nos referimos a ellos como los «agregados sujetos al apego» (*upādānakkhandhā*). Si existen estos cinco agregados sujetos al apego, pueden surgir estas siete formas de apego, comenzando por nacer repetidamente. Es imposible que surja el sufrimiento cuando los agregados no existen. Así que estos agregados son verdadero sufrimiento porque están sujetos a la impermanencia y otros tipos de sufrimiento que hemos mencionado aquí. Por eso el Buda dijo:

> En resumen, los cinco agregados del apego son sufrimiento.[156]

La verdad del origen del sufrimiento

Los fenómenos que podemos experimentar directamente en el momento de ver, oír, etcétera, los llamamos los cinco agregados sujetos al apego y son sufrimiento verdadero. Estar apegado a ellos y disfrutarlos es anhelar. Es por causa del anhelo por lo que deseamos una vida mejor para este momento y para el futuro, y es por ello que realizamos actos de cuerpo, palabra y mente, tanto beneficiosos como perjudiciales. Estos actos generan karma beneficioso o perjudicial. Hemos realizado un número incontable de karma durante nuestras vidas.

En el último momento de esta vida, cuando estamos en el lecho de muerte, surge en nuestra mente uno de estos karmas, o una imagen que está grabada en nuestra memoria cuando realizamos un karma (*kammanimitta*), o la imagen de la nueva vida hacia la que nos dirigimos (*gatinimitta*). Cuando termine nuestra vida actual, el renacer –que es la primera aparición de los cinco agregados en la siguiente vida– le seguirá de forma inmediata, tomando la misma imagen que la última que apareció en nuestro lecho de muerte.[157] Es como el miedo que experimentamos en un sueño y que continúa incluso tras habernos levantado. La relación entre la muerte y la reconexión* es si-

* *N. del T.*: *paṭisandhi* es la palabra pali que hemos traducido por reconexión. Según el *Abhidhammata Sangaha*, «llamamos *paṭisandhi citta* al tipo de consciencia que experimentamos en el momento de la concepción [en el caso de los humanos]. Lo llamamos así porque enlaza el pasado con el presente.

»El *paṭisandhi citta*, que también llamamos "consciencia de reconexión" o "consciencia del renacimiento", está condicionado por el poderoso pensamiento que experimenta-

milar a la relación entre ver actualmente algo y pensar después sobre lo que hemos visto –ambos tomando el mismo objeto de los sentidos de manera diferente–. Un yogui será capaz de comprender esto.

Desde la reconexión hasta la muerte, los cinco agregados sujetos al apego ocurren constantemente y lo seguirán haciendo repetidamente durante toda nuestra próxima vida. Vemos algo, por ejemplo, y entonces pensamos acerca de lo que hemos visto, entonces escuchamos algo, y así continúa. Es así como los cinco agregados sujetos al apego suceden de forma continua. La primera aparición de los agregados sujetos al apego en una nueva vida es el sufrimiento del nacimiento. Que los agregados maduren y ocurran de forma repetida es el sufrimiento de la vejez. Y su desaparición es el sufrimiento de la muerte. Cualquier pena y dolor, lamento, etcétera, que experimentamos antes de la muerte también es, de hecho, sufrimiento. Los cinco agregados sujetos al apego que surgen continuamente basados en ver, oír, etcétera, también son sufrimiento.

La verdad del sufrimiento está producida por el karma, que a su vez está producido por la avidez: ansia y avidez por los cinco agregados sujetos al apego. Si uno elimina esta avidez,

---

mos en el momento de la muerte y se considera la fuente del flujo de vida actual. Durante el transcurso de una vida concreta hay solamente un *paṭisandhi citta*. Los contenidos mentales del *bhavaṅga*, que después surge un número infinito de veces durante el transcurso de una vida, y de *cuti*, que surge tan solo una vez, en el momento de la muerte, son idénticos con los contenidos de *paṭisandhi*». (*A Manual of Abhidhamma*. Narada Thero. Versión electrónica, pág. 188).

no se puede formar nuevo karma, ni el karma que ya hemos formado puede hacer que surja una nueva vida. Así que esta avidez es el origen de los diferentes tipos de sufrimiento, comenzando por el surgir en cada vida de los cinco agregados sujetos al apego. En el momento en el que vemos algo, por ejemplo, nos aferramos a los cinco agregados sujetos al apego que están involucrados en ver. Esto sucede porque creemos erróneamente que son agradables. Este apego es la verdad del origen del sufrimiento (*samudayasacca*). Por eso se dice:

> Es la avidez, que trae la renovación del ser [y] está acompañada por el deleite y la codicia...[158]

La verdad del cese

Cuando logramos el *nibbāna* por medio del conocimiento del camino, comprendemos verdaderamente que todos los fenómenos mentales y materiales que surgen y desaparecen son solo sufrimiento. Por este motivo, la avidez por estos agregados mentales y materiales ya no surgirá, y por eso ya no experimentaremos el renacer. En otras palabras, los fenómenos mentales y materiales cesarán. Este es el cese completo del sufrimiento o *nibbāna* sin residuo (*anupādisesanibbāna*). Aquí el término «cese» significa que ya no surge más. Por eso los comentarios lo llaman *nibbāna* sin residuo. *Nibbāna* como cese de la avidez y como cese de los agregados mentales y materiales es lo que llamamos la verdad del cese (*nirodha*). El conocimiento del camino toma el *nibbāna* como su objeto.

Esta es la verdad del cese de todo el sufrimiento (*nirodha-sacca*).

Es la completa caída y cese de esta misma avidez.[159]

La verdad del camino

El camino noble de ocho factores –que incluye la visión correcta, etcétera– que toma el *nibbāna* como su objeto es la verdad del camino.

De forma concisa, todos los fenómenos mentales y materiales que surgen y se desvanecen en la gente ordinaria son sufrimiento y son causas de sufrimiento: avidez, apego, deseo o anhelo son la verdad de la causa del sufrimiento y todo lo demás es la verdad del sufrimiento. El cese tanto del objeto de consciencia como de la consciencia de los objetos es la verdad del cese del sufrimiento. El estado mental de experimentar el cese es la verdad del camino.

Mindfulness de las cuatro verdades nobles

Verdades en el ciclo de la existencia y verdades más allá de él

Para el desarrollo de la *vipassanā*, de entre las cuatro nobles verdades, únicamente debemos observar las dos en el ciclo de la existencia (*vaṭṭasacca*) –el sufrimiento y la causa del sufrimiento–. Las dos verdades más allá del ciclo de existencias (*vivaṭṭasacca*) –el cese del sufrimiento y el camino que lleva al cese del sufrimiento– solo podemos apreciarlas y conocerlas intelectualmente. Por ello, simplemente debemos aspirar a ellas. Cuando lo hagamos así, lograremos ser conscientes de estas dos verdades. De acuerdo con el comentario:[160]

> De entre las cuatro verdades, las dos primeras pertenecen al ciclo de la existencia (*vaṭṭa*), mientras que las dos últimas están más allá de este ciclo (*vivaṭṭa*). Para un *bhikkhu*, solo las dos verdades del ciclo de la existencia se vuelven objetos de meditación (no las otras dos). El *bhikkhu* no observa las dos verdades que están más allá del ciclo de la existencia. En relación con las dos verdades en el ciclo de la existencia, un *bhikkhu* debe aprender esto de un maestro: los cinco agregados sujetos al apego son sufrimiento y la avidez es su origen. O debe aprender que los cinco agregados sujetos al apego son tal y cual. Un meditador realiza el trabajo de la *vipassanā* considerando esto una y otra vez.
>
> En cuanto a las otras dos verdades, un *bhikkhu* simplemente escucha o aprende que la verdad del cese del sufrimiento es un *dhamma* deseable ya que es un *dhamma* beneficioso; digno de gustarnos porque es un *dhamma* noble; es un *dhamma* que nutre el corazón, y es un *dhamma* digno de ser apreciado. La verdad del camino al cese del sufrimiento es un *dhamma* deseable, digno de que nos guste y de ser cultivado. Por eso, los *bhikkhus* también hacen el trabajo de la *vipassanā*. Entonces, cuando finalmente penetran las cuatro nobles verdades en el momento del

conocimiento del camino, las comprenden todas a fondo y a la vez.

Penetramos la verdad del sufrimiento mediante la comprensión completa, penetramos la verdad de la causa del sufrimiento mediante el abandono, penetramos la verdad del cese del sufrimiento mediante la experiencia, penetramos la verdad del camino que lleva al cese del sufrimiento desarrollándolo. Experimentamos directamente con comprensión la verdad del sufrimiento mediante la comprensión. Experimentamos directamente con comprensión la verdad de la causa del sufrimiento mediante el abandono. Experimentamos directamente con comprensión la verdad del cese del sufrimiento vivenciándolo. Experimentamos directamente con comprensión la verdad del camino que lleva al cese del sufrimiento desarrollándolo.

Así que, inicialmente, comprendemos las primeras dos verdades mundanas: cuando oímos hablar de ellas, mediante el aprendizaje, debatiendo, memorizando y observándolas. La verdad del cese del sufrimiento y la verdad del camino que lleva al cese del sufrimiento las comprendemos solo cuando oímos hablar de ellas. Más tarde, en el momento del conocimiento del camino, logramos alcanzar funcionalmente las tres verdades –la del sufrimiento, la de la causa del sufrimiento y la del camino– y penetramos la verdad del cese del sufrimiento tomándola como nuestro objeto de meditación.[161]

El cese y el camino no los observamos con el propósito de desarrollar la *vipassanā*. La gente ordinaria no puede tomar los objetos supramundanos como objetos de los sentidos. Tampoco pueden ayudar a los nobles, que son aquellos que han experimentado directamente y comprendido uno o más de los diferentes conocimientos del camino, a erradicar aun más distorsiones mentales. El comentario utiliza la frase «deseable, digno de que nos guste y de ser cultivado», con el único fin de ilustrar el entusiasmo y la aspiración para experimentar directamente y con comprensión las verdades supramundanas del cese y del camino al cese. Igual que expresamos nuestra intención con la siguiente determinación: «Que mediante esta práctica pueda yo liberarme del envejecimiento y la muerte»,[162] también debemos aspirar a experimentar directamente con comprensión estas dos verdades. Sin embargo, no hay ninguna necesidad de desearla en exceso, o de pensar en ella de forma repetida porque, en tal caso, podría fomentar la avidez y las visiones erróneas y ser una molestia para nuestra práctica. Expliqué este aspecto en el capítulo 2 del *Manual of Insight* en relación con el primer obstáculo para la liberación. Como dice el subcomentario:

> Las dos verdades del ciclo de la existencia pueden convertirse en un objeto de meditación porque las podemos experimentar a través de sus propias características. Pero esto no es así para las dos verdades que están más allá del ciclo de la existencia –la del cese y la del camino al cese– porque la gente ordinaria no puede tomarlas como objeto de los sentidos y porque no cumplen ningún propósito cuando los nobles las toman como objetos de los

sentidos. Así que la frase «deseable, digno de que nos guste y de ser cultivado» nos sirve para inclinar la mente hacia la verdad del cese del sufrimiento y hacia la verdad del camino del cese del sufrimiento, y no para que estemos obsesionados con ellas por causa de la avidez y las visiones erróneas. Uno debe simplemente aspirar a experimentar directamente y comprender estas dos verdades que están más allá del ciclo de la existencia.[163]

Cómo experimentamos el sufrimiento directamente y con comprensión

Observando cada fenómeno mental y material que surge, comprendemos las características particulares de cada uno de los fenómenos. Comprendemos la característica cambiante y opresiva del cuerpo, así como la característica de la mente de inclinarse hacia los objetos. Comprendemos la característica del tormento (*bādhanalakkhaṇā*) como ser torturado por el surgir y desvanecerse, por las sensaciones desagradables y por la angustia de la mente y el dolor físico, para quien los padece.

Cuando experimentamos directamente y con comprensión las características del surgir y desaparecer, y a medida que el conocimiento de *vipassanā* madura, incluso aquellos que no tienen un conocimiento intelectual se quejan diciendo: «¡Todo lo que existe es este continuo surgir y desaparecer de los fenómenos! Desaparecen y ya no están más. Cualquier cosa que observo es insatisfactoria. No habrá paz mientras estos fenómenos continúen. Dado que estos fenómenos existen, hay sufrimiento. ¿Cuándo dejarán de existir?». Esto es coherente con el siguiente pasaje pali:

> Aquí un *bhikkhu* comprende tal como es: «Esto es sufrimiento» [...].[164] Excepto por la avidez, todos los fenómenos en los tres mundos[165] son sufrimiento. Uno los comprende tal como son.[166]
>
> La frase «tal como son» significa que uno los comprende en un sentido último –[esto quiere decir, como un tormento en la forma de sensaciones desagradables, angustia física y mental e impermanencia]–; en otras palabras, [uno los comprende] basándose en su mutabilidad, dureza y demás.[167]

La frase del comentario «todos los fenómenos en los tres mundos» solamente hace referencia a los fenómenos animados de los tres mundos y no a los inanimados. La materia inanimada no es la verdad noble del sufrimiento. Las razones de esto son: los fenómenos inanimados ciertamente surgen y se desvanecen, pero, aunque puedan ser llamados impermanentes y sufrimiento, no están causados por la avidez y el conocimiento del camino no hace que se terminen. Uno aun puede seguir observando los objetos externos, como por ejemplo la ropa, para valorar su impermanencia e impersonalidad. De este modo, las distorsiones mentales no surgen por ese motivo y estos objetos se vuelven internamente claros con facilidad. Aunque los objetos externos surgen por sí mismos ante las seis puertas de los sentidos y debamos observarlos, no podemos afirmar que estos objetos externos e inanimados sean «comprensión de la noble verdad del sufrimiento en su totalidad» (*pariññeyya-ariyadukkhasacca*).

De entre los fenómenos que suceden en la vida de los seres vivos, solo es necesario que comprendamos las cuatro verdades nobles en nosotros mismos. La razón es: cuando la verdad del sufrimiento surge debido a nuestra propia avidez, solo surge en nosotros mismos; no puede surgir en otra persona. Cuando el sufrimiento surge en otra persona debido a su propia avidez, solo surge en la otra persona, no surge en nosotros mismos. Es más, la verdad del camino que lleva al cese del sufrimiento que experimentamos no puede llevar al cese del sufrimiento de otra persona. Y el camino de otra persona solo puede llevar al cese de su sufrimiento y avidez, no puede llevar al cese nuestro sufrimiento y avidez. Es más, los nobles experimentan sus verdades del cese de forma individual, no pueden experimentar las cuatro verdades nobles de otras personas. Tras haber experimentado sus propias cuatro verdades nobles, pueden comprender las verdades de otros por inferencia.

Por ello, aunque uno pueda lograr el camino y los frutos siendo consciente de algo externo, lo más importante es comprender las cuatro verdades internas.

Hay textos pali, como el *Satipaṭṭhāna Sutta*, que dan prioridad a la consciencia hacia uno mismo mencionándola primero. Los siguientes fragmentos de los textos pali, comentarios y subcomentarios ilustran este punto:

> En referencia al fin del mundo, amigo, donde uno no nace, ni envejece ni muere ni desaparece y donde uno no renace, yo declaro que no puede ser conocido, visto o alcanzado viajando. Sin embargo, amigo, os digo que sin haber alcanzado el fin del mundo no se pone fin al sufrimiento. Amigo, es justo en esta carcasa que mide una braza de alto y que posee percepción y mente que doy a conocer el mundo, el surgir del mundo, el cese del mundo y el camino que lleva al cese del mundo.[168]
>
> Aquí, «el mundo» hace referencia a la verdad del sufrimiento, «el origen del mundo», a la verdad de la causa del sufrimiento, «el cese del mundo», a la verdad del cese del sufrimiento y «el camino que lleva cese del mundo» a la verdad del camino que lleva al cese del sufrimiento. Cuando dice: «Sin embargo, amigo, declaro que sin...», [el Buda indica que él no reconoce] las cuatro nobles verdades en los fenómenos inanimados, como un madero o el tronco de un árbol, sino solo en este mismo cuerpo compuesto por los cuatro elementos materiales principales.[169]
>
> Lo que cesa es nuestro sufrimiento y nuestra avidez. Por este motivo, el cese es considerado algo interno y perteneciente a uno mismo, y por eso utilizamos la frase «sus propias cuatro verdades». Comprended de la misma manera la frase «las cuatro verdades de otras personas».[170]

Por ello, los fenómenos inanimados no son la verdad noble del sufrimiento ya que, según los textos pali y sus comentarios, las cuatro nobles verdades pertenecen solo a los fenómenos animados. Además, aunque la verdad del cese del sufrimiento es, técnicamente, un fenómeno externo, el subcomentario de arriba dice claramente que debe ser considerado como parte, ya sea propia o de otra persona, de las cuatro verdades nobles. Aunque todos poseemos la totalidad de las cuatro verdades nobles, cada uno de nosotros solo puede penetrar y experimentar directamente con comprensión su propia avidez mediante la completa eliminación de esta; cada uno de nosotros solo puede penetrar y experimentar directamente con comprensión el cese del propio sufrimiento y de la propia avidez experimentándolo, y cada uno de nosotros solo puede penetrar y experimentar directamente con comprensión el propio camino desarrollándolo. Nadie puede abandonar la avidez de otro, ni experimentar el cese de otro, o desarrollar el camino de otro. Así que lo importante es ser conscientes de nuestras propias cuatro verdades nobles.

Cómo experimentamos directamente y con comprensión el origen del sufrimiento

Cuando prestamos atención a cada fenómeno mental y material que surge, comprendemos la avidez y el deseo cuando somos conscientes de ellos. Este es un conocimiento empírico de la avidez en el momento presente. Sin embargo, la avidez presente no es la causa del sufrimiento presente. El origen del sufrimiento en una vida futura será producido por el karma que uno hace en esta vida. De forma similar, la avidez o deseo sensorial que se forman cuando uno realiza un karma en una vida pasada es el origen del sufrimiento presente.

Debido al apego hacia uno mismo o hacia los placeres de los sentidos realizamos actos beneficiosos y perjudiciales en las vidas pasadas tal como lo hacemos en esta vida. Ese karma ha generado nuestros fenómenos mentales y materiales desde que nacimos en esta vida. No podemos conocer de forma empírica nuestra avidez del pasado, solo podemos conocerla por medio de la inferencia, cuando la comparamos con nuestra avidez presente. La avidez que podemos conocer de forma empírica en el presente y la avidez del pasado solo se diferencian en cuanto a que son presente o pasado. No difieren en cuanto a sus características. Podemos decir incluso que son las mismas porque se manifiestan en el continuo del mismo individuo. Es como decir que vemos una montaña o el mar aunque solo vemos una pequeña parte de ambos. Si uno es consciente de la avidez presente, uno también puede ser consciente, por inferencia, de la avidez del pasado. Esto sucede cuando madura en nosotros el conocimiento que discierne los fenómenos mentales y materiales.

Un meditador puede observar empíricamente la relación causa-efecto entre los fenómenos mentales: solo cuando existe la intención de doblar puede darse tal movimiento; solo cuando hace frío puede este manifestarse en el cuerpo; solo cuando existe una forma visible y el ojo funciona puede surgir la consciencia del ojo; solo cuando hay un objeto mental ocurre el pensamiento; solo cuando hay un momento mental previo, sucede el momento mental siguiente.

Esta experiencia directa con comprensión se hace más obvia en los niveles avanzados de *vipassanā* que nos llevan al conocimiento del camino. En ese momento, comprendemos que los fenómenos mentales y materiales que han estado sucediendo desde nuestro nacimiento solo suceden debido a causas. Uno comprende con facilidad que la causa de esta vida es el buen karma acumulado en una vida pasada. Esta comprensión está basada en nuestra confianza en el karma y sus efectos. Así es como logramos comprensión correcta con relación al karma.

Por eso utilizamos el conocimiento analítico (*cintāmaya*) y el conocimiento teórico (*sutamaya*) basándonos en el conocimiento empírico (*bhāvanāmaya*) para darnos cuenta de que la avidez es el origen de esta vida. Uno se da cuenta de que –guiado por la avidez y el deseo de los sentidos–, en nuestras vidas pasadas, tal como hacemos en esta vida, hemos hecho acciones beneficiosas y perjudiciales. Es así como el karma pasado basado en la avidez ha generado esta vida presente. Esto queda explicado en el siguiente pasaje de los comentarios:

> [El karma basado en la avidez] hace que este mismo sufrimiento surja (los fenómenos mentales y materiales) y es así como «la avidez de vidas previas es el origen de este sufrimiento presente».[171]

Esta es una comprensión por inferencia del origen del sufrimiento en esta vida presente. Date cuenta de que la explicación larga que hemos dado aquí solo pretende brindarte un conocimiento general. En un sentido práctico, un meditador no tardará mucho tiempo en comprenderlo. E inmediatamente después de comprenderlo, uno puede continuar observando objetos en el momento presente como de costumbre.

Obvio pero difícil de ver

Las dos primeras verdades son bastante obvias porque siempre están presentes en nosotros. No son ni muy profundas ni vagas. Sin embargo, es muy difícil comprender que son simplemente angustiantes e insatisfactorias y que su origen está en la avidez. Esto no es en absoluto obvio. La dificultad para comprender los fenómenos obvios radica en que no somos conscientes de ellos, o que no les prestamos atención. Como dice el dicho birmano: «Sin atención, ni tan siquiera podemos ver una cueva». Así que, si somos plenamente conscientes y prestamos atención a los fenómenos, podemos estar seguros de que los comprenderemos tal como son con conocimiento de *vipassanā*. Más tarde, en el punto culminante de la *vipassanā*, con el conocimiento del camino, esta comprensión será firme e irreversible.

> La verdad del sufrimiento[172] se hace evidente cuando aparece. Si nos damos con una cepa, una estaca o un pincho, nos lamentamos: «¡Duele!».[173] La verdad del origen del sufrimiento [esto es, la avidez] es obvia cuando experimentamos el deseo de hacer algo, de comer, entre otros. Pero estas dos verdades son profundas cuando las comprendemos basándonos en sus características particulares. Por eso, estas dos verdades son profundas porque son difíciles de observar y de comprender.[174]

La expresión «difícil de ver» significa que, aunque la verdad del sufrimiento y la verdad de la avidez como causa del sufrimiento son bastante obvias en el momento en el que aparecen, son tan profundas que es imposible utilizar la inteligencia común para verlas basándonos en sus características y funciones. Solo podemos verlas con la sabiduría profundamente desarrollada que logra el punto culminante de la experiencia directa con comprensión del conocimiento del camino.[175]

Cómo experimentamos directamente y con comprensión el cese y el camino

Como dice el comentario, cese y camino son extremadamente profundos. A las personas ordinarias no les suceden nunca; esto quiere decir que no pueden comprenderlas y verlas de forma empírica. Como mencionamos antes, todo lo que necesita hacer un meditador respecto a estas dos verdades, una vez ha escuchado que son nobles, es inclinar su mente hacia ellas. No es necesario que piense acerca de ellas, o que las contemple.

Ahora bien, en el estadio del conocimiento de *vipassanā* del surgir y desvanecerse, un meditador puede comenzar a considerar y comprender de forma espontánea que los cinco agregados no existirían si no hubiera ignorancia, avidez, volición, alimento, contacto mental o fenómenos mentales y materiales. A partir del conocimiento de *vipassanā* de la disolución, un meditador puede comenzar a considerar y comprender espontáneamente que mientras existan los procesos mentales y materiales –tales como ver, oír, tocar, pensar u observar, entre otros–, no habrá paz. Esto es una comprensión intelectual del cese durante la práctica de *vipassanā*. Tal como nos dice el *Paṭisambhidāmagga*:

> El surgir da miedo; el no surgir es la seguridad suprema.[176]

Puede que en el estadio de conocimiento de *vipassanā* del deseo de liberación (*muñcitukamyatāñāṇa*) no queramos observar los fenómenos mentales y materiales, porque solo vemos aspectos negativos de los fenómenos que notamos. Algunos meditadores pueden incluso dejar de observarlos. Sin embargo, mientras el *momentum* de la práctica está todavía presente, los fenómenos mentales y materiales aparecen como de costumbre y los meditadores son conscientes de ellos sin necesidad de hacer mucho esfuerzo para poderlos observar. Llega un momento en el que los meditadores comprenden que los fenómenos no cesan si no los observamos. La paz solo llega con la experiencia de la paz del *nibbāna*, y esto solo sucede cuando prestamos atención como de costumbre. Esto es una comprensión intelectual del camino durante la práctica de la *vipassanā*.

De esta manera comprendemos las cuatro verdades nobles, observándolas durante la práctica de la meditación *vipassanā*.

Cultivando una comprensión mundana

Comprender las cuatro verdades nobles significa comprender completamente el sufrimiento, abandonar la avidez, experimentar el cese y desarrollar el camino. Por tanto, uno realmente solo comprende estas verdades cuando abandona la avidez, experimenta el cese y desarrolla el camino. Las cuatro funciones de comprensión completa, abandono, experimentar y desarrollar se logran de forma simultánea cada vez que somos conscientes de ellas.

Sufrimiento

Todos los fenómenos mentales y materiales de los que somos conscientes cuando observamos son sufrimiento de los fenómenos condicionados. Su constante surgir y desaparecer es opresivo, y por eso son la verdad del sufrimiento. Cuando nuestra *vipassanā* madure y experimentemos los fenómenos basándonos en sus características particulares y universales –la impermanencia, por ejemplo–, los comprenderemos a conciencia. Esta es la razón por la que también logramos la función de comprender completamente (*pariññākicca*).

Avidez y cese

Cuanto mayor sea la precisión con la que somos conscientes de los fenómenos mentales y materiales, más débil será en nosotros la ilusión de la permanencia, de la satisfacción y de la identidad. De este modo, nuestra avidez por los fenómenos disminuye. Cuando esta comprensión evita que surja la avidez, abandonamos esta avidez. Esto completa la función de abandonar (*pahānakicca*) la avidez, que a su vez previene el anhelo y el apego (*upādāna*), el karma, y el consiguiente renacer que comporta. Esta es la verdad del cese temporal (*tadaṅganirodhasacca*) en el contexto de la práctica de la meditación *vipassanā*. Equivale al cese de la avidez y del sufrimiento justo para ese momento de observación. De modo tal que logramos la función de experimentar directamente (*sacchikiriyākicca*) el cese con cada momento de observación. En el caso del conocimiento del camino, sin embargo, «experimentar directamente» se refiere a tomar el *nibbāna* como nuestro objeto. En el caso de la práctica de la *vipassanā,* no experimentamos el cese tomándolo como objeto, sino que logramos únicamente la función del cese.

Camino

Comprender los fenómenos mentales y materiales tal como realmente son, basándonos en sus características particulares y universales, es visión correcta. También incluye la intención correcta (*sammā-saṅkappa*), el esfuerzo correcto (*sammā-vāyāma*), el mindfulness correcto (*sammā-sati*) y la concentración correcta (*sammā-samādhi*). Los procesos mentales involucrados en anotar o ser consciente de son considerados habla correcta (*sammā-vācā*), acción correcta (*sammā-kammanta*) y modo de vida correcto (*sammā-ājīva*), dado que son los opuestos de habla desviada, acción desviada y modo de vida desviado.

Explicaré esto detalladamente más adelante. Este es el camino noble mundano de ocho factores. Dado que desarrollamos la verdad del camino que lleva al cese del sufrimiento con cada momento de observación, observar nos sirve para desarrollar el camino (*bhāvanākicca*). Tal como dice el *Visuddhimagga*:

> Cuando uno ve cómo los fenómenos mentales y materiales surgen y desaparecen [con un conocimiento del surgir y desvanecerse completamente desarrollado], esto es el camino noble mundano de ocho factores. Es así como se da en nosotros la verdad del camino que lleva al cese.[177]

De este modo, como las cuatro funciones se logran en cada momento de ser consciente, uno comprende las cuatro verdades [mundanas] cuando está siendo consciente de los fenómenos mentales y materiales en el momento en el que surgen. Dado que las cuatro funciones se logran simultáneamente en un momento de observación, la persona que desarrolle el mindfulness logrará la verdad supramundana del camino que lleva al cese del sufrimiento cuando el conocimiento de la *vipassanā* se vuelva penetrante y maduro. En ese momento, comprenderemos las cuatro verdades nobles con el conocimiento del camino. El comentario explica la frase «el logro del verdadero camino» [del *Satipaṭṭhāna Sutta*] del modo siguiente:

> La frase «el logro del verdadero camino» significa experimentar directamente con comprensión el camino noble de ocho factores. La

práctica mundana del mindfulness, desarrollada antes del camino, nos lleva al logro del conocimiento supramundano del camino.[178]

Cultivando la comprensión supramundana

El sufrimiento: la primera verdad noble

No es posible tomar el sufrimiento como objeto durante el conocimiento del camino, pero lo comprendemos completamente en el momento del camino. Esto es así porque cuando logramos el camino y experimentamos *nibbāna* como el cese de todos los fenómenos condicionados, comprendemos que tanto los fenómenos que observamos como la mente que observa, igual que todos los demás fenómenos, son sufrimiento y no son paz. Uno experimenta por sí mismo y con comprensión que todos los fenómenos están sujetos a la impermanencia, aunque parecen permanentes, satisfactorios y personales. Lo podemos comparar con perder nuestra orientación o dirección y perdernos: es muy posible que no tengamos ni idea de cómo encontrar un pueblo, ciudad, calle, estanque o lago en concreto cuando no sabemos dónde está el este o el oeste, etcétera. Ahora bien, una vez recuperamos la orientación, sabremos cómo encontrar el pueblo o la ciudad, etcétera, sin confusión alguna.

Otro símil es moverse de un lugar que sea muy cálido a otro que lo sea menos. En comparación podríamos pensar: «¡Qué fresquito hace aquí!». Si entonces fuéramos a un tercer lugar que fuera todavía menos cálido, pensaríamos: «¡Este lugar de ahora es verdaderamente fresco!», pero cuando finalmente llegáramos a un lugar que fuera realmente frío, pensaríamos: «¡Aquí sí que hace frío!». Entonces experimentaríamos por nosotros mismos que los lugares anteriores eran, de hecho, cálidos. De la misma manera, una persona que nunca ha practicado la meditación *vipassanā* piensa que todos los fenómenos mentales y materiales son buenos, excepto las sensaciones desagradables. Cree que los lugares que no son tan cálidos son frescos. Un meditador de *vipassanā* comprende que los fenómenos mentales y materiales que observa son insatisfactorios, pero considera que ser consciente de esto es algo positivo y beneficioso. Esto equivale a considerar que un lugar menos cálido es un lugar fresco. En el momento del conocimiento del camino, experimentamos *nibbāna* y somos capaces de comprender que no hay paz en ninguno de los fenómenos condicionados. Esto es similar a haber llegado al lugar más fresco y darnos cuenta de que el resto de lugares eran cálidos.

Podemos encontrar muchos ejemplos similares en la vida diaria. Por ejemplo, cuando nos encontramos con unas vistas excepcionalmente hermosas, con una fragancia agradable, con una voz dulce, con un sabor delicioso, con un tacto agradable, con un buen amigo, con un pueblo encantador, y demás, nos damos cuenta de que aquellos que hemos conocido con anterioridad no eran tan maravillosos como creíamos. Del mismo modo, aunque el sufrimiento no sea directamente un objeto del camino, el conocimiento del camino penetra en y experimenta directamente y con comprensión el sufrimiento dado que logra la función de la comprensión.

Una persona ordinaria no puede decidir definitivamente, mediante el conocimiento de las escrituras o el poder de la razón, que todos los fenómenos mentales y materiales son impermanentes, insatisfactorios y carentes de identidad esencial. Solo podemos lograr esto con la sabiduría que desarrollamos a través de la experiencia propia y directa. Esto significa que la gente ordinaria que se apoya en el conocimiento de las escrituras o en la razón no puede superar la duda escéptica. Con frecuencia, cuanto más analizan los fenómenos, tanto más confusos están.

Por otro lado, los nobles que han logrado una comprensión completa por medio del camino (*maggapariññā*) pueden determinar sin vacilación que los fenómenos mentales y materiales son impermanentes, insatisfactorios, y que carecen de identidad propia. Al contrario que la gente ordinaria, no toman los fenómenos mentales y materiales como permanentes, satisfactorios y como personales y, por este motivo, no pueden apegarse a tales fenómenos. Cuanto más contemplan estos fenómenos, tanto más clara es la comprensión de la impermanencia, la insatisfacción y la ausencia de identidad propia. Así que, aunque una persona que haya logrado el primer nivel del conocimiento del camino todavía esté apegada a los placeres sensoriales y se esfuerce por disfrutarlos, ya no tiene intención alguna hacia los actos perjudiciales que le llevarían a los reinos inferiores de la existencia.

Esta es la comprensión supramundana del sufrimiento.

La avidez: la segunda verdad noble

Como ya mencionamos anteriormente, la avidez no puede surgir cuando somos conscientes de los fenómenos mentales y materiales. Debido al primer camino, ya no surge el apego o la avidez que genera el karma que nos llevaría a los reinos inferiores y a más de siete renacimientos en destinos de gozo (*sugati*). Debido al segundo camino, ya no surgen el apego o la avidez que genera el deseo sensorial burdo (*kāmarāga*) y no pueden surgir más de dos renacimientos. Debido al tercer camino, el deseo sensual y el apego o avidez por el placer sensual ya no surgen más. Debido al cuarto camino, el apego o la avidez por la existencia en los reinos de la esfera material sutil o en la esfera inmaterial ya no pueden surgir más.

Podemos comparar esta situación con la de un pobre que se convierte en un millonario, en un rey o una reina: esa persona no se sentiría apegada a su vida de pobre, ni sentiría avidez por ella. Otro ejemplo es el de una persona que tenía un cónyuge malvado o censurable, pero que ahora tiene un cónyuge respetable e intachable: deja de amar al primer cónyuge tan pronto como la persona comprende las virtudes del nuevo cónyuge y los vicios del anterior.

Este no surgir del apego y de la avidez que ocurre por [la experiencia directa y penetración que sucede con] el conocimiento del camino lo llamamos de dos maneras: «penetración por abandono» (*pahānappaṭivedha*) y «experiencia directa con comprensión por abandono» o «realización por abandono» (*pahānābhisamaya*). La experiencia directa con comprensión por abandono de la avidez es una experiencia penetrante y clara, aunque el conocimiento del camino no tome la avidez como su objeto. Con «penetra» (*paṭivedha*) y «realización» (*abhisamaya*) nos referimos a abandonar y no surgir. Esto es así porque logran la función de la comprensión. El subcomentario explica:

> Cuando abandona, uno conoce. Por eso se le llama «penetrar por abandono» (*pahānappaṭivedho*).[179]

Los nobles comprenden totalmente que el apego a los fenómenos mentales y materiales es la causa del sufrimiento. Podemos comparar esto con una persona que fuera un fumador empedernido, pero que ahora, tras comprender que fumar es un hábito dañino e inútil, ya no está apegado a fumar.

Esta es la comprensión supramundana de la avidez: el origen o la causa del sufrimiento.

El cese: la tercera verdad noble

Tanto los fenómenos mentales y materiales que observamos, como la mente que les presta atención, son obvios en cada momento de la práctica de *vipassanā*. El cambio y deformación de estos fenómenos mentales y materiales en función de su surgir y desaparecer también es obvio. Y es más, sus funciones respectivas y sus características particulares son tan obvias como lo son la materia, el cuerpo o una marca o señal.

Pero en el momento del conocimiento del camino y del conocimiento del fruto, estos fenómenos mentales y materiales se interrumpen y cesan de modo tal que solo nos es obvia su naturaleza pacífica. No hay surgir ni desaparecer en este estado de paz (cese), así que está desprovisto de cambios y deformaciones. También está desprovisto de materia, cuerpo, formas, contornos y marcas. Por ello, en el momento del conocimiento del camino, tomamos la verdad del cese, que llamamos *nibbāna,* como nuestro objeto y la experimentamos como la característica pacífica o la característica de la paz (*santilakkhaṇā*), con la función de inmortalidad (*accutirasa*) y como manifestación de lo que carece de marca o señal (*animittapaccupaṭṭhāna*). Esto es «penetración mediante experiencia directa» (*sacchikiriyāpaṭivedha*) y «realización mediante la experiencia directa» (*sacchikiriyābhisamaya*). A diferencia de la intelectualización, esta experiencia del cese de los fenómenos es muy clara, como ver una joya preciosa en nuestras manos.

Justo después de que experimentemos directamente el conocimiento del camino, surge el conocimiento de revisión que ve el *nibbāna* como calmado o pacífico y como carente de fenómenos condicionados. Los nobles comprenden que en el *nibbāna* no está presente el surgir y desaparecer y, por ello, está libre de cambios y deformaciones –es permanente– y carece de materia, formas, contornos y marcas.

Es como descubrir un lugar fresco y sombreado cuando entramos en él tras haber estado afuera, en un lugar caluroso. O es como aquel que se da cuenta de que su enfermedad crónica ha desaparecido y descubre que se ha recuperado.

Esta es la comprensión supramundana del cese del sufrimiento.

El camino: la cuarta noble verdad

Cuando practicamos *vipassanā* para que se de el camino noble de ocho factores, que es la verdad del camino que lleva al fin del sufrimiento, tomamos el *nibbāna* como objeto, de modo tal que la verdad del camino que lleva al cese del sufrimiento surge en nosotros. Esto es «penetrar el camino mediante el desarrollo» (*bhāvanāpaṭivedha*) y «experimentar directamente el camino mediante el desarrollo» (*bhāvanābhisamaya*). Es imposible comprender el camino mediante el camino mismo, del mismo modo que es imposible tocarse un dedo utilizando ese mismo dedo. Por ejemplo, tan pronto como una persona encuentra la solución a un problema sobre el que ha estado reflexionando exclama: «¡Lo tengo! ¡Lo sé!».

Después de que la comprensión suceda, uno lo recuerda y lo trae a la memoria con el pensamiento. «Antes de que experimentara la paz del *nibbāna*, el sufrimiento de los fenómenos mentales y materiales no había cesado. Este sufrimiento solo cesó y fue cortado cuando ocurrió esta comprensión. Por eso, esta comprensión es el camino correcto que lleva al cese del sufrimiento».

Este es el darse cuenta supramundano del camino que lleva al cese del sufrimiento. De este modo, las cuatro verdades nobles son comprendidas simultáneamente cuando toman el cese como su objeto y cuando logran la función de comprender las otras tres. Este punto puede ser contrastado con las explicaciones de los comentarios.

Cómo desarrollar el camino noble de ocho factores

Si queremos convertirnos en personas nobles y comprender las cuatro verdades nobles, debemos desarrollar la verdad del camino que lleva al cese del sufrimiento. Si queremos hacer que el conocimiento supramundano del camino ocurra, debemos desarrollar, dentro de la práctica de la *vipassanā*, el camino mundano que incluye la visión correcta, etcétera. Esto lo haremos siendo conscientes de todos los fenómenos mentales y materiales que surgen tal como hemos explicado anteriormente. La razón es que el camino de la *vipassanā* (*vipassanāmagga*) es la causa, la condición de soporte esencial o imprescindible (*upanissayapaccaya*) para el estado condicionado resultante que surge (*upanissayapaccayuppanna*), del camino supramundano.

Así que, cuando no desarrollamos correctamente el camino mundano de la *vipassanā*, el camino supramundano no puede surgir. Cuando desarrollamos adecuadamente el camino de la *vipassanā* hasta el conocimiento de *vipassanā* de adaptación, el camino supramundano surge por sí mismo sin que tengamos que aplicar demasiado esfuerzo. Tal como explica el *Visuddhimagga*:

> Si queremos lograr el primer camino, no debemos hacer ninguna otra cosa. Practicar meditación *vipassanā* [hasta el conocimiento de adaptación] es todo lo que necesitamos hacer.[180]

Si uno quiere experimentar directamente el conocimiento del camino, solo es necesario que practique la meditación *vipassanā*. Así pues, debemos incluir el camino mundano de la *vipassanā* en la verdad noble del camino que debemos desarrollar (*bhāvetabbāmaggasacca*). Tal como dice el *Sammohavinodanī*:[181]

> Este es el camino noble supramundano de ocho factores al que llamamos, junto al camino mundano [esto es, la *vipassanā*], «el camino que lleva al cese del sufrimiento» (*dukkhanirodhagāminīpaṭipadā*).[182]

Llamamos «camino supramundano» (*lokuttaramagga*) a los ocho factores que están incluidos en la consciencia del camino. Sin embargo, no puede llevarnos al cese del sufrimiento sin *vipassanā*. En otras palabras, este camino, que tiene el *nibbāna* como objeto, no puede suceder independientemente del desarrollo de la *vipassanā*. Por este motivo, el camino supramundano y el camino mundano son considerados la verdad del camino, la verdad del camino que lleva al cese del sufrimiento. El *Visuddhimagga-mahāṭīkā* dice:

> Los caminos mundanos están incluidos de forma implícita, ya que [los caminos supramundanos] no pueden producirse sin que la concentración [mundana] y la *vipassanā* [mundana] se desarrollen.[183]

Cómo desarrollar los factores del camino siguientes: apartamiento, ausencia de pasión y cese

En las instrucciones que nos ofrece el *Saṃyutta Nikāya* para desarrollar los factores del camino dice: «Aquí, Ānanda, un *bhikkhu* desarrolla visión correcta, que está basada en el apartamiento, la ausencia de pasión y el cese, y que madura en dejar ir. Él desarrolla intención correcta... habla correcta... acción correcta... modo de vida correcto... esfuerzo correcto... mindfulness correcto... concentración correcta, que está basada en el apartamiento, la ausencia de pasión y el cese, y que madura en dejar ir. Es de esta manera, Ānanda, como un *bhikkhu* que tiene un buen amigo, un buen compañero, un buen camarada, desarrolla y cultiva el camino noble de ocho factores».[184]

La palabra «apartamiento [de las distorsiones]» significa que desarrollamos visión correcta basada en el apartamiento temporal (*tadaṅgaviveka*), en el apartamiento perpetuo (*samucchedaviveka*) y en el apartamiento relacionado con la liberación (*nissaraṇaviveka*). Desarrollando esta idea: en un momento de práctica de *vipassanā*, el meditador que está buscando el camino noble desarrolla visión correcta basándose en el apartamiento temporal en la forma de un abandono temporal de las distorsiones y basándose en el apartamiento relacionado con la liberación en la forma de aspiración por el *nibbāna*. En el momento del conocimiento del camino, el meditador desarrolla visión correcta basándose en el apartamiento perpetuo que se manifiesta abandonando completamente las distorsiones y basándose en el apartamiento relacionado con la liberación que se manifiesta en tomar el *nibbāna* como objeto. Hemos de comprender la expresión «ausencia de pasión» y «cese [de las distorsiones]» de la misma manera, ya que tienen el mismo significado.

Sin embargo, hay dos tipos de dejar ir (*vossagga*): el dejar ir que abandona las distorsiones (*pariccāgavossagga*), y el dejar ir que se precipita sobre el *nibbāna* (*pakkhandanavossagga*). El primer tipo de dejar ir abandona las distorsiones temporalmente en cada momento en que observamos con mindfulness y de forma permanente en el momento del conocimiento del camino. El segundo tipo de dejar ir se precipita sobre el *nibbāna* cuando aspira a él en un momento en que observamos con mindfulness y tomándolo como objeto en el momento del conocimiento del camino. Aquí, podemos utilizar ambos significados de dejar ir para explicar el [camino] mundano y supramundano juntos.

Así pues, la visión correcta abandona las distorsiones y se precipita sobre el *nibbāna*. La expresión «madura en dejar ir» (*vossaggapariṇāmiṃ*) se refiere tanto a la *vipassanā*, que madura, como al camino, que está completamente maduro, como a abandonar las distorsiones y precipitarse sobre el *nibbāna*. La idea es que un *bhikkhu* que practica la meditación desarrolla el camino de tal manera que la visión correcta madura [en momentos en los que practicamos *vipassanā*] y logra su completa maduración [en el momento del conocimiento del camino] para abandonar las distorsiones y precipitarse sobre el *nibbāna*. Esto mismo es cierto para los siete factores del camino restantes.[185]

Hay cinco tipos de apartamiento (*viveka*), ausencia de pasión (*virāga*) y cese (*nirodha*): temporal (*tadaṅga*), relacionado con la liberación (*nissaraṇa*), perpetuo (*samuccheda*), que para o detiene (*vikkhambhana*), y repetido (*paṭipassaddhi*).

Dado que no hay distorsiones latentes conectadas con los objetos de los sentidos en los niveles de conocimiento de *vipassanā* a partir del conocimiento de la disolución, las distorsiones no tienen oportunidad de volverse obsesivas o transgresoras. En el contexto de la meditación *vipassanā*, llamamos «apartamiento temporal» (*tadaṅgaviveka*) a estar apartado de las distorsiones, llamamos «ausencia temporal de pasión» (*tadaṅgavirāga*) a haber perdido la pasión hacia las distorsiones y llamamos «cese temporal» (*tadaṅganirodha*) al cese de las distorsiones.

Cada vez que prestamos atención, comprendemos los fenómenos mentales y materiales tal como son. Esto es visión correcta de la *vipassanā*, que está acompañada por la intención o la dirección correcta de la *vipassanā* hacia un objeto, por el esfuerzo correcto de la *vipassanā*, por el correcto mindfulness de la *vipassanā* y por la concentración correcta de la *vipassanā*. Los factores restantes guiados por la intención son habla correcta, acción correcta y modo de vida correcto. Nos referimos a estos ocho factores del camino de la *vipassanā* que surgen con cada momento de observación como «basados en el apartamiento» (*vivekanissita*), «basados en la ausencia de pasión» (*virāganissita*) y «basados en el cese» (*nirodhanissita*) porque están basados en el apartamiento, ausencia de pasión y cese temporales que mencionamos arriba. Aquí «basados» solo significa que cada momento de observación nos lleva al apartamiento, a la ausencia de pasión y al cese en relación con los tres tipos de distorsiones; no significa que el apartamiento, la ausencia de pasión y el cese sean tomados como objetos.

Al *nibbāna* lo llamamos «salida» (*nissaraṇa*) porque es la salida del ciclo de las distorsiones, del karma y los fenómenos mentales y materiales que son sus frutos (*vipāka*). Dado que *nibbāna* también es apartamiento, ausencia de pasión y salida de las distorsiones, también lo llamamos «salida mediante el apartamiento» (*nissaraṇaviveka*), «salida mediante la ausencia de pasión» (*nissaraṇavirāga*) y «salida por medio del cese» (*nissaraṇanirodha*). Los factores del camino de la *vipassanā* solo surgen en aquellos que aspiran a experimentar el *nibbāna* y que toman consciencia de los fenómenos mentales y materiales cada vez que surgen. Aquellos que disfrutan la vida y no aspiran a lograr el *nibbāna* no practican y, por ello, los factores del camino de la *vipassanā* no surgen en ellos. Por eso llamamos a estos factores «basados en el *nibbāna*», porque contienen la aspiración de lograrlo. También, por esta razón, están basados en el apartamiento conectado con el *nibbāna*, en la ausencia de pasión conectada con el *nibbāna* y en el cese conectado con el *nibbāna*. En este caso, en el momento de ser conscientes, no tomamos el *nibbāna* como nuestro objeto. Nos referimos a ellos como «basado en el *nibbāna*» debido a que parten de la aspiración de vivenciar el *nibbāna*.

Esto es como realizar un acto de generosidad con el objetivo de lograr el *nibbāna*. La intención que surge durante el acto de ofrecer no toma el *nibbāna* como su objeto, sino que toma la ofrenda como su objeto. Sin embargo, como hemos realizado la acción con el fin de lograr el *nibbāna*, llamamos a esta acción «acción beneficiosa basada en el *nibbāna*» o «una acción beneficiosa cuya base está fuera del ciclo de renacimientos» (*vivaṭṭanissita*). Del mismo modo, aunque tomamos los fenómenos mentales y materiales que surgen como nuestro objeto, decimos que la *vipassanā* está «basada en el *nibbāna*» porque observamos con la aspiración de lograr el *nibbāna*. Por ello, decimos que un meditador de *vipassanā* que es consciente de cada fenómeno mental y material que surge desarrolla tanto los factores del camino de la *vipassanā*, basándose en el apartamiento temporal, en la ausencia de pasión temporal y en el cese temporal, como la salida por medio del apartamiento, de la ausencia de pasión y del cese. Tal como he dicho, esta es la verdad del apartamiento temporal que podemos experimentar por medio de la práctica de la *vipassanā*.

Llamamos «apartamiento perpetuo» (*samucchedaviveka*), «ausencia de pasión perpetua» (*samucchedavirāga*) y «cese perpetuo» (*samucchedanirodha*) al apartamiento, ausencia de pasión y cese a través de los cuatro conocimientos del camino supramundano (en conexión con la completa erradicación de las distorsiones respectivas de cada camino). A los factores del camino supramundano los llamamos «apartamiento basado en el *nibbāna*», «ausencia de pasión basada en el *nibbāna*» y «cese basado en el *nibbāna*» porque logran el apartamiento, la ausencia de pasión y el cese de las distorsiones erradicándolas por completo. Es más, como también toman el *nibbāna* (al que llamamos «salida por medio del apartamiento», «salida por medio de la ausencia de pasión» y «salida por medio del cese») como su objeto, los llamamos «apartamiento basado en la salida», «ausencia de pasión basada en la salida» y «cese basado en la salida».

Madurando en dejar ir

Los factores del camino de la *vipassanā* están en un proceso de maduración para abandonar las distorsiones. Dado que estos factores del camino de la *vipassanā* aparecen solo para aquellos que aspiran a lograr el *nibbāna*, el proceso de maduración también incluye un dejar ir que nos lleva al *nibbāna* mediante aspirar a él. Por eso lo llamamos «madurar en dejar ir» (*vosaggapariṇāmī*).

Cuando el meditador toma consciencia del surgir de cada fenómeno mental y material, decimos que este meditador desarrolla los factores del camino de la *vipassanā*. Los factores del camino supramundano llegan a una madurez completa para poder abandonar totalmente sus respectivas distorsiones. También llegan a una madurez completa de modo tal que uno quedará liberado en el *nibbāna* cuando lo tome como objeto. Por esto lo llamamos «madurar en dejar ir».

Aquí «maduración completa» significa que en el momento del conocimiento del camino uno no necesita esforzarse para tomar el *nibbāna* como objeto o para abandonar las distorsiones. Tomar el *nibbāna* como objeto y erradicar las distorsiones suceden por sí mismos debido al *momentum* del camino preliminar (*pubbabhāgamagga*) que obtuvimos mediante el desarrollo de los factores del camino de la *vipassanā* [hasta el conocimiento de la *vipassanā* de adaptación]. Una persona que quiere saltar una acequia amplia comenzará a correr hacia ella desde una cierta distancia y no necesitará hacer más esfuerzo una vez que haya saltado desde el borde de la acequia. Simplemente será llevada al otro lado por el *momentum*. ¡Esto es difícil de comprender!

Los factores del camino de la moralidad

La práctica de la *vipassanā* incluye los siguientes factores del camino relacionados con la moralidad: habla correcta, acción correcta y correcto modo de vida. Los comentarios del *Abhidhamma* y del *Khuddaka Nikāya* nos dicen:

> Esto también es cierto para los siete factores del camino restantes.[186] Los tres factores de habla correcta, etcétera, hacen referencia a la abstinencia y a la volición mental. En el caso del camino, sin embargo, solo hacen referencia a la abstinencia.[187]

Abstenerse de una conducta inmoral en lo referente al habla, la acción y el modo de vida es abstinencia. Esto constituye la conducta moral, que consiste en habla correcta, acción correcta y modo de vida correcto. Comprometerse de forma activa con el habla, las acciones y los pensamientos beneficiosos implica una intención beneficiosa y, por ello, también se la conoce como «habla correcta», etcétera. Sin embargo, en el momento del conocimiento del camino, solo podemos llamar «habla correcta», etcétera, a los factores mentales conectados con la abstinencia. Dado que el conocimiento de la *vipassanā* entra dentro del reino de los pensamientos beneficiosos, la intención involucrada en los estados de la mente beneficiosos constituye el habla correcta, etcétera. Sin embargo, la abstinencia involucrada en el caso del conocimiento de *vipassanā* y de los varios conocimientos del camino no es la misma que la que está involucrada en el caso de la conducta moral ordinaria.

> En el texto pali llamado *Sikkhāpadavibhaṅga*,[188] se define un precepto moral, en sentido último, como abstinencia, intención y *dhammas* asociados (*sampayuttadhammā*). De estos tres, solo la abstinencia y la intención han sido mencionadas aquí, porque son factores dominantes. En otras palabras, evitar decir una mentira, etcétera, es abstinencia, mientras que decir la verdad, etcétera, es intención.[189]

Contemplar las cuatro verdades nobles

De acuerdo con el comentario, llamamos a la meditación *vipassanā* «contemplar las cuatro verdades nobles» (*catusaccakammaṭṭhāna*). Esto es así porque [contemplarlas] nos lleva al logro del conocimiento del camino que comprende las cuatro verdades nobles. La meditación *vipassanā* hace esto mediante la observación de los fenómenos mentales y materiales (es decir, el sufrimiento y la avidez) con el objetivo de lograr los diferentes conocimientos del camino y del *nibbāna*. También es así porque produce la felicidad especial de la dicha de los conocimientos del camino y del fruto que nos llegan con la meditación dirigida a la comprensión de las cuatro verdades nobles.

> A la meditación *vipassanā* que nos lleva a la comprensión de las cuatro verdades nobles, o a la meditación *vipassanā* que practicamos con el objetivo de vivenciar las cuatro verdades nobles, la llamamos «contemplar las cuatro verdades». [Esta meditación] será la causa de la felicidad especial que nos trae la dicha de los conocimientos del camino y del fruto.[190]

El ejemplo del mindfulness dirigido a la inspiración y la espiración

El comentario nos dice, por un lado, que cualquier meditación que practiquemos de acuerdo con alguna de las veintiuna secciones del *Satipaṭṭhāna Sutta* nos llevará al conocimiento del fruto del *arahat* (*arahattaphala*) y que estas meditaciones deben entenderse como contemplar las cuatro verdades nobles. La práctica del mindfulness dirigido a la inspiración y la espiración (*ānāpānasati*) se pone aquí como ejemplo:

> El mindfulness dirigido a la inspiración y la espiración es la verdad del sufrimiento. La avidez previa es su origen. El cese de

> ambas es *nibbāna*. El conocimiento del camino que comprende totalmente el sufrimiento, que abandona la avidez y que toma el *nibbāna* como objeto es la verdad del camino que lleva al fin del sufrimiento. De forma gradual, contemplando las cuatro verdades nobles, nos purificamos y alcanzamos el cese de las distorsiones. Es así como, para un *bhikkhu*, esta práctica de inspirar y espirar se convierte en la causa de la liberación del ciclo del sufrimiento mediante el conocimiento que es el fruto del *arahat* (*arahattaphala*).[191]

Si un meditador observa la inspiración y la espiración de acuerdo con los textos, experimentará el elemento aire en la sensación de tacto cada vez que sea consciente de ello. Este es el ser consciente o mindfulness que consideramos el camino preliminar de la *vipassanā*. Lo incluimos, en sentido figurado, en el desarrollo del camino porque es necesario para lograr el camino supramundano. Pero, dado que es mundano, este mindfulness no es en realidad parte de la verdad del cese del sufrimiento, sino parte de la verdad del sufrimiento. Contemplar las cuatro verdades nobles es una práctica de *vipassanā* que únicamente apunta hacia la experiencia real de las cuatro verdades nobles. Por ello, en las explicaciones acerca de cómo sucede el contemplar de las cuatro verdades nobles, los comentaristas dicen que el mindfulness pertenece solo a la verdad del sufrimiento.

El pasaje de arriba dice: «El mindfulness dirigido a la inspiración y la espiración es la verdad del sufrimiento». Nos está señalando que el mindfulness es la verdad del sufrimiento, pero esto es solo una expresión basada en que, de entre los factores involucrados, el mindfulness es el factor dominante. De hecho, todos los fenómenos mentales y materiales asociados con el mindfulness también son la verdad del sufrimiento. Esto incluye la consciencia y los factores mentales que la acompañan, el cuerpo físico del que depende el mindfuness y el elemento aire, o las sensaciones de tacto de la inspiración y la espiración que el mindfulness toma como objeto. En un momento de *vipassanā* vemos el mindfulness, junto a todos estos fenómenos mentales y materiales [que lo acompañan], y lo comprendemos totalmente en el momento del conocimiento del camino como la verdad del sufrimiento. A este proceso, que es consciente de la consciencia previa y de los factores que la acompañan, que aplica mindfulness al mindfulness previo y a los factores mentales que lo acompañan, lo llamamos *paṭivipassanā*.

> Esta avidez, que es el origen del cuerpo, también es el origen del mindfulness, ya que el mindfulness surge en dependencia del cuerpo. Si no hubiera avidez, el cuerpo no podría surgir y tampoco podría hacerlo el mindfulness. Por eso se dice:
>
> «La avidez previa es el origen». Tal como [la expresión] «los fenómenos condicionados son el origen de la consciencia» hace referencia, según los discursos, a todos los estados mundanos que se originaron de estos fenómenos condicionados.[192]

Todos los fenómenos mentales y materiales, comenzando por la consciencia de reconexión, son el resultado de los actos volitivos positivos que hemos realizado en vidas previas. La causa de estos actos volitivos fue la avidez por la vida y el resultado de acciones pasadas. De esta manera, la avidez se considera como el origen de todos los fenómenos mentales y materiales de nuestra vida actual.

Los pasajes pali de arriba comparan esto con el uso de la palabra «consciencia» en la expresión «los fenómenos condicionados son el origen de la consciencia». La «consciencia» hace referencia únicamente a la consciencia «resultante» –la conciencia que es el resultado directo de los fenómenos condicionados previos–. Sin embargo, al aceptar esto, debemos incluir entonces todos los demás tipos de consciencia: beneficiosas, perjudiciales y funcionales (*kriyācitta*). Esto es así porque estos otros tipos de consciencia se originan a su vez de las consciencias resultantes.

Del mismo modo, la avidez en la que nos refugiamos en vidas anteriores ha estado generando el ciclo de los fenómenos mentales y materiales en la presente vida, incluido el mindfulness. Decimos que el mindfulness es la verdad del sufrimiento y que su origen, la avidez en vidas previas, es la verdad de la causa del sufrimiento. Aunque es imposible ser consciente de forma empírica de la avidez en una vida pasada, la podemos experimentar por nosotros mismos mediante la inferencia cuando nuestra práctica de *vipassanā* madura lo suficiente para percibir la avidez en esta misma vida. Cada vez que tomamos consciencia de la avidez en el presente, decimos que vemos la verdad de la causa del sufrimiento, porque tanto la avidez del pasado como del presente tienen las mismas características y pertenecen al mismo individuo.

Llamamos «la verdad del cese del sufrimiento» al *nibbāna*, que es el cese de la verdad del sufrimiento y el cese de la avidez (la causa del sufrimiento). Llamamos «la verdad del camino al cese del sufrimiento» a los ocho factores del camino supramundano que, mientras toman el *nibbāna* como objeto, logran la función de comprender completamente la verdad del sufrimiento y de abandonar la avidez, entendida como la causa del sufrimiento. Como meditadores, todo lo que necesitamos hacer en relación con el cese y el camino es apreciar su nobleza y hacer surgir en nosotros la aspiración de lograrlos. Así, de acuerdo con el *Visuddhimagga*:

> Con esta práctica, es cierto que me liberaré del ciclo de renacimiento, envejecimiento, enfermedad y muerte.[193]

Decimos que una persona está practicando la meditación *vipassanā* que llamamos contemplar las cuatro verdades nobles (*catusaccakammaṭṭhāna*) cuando, basándose en las aspiraciones al cese y en el camino que ha hecho previamente, observa la inspiración y la espiración que surgen en el presente o cualquier otro fenómeno mental y material [que constituya la verdad del sufrimiento y la verdad del cese del sufrimiento]. Esta persona logrará el cese de todas las distorsiones moviéndose de manera gradual por los niveles de purificación (*visuddhi*) –que comienzan por la purificación de la visión– y por los cuatro casos de purificación del conocimiento (*ñāṇadassanavisuddhi*) –que comienzan por el primer conocimiento del camino (véase Anexo 4)–. Esto significa que esta persona se convertirá en un *arahat*. Los comentarios citados anteriormente nos han explicado esto.

El momento del conocimiento del camino

En el momento de los cuatro conocimientos del camino que también llamamos «la purificación del conocimiento y la visión», comprendemos simultáneamente las cuatro verdades nobles. Ya he explicado cómo las experimentamos directamente con comprensión, pero ahora os daré unas explicaciones adicionales.

Cómo comprendemos el sufrimiento

El conocimiento del camino experimenta el *nibbāna*, que es el cese de todos los fenómenos mentales y materiales (tales como un surgir y desaparecer constante en la inspiración y la espiración o en el mindfulness). Debido a esta experiencia, comprendemos directamente sin confusión que todos los fenómenos (esto es, la inspiración y la espiración, el mindfuness, los fenómenos mentales y materiales dependientes, los fenómenos mentales y materiales que surgen y desaparecen constantemente y los fenómenos condicionados) son sufrimiento y no paz.

Cómo comprendemos la avidez

Cuando comprendemos que todos los fenómenos condicionados son insatisfactorios, la avidez por estos fenómenos condicionados mentales y materiales ya no surge más. Esta ausencia es penetrar por abandono (*pahānappaṭivedha*) y experimentar directamente con comprensión por abandono (*pahānābhisamaya*).

Cómo comprendemos el cese y el camino

Tomando el *nibbāna* –el cese de todos los fenómenos condicionados– como nuestro objeto, hay factores, tales como la visión correcta, que surgen de forma clara en nosotros. El surgir de los factores del camino, la verdad del camino que lleva al cese del sufrimiento mientras tomamos el *nibbāna* como nuestro objeto, ocurre cuando observamos objetos como la inspiración y la espiración. A esto lo llamamos «penetrar mediante el desarrollo» y «experimentar directamente con comprensión mediante el desarrollo».

Otros objetos de meditación

Hasta aquí hemos explicado como, mediante la observación de la inspiración y de la espiración como nuestro objeto básico, un meditador de *vipassanā* despierta hasta el logro del conocimiento equivalente al fruto del *arahat* (*arahattaphala*). El comentario también nos da explicaciones similares de cómo desarrollar las cuatro verdades nobles y convertirse en un *ara-*

hat para los veinte apartados restantes. Estos apartados tratan de objetos alternativos de meditación como, por ejemplo, las posturas corporales. La única diferencia entre estas diferentes prácticas es el objeto principal que toma el mindfulness. Mencionaré aquí de forma breve los diferentes objetos.

- «Posturas del cuerpo» (*iriyāpatha*) hace referencia a ser consciente de las posturas del cuerpo, como pueden ser caminar, estar de pie, sentarse y estirarse, como verdad del sufrimiento.
- «Comprensión clara» (*sampajañña*) hace referencia a ser consciente de moverse hacia delante y hacia atrás, doblar y estirar las extremidades, entre otras, como verdad del sufrimiento.
- «Atención a lo repulsivo» (*paṭikkūlamanasikāra*) se refiere a ser consciente de las treinta y dos partes del cuerpo –cabello, vello, uñas, dientes, piel, etcétera– como verdad del sufrimiento. Sin embargo, este ser consciente de es un tipo de meditación de calma mental, no de *vipassanā*. Las partes del cuerpo, como el pelo, son objetos conceptuales y no realidades absolutas. Por este motivo, los objetos de los que somos conscientes en esta meditación no pueden ser incluidos como verdad del sufrimiento
- «Atención a los elementos» (*dhātumanasikāra*) hace referencia a ser consciente de los cuatro elementos materiales principales como verdad del sufrimiento.

- «Contemplaciones del pudridero» (*sīvathika*) hace referencia a ser consciente de los cuerpos hinchados y demás como verdad del sufrimiento.
- «Contemplar las sensaciones» (*vedanānupassanā*) hace referencia a ser consciente de las sensaciones como verdad del sufrimiento.
- «Contemplar la mente» (*cittānupassanā*) hace referencia a ser consciente de la mente como verdad del sufrimiento.
- «Obstáculos» (*nīvaraṇa*) hace referencia a ser consciente de los obstáculos como verdad del sufrimiento.
- «Agregados sujetos al apego» (*upādānakkhandhā*) hace referencia a ser consciente de los cinco agregados sujetos al apego como verdad del sufrimiento.
- «Bases de los sentidos» (*āyatana*) hace referencia a ser consciente de las bases de los sentidos y de las cadenas como verdad del sufrimiento.
- «Factores del despertar» (*bojjhaṅgā*) hace referencia a ser consciente de los factores del despertar como verdad del sufrimiento.
- «Cuatro verdades nobles» (*ariyasaccā*) hace referencia a ser consciente de la verdad del sufrimiento y de la verdad de la avidez como la causa del sufrimiento; y a ser consciente de la verdad del cese del sufrimiento y de la verdad del camino al cese del sufrimiento, en la forma de aspiración para lograr el cese, como verdad del sufrimiento.

De entre estas veinte secciones, solo nos señala de forma explícita el mindfulness como verdad del sufrimiento. Sin embargo, como antes hemos explicado, solo estamos hablando en sentido figurado, haciendo referencia al hecho de que el mindfulness es, de entre los factores involucrados, el dominante. De hecho, todos los factores mentales que acompañan, los objetos materiales y mentales, y las bases materiales asociadas con el mindfulness, también son la verdad del sufrimiento. Y esta verdad debe ser experimentada directamente con comprensión por el conocimiento de *vipassanā* y el conocimiento del camino. De esta manera, con el fin de lograr el conocimiento del camino y el *nibbāna* cuando practicamos meditación *vipassanā* utilizando estos temas de meditación debemos ser conscientes de: el objeto de meditación en sí mismo –por ejemplo, la postura cuerpo–, nuestra consciencia del objeto, los factores mentales que acompañan el ser conscientes del objeto, la base material-corporal de esta consciencia –si se hace obvia–, y la avidez presente que es similar a la avidez pasada. Esta avidez pasada fue a su vez el origen de los fenómenos actuales.

Cuando nuestro conocimiento de *vipassanā* madure, seremos conscientes de forma automática de que los fenómenos tienen su origen en el pasado. Por ello, no debemos aplicar esfuerzo o considerar y reflexionar acerca de esto. Si practicamos de esta manera, practicaremos un tipo de meditación *vipassanā* que llamamos «contemplar las cuatro verdades nobles». Pasando por los diferentes niveles de purificación, lograremos el estado de *arahat*, un estado que está libre de distorsiones.

Según el comentario, esta es la explicación concisa de cómo una persona que practica cualquiera de las veintiuna secciones mencionadas en el *Satipaṭṭhāna Sutta* desarrolla la contemplación de las cuatro verdades y logra el conocimiento del camino y del fruto hasta el conocimiento que es el fruto del *arahat* (*arahattaphala*).

Los beneficios del mindfulness

Tras haber logrado los cuatro estadios del conocimiento del camino, una persona que practica según el *Satipaṭṭhāna Sutta* queda purificado, de todos los factores mentales, como la codicia, la aversión y la ignorancia. También supera todos los tipos de pesar, así como la congoja y el lamento; todos los tipos de sufrimiento físico y de sufrimiento mental –después de entrar en *parinibbāna* no hay más sufrimiento corporal y, tras haber logrado el conocimiento del fruto del *arahat* (*arahattaphala*), no hay más sufrimiento mental–. Logra también los cuatro tipos de conocimiento del camino, a los que también llamamos «conducta correcta» (*ñāya*); y comprende el *nibbāna*, que es el cese de todos los tipos de sufrimiento.

El único camino*

El Buda elogió la práctica de mindfulness de los fundamentos del mindfulness del siguiente modo:

> *Bhikkhus*, este es [el único camino][194] para la purificación de los seres, para superar la aflicción y el lamento, para la desaparición del dolor y el pesar, para lograr el verdadero camino, para experimentar directamente el *nibbāna*; es decir, los cuatro fundamentos del mindfulness.[195]

Este pasaje afirma explícitamente que el mindfulness es la única manera de purificar la mente y de experimentar directamente el *nibbāna*. Por esto, el mindfulness dirigido al cuerpo, las sensaciones, la mente y los objetos de la mente es contemplar verdaderamente las cuatro verdades nobles, el desarrollo de la *vipassanā* y el camino preliminar. El desarrollo de los cuatro esfuerzos, las cinco facultades mentales, los siete factores del despertar, los ocho factores del camino, y demás, está incluido en la práctica del mindfulness. No hay ninguna práctica que

* *N. del T.*: aunque nos parece más adecuada en cuanto al Dhamma y más adecuada a nuestros tiempos y cultura la expresión «el camino directo» como traducción del pali *ekayāna maggo*, por respeto al trabajo del Comité de Traducción seguimos fielmente la traducción inglesa *the only way* («el único camino»). Según indica la edición inglesa, esta traducción sigue la interpretación que Mahāsi Sayadaw hizo cuando escribió y publicó *Manual of Insight*, el libro al que pertenecen los dos capítulos incluidos en *Mindfulness y vipassanā*. El libro original en birmano y pali se presentó en 1969 y Mahāsi murió en 1982. Nos queda la duda de si hubiera cambiado su traducción para el contexto actual.

nos pueda llevar al *nibbāna* sin mindfulness dirigido al cuerpo, a las sensaciones, a la mente y a los objetos mentales. Los comentarios lo explican así:

> La frase «este es el camino directo» significa que es el único camino, no es un camino dividido o dos caminos.[196]
>
> El término «único camino» significa uno y único camino, ya que no hay otro camino, aparte del mindfulness, que nos lleve al *nibbāna*. Puede que uno se pregunte: «¿Por qué el camino se refiere únicamente a la práctica del mindfulness cuando hay muchos otros caminos?». Es cierto que hay muchos otros caminos, pero todos quedan incluidos en la práctica del mindfulness, dado que este es indispensable. Por este motivo, la sabiduría, el esfuerzo y demás son mencionados en el *Niddesa,* mientras que el *Uddesa* menciona solo el mindfulness, de acuerdo a las inclinaciones de la audiencia del *Dhamma* (*veneyyajjhāsaya*). La frase «no es un camino dividido» nos indica que no hay ningún otro camino y que es imposible que este camino no lleve al *nibbāna*.[197]

Más aun, los comentarios dicen que solo mediante el conocimiento del camino basado en mindfulness los incontables *budas*, *budas* solitarios y discípulos nobles han purificado las distorsiones mentales. Es imposible hacer que surja la sabiduría sin tomar consciencia del cuerpo, las sensaciones, la mente y los objetos mentales. Durante la época del Buda hubo personas que lograron los conocimientos del camino y sus frutos escuchando simplemente un verso de un discurso. Esto también es gracias al conocimiento del camino basado en mindfulness. Así pues, debe quedarnos claro que la única práctica que lleva al conocimiento del camino y sus frutos es la práctica del mindfulness que contempla el cuerpo, las sensaciones, la mente y los objetos mentales. Todas ellas son realidades últimas.

La confirmación del Buda

El Buda reconoció que una persona de inteligencia, sabiduría o comprensión medias (*majjhimapaññāneyya*) que practicara de acuerdo a uno de los veintiún métodos explicados en el *Satipaṭṭhāna Sutta* se convertiría bien en un *arahat,* bien en uno que no regresa, en un período máximo de siete años y mínimo de siete días:

> Si alguna persona desarrolla de esta manera estos cuatro fundamentos del mindfulness durante siete días, puede esperar uno de estos dos frutos: o bien el conocimiento final aquí y ahora o, si quedan restos de apego, el de uno que no vuelve.[198]

En el *Bodhirājakumāra Sutta*,[199] el Buda afirma que una persona con una inteligencia, sabiduría o comprensión agudas (*tikkhapaññāneyya*) puede incluso despertar en una noche o en un día:

> Cuando un *bhikkhu* que posee estos cinco factores de esfuerzo encuentre a un *tathāgata** que lo discipline, entonces, siendo instruido por la tarde, logrará distinción por la mañana, siendo instruido por la mañana, logrará distinción por la tarde.[200]

Estos son los cinco factores de esfuerzo: 1) confianza en el Buda, el Dhamma y la Sangha, nuestro maestro de meditación y el método de meditación; 2) salud suficiente para digerir la comida; 3) honestidad suficiente para indicar la propia experiencia a nuestro maestro y a nuestros compañeros de meditación sin jactarnos de virtudes que no poseemos y sin intentar esconder nuestras carencias; 4) la determinación para proseguir con nuestro esfuerzo hasta lograr la completa iluminación, incluso si el resultado es que nuestra carne y sangre se marchitan dejando solo piel, tendones y huesos, y 5) hacer surgir el conocimiento de *vipassanā* del surgir y desaparecer de los fenómenos mentales y materiales.

«Que seas capaz de lograr el conocimiento del camino y el fruto y lograr el *nibbāna* en siete años, o siete días, o incluso en una noche o en un día». Estas palabras no son las palabras de una persona ordinaria sino del Buda, que comprendió por sí mismo todos los fenómenos tal como son. Estas son palabras

* *N. del T.*: *tathāgata* es el nombre que utilizaba el Buda para referirse a sí mismo. En todo el canon se refiere a sí mismo de esta manera, excepto en dos ocasiones en las que habla de sí mismo como un Buda. Información recogida en *El hombre que se llamaba a sí mismo tathāgata*, de Sayadaw U Silananda y traducido al español por Bhikkhu Nandisena.

En este caso se escribe en minúscula porque se refiere a los *tathāgata* en general.

del *Sugata*, otro nombre para el Buda, que solo dijo aquello que era verdadero y beneficioso. Teniendo estas palabras en mente, que todos vosotros estéis dotados de la confianza y de la aspiración para liberaros del ciclo del sufrimiento.

> Los *budas* no hablan con ambigüedad [solo dicen aquello que es verdad]; los victoriosos no hablan de forma banal [solo dicen aquello que es beneficioso].[201]

Si uno tiene confianza en que el Buda solo dice aquello que es verdadero y beneficioso, entonces, confiando en ambas afirmaciones, deberíamos tener la siguiente aspiración: «Si soy una persona con una inteligencia, sabiduría y comprensión aguda y penetrante, despertaré completamente en tan solo una noche o en un solo día. Si soy una persona con una inteligencia, sabiduría y comprensión medias, despertaré completamente en siete días, o en quince días, o en siete años».

Que seas capaz de practicar meditación mindfulness con esta aspiración.

Contemplaciones que traen beneficio

El *Satipaṭṭhāna Sutta* y sus comentarios afirman que podemos lograr el conocimiento final del fruto practicando armónicamente de acuerdo con una de las veintiuna meditaciones (esto es, contemplar la inspiración y la espiración, etcétera). Sin embargo, esto no significa que el conocimiento del camino y del fruto pueda lograrse practicando de forma exclusiva según las instrucciones de una sección particular dejando a un lado las prácticas del resto de secciones. Cuando el Buda fue preguntado al respecto, expuso al *bhikkhu* Uttiya y a otras personas que desarrollaran los cuatro fundamentos del mindfulness.[202] Practicando de esta manera, lograron el estado de *arahat*.

Cuando decimos que es seguro que lograremos el conocimiento del fruto del *arahat* (*arahattaphala*) practicando de acuerdo con una de las veintiuna meditaciones, nos referimos a contemplar un objeto desde una sección particular como objeto principal. No significa que uno deba contemplar solo el objeto particular que se menciona en una sección particular e ignorar el resto de objetos mencionados en las otras secciones, sin importar cuán obvios sean. Si hiciéramos esto, nos llevaría a una idea de permanencia, satisfacción, personalidad y belleza en relación con los fenómenos mentales y materiales que dejáramos de observar.

Hoy en día, es bastante difícil determinar con precisión qué objeto de meditación es más adecuado para un determinado individuo. Sin embargo, basándome en mi propia experiencia, contemplar el cuerpo como objeto principal es adecuado para la mayoría de las personas. Por esto, en el siguiente capítulo, explicaré los cuatro fundamentos del mindfulness en el orden en el que deben ser practicados en lugar del orden en el que normalmente se enseñan. Como conclusión os ofrezco esta aspiración:

> Que seáis capaces de observar los fenómenos mentales y materiales tal como han sido explicados, utilizando aquella o aquellas contemplaciones que sean las más adecuadas para vuestras inclinaciones y disposiciones particulares, y que podáis rápidamente lograr los conocimientos del camino y el fruto, el *nibbāna*, pasando a través de los estadios de los conocimientos de la *vipassanā*.

Aquí termina el capítulo dedicado al desarrollo del mindfulness.

Instrucciones prácticas

En este capítulo, explicaré cómo practicar la meditación *vipassanā* y experimentar el conocimiento del camino y el conocimiento del fruto desde una perspectiva práctica. Por eso utilizaré un lenguaje cotidiano en lugar de terminología técnica.[203] Tampoco incluiré muchas referencias o citas de los textos. Si los lectores tienen dudas en alguna materia, pueden consultar el material de referencia y apoyo incluido en los capítulos anteriores del *Manual of Insight*.

Preparándonos para la práctica

Si el meditador aspira a lograr el conocimiento del camino, el conocimiento del fruto y el *nibbāna* en esta misma vida, debe, siguiendo las preparaciones siguientes, cortar con cualquier traba durante el tiempo que dura la práctica de meditación.

Purifica la conducta moral[204] y cultiva la siguiente aspiración: «Que mi conducta moral sea un soporte para el conocimiento del camino». Si sospechas que alguna vez puedes haber cometido una falta frente a una persona despierta, debes pedir perdón por el error. Si no puedes ir a ver a esta persona para pedirle disculpas, debes ofrecer la disculpa delante de un maestro.

Encomiéndate a la sabiduría del Buda para liberarte del miedo por si aparecieran objetos inquietantes y temibles durante tu práctica intensiva. También debes encomendarte al cuidado de un maestro de tal modo que este te guíe sin ninguna vacilación. Esto puede no ser necesario si ya estás siguiendo las instrucciones de un maestro de forma respetuosa.

Considera los méritos del *nibbāna*, completamente libre de todo tipo de sufrimiento mental o material-físico. Considera los méritos del conocimiento del camino, que erradica las distorsiones y nos lleva directamente al *nibbāna*. Considera también los méritos de la práctica de la *vipassanā*, que con toda seguridad nos conducirán al logro del conocimiento del camino y del *nibbāna*. Debes conseguir inspiración cuando recuerdes que el camino de la *vipassanā* que estás practicando es el mismo camino que han seguido el Buda, los *arahats* y todos aquellos que son nobles.

Presenta tus respetos al Buda y considera todos los atributos del Buda que conozcas. Después de esto, es recomendable cultivar amor bondadoso hacia todos los seres, comenzando por los *devas* que cuidan el monasterio. Si es posible, debes contemplar la muerte y la impureza de tu propio cuerpo.

Finalmente, debes sentarte de piernas cruzadas, o cualquier otra postura que te sea cómoda, y observar como se explica a continuación.

La práctica básica

El objeto principal

Como meditador debes centrar la mente en el abdomen. Sentirás cómo este asciende y desciende. Si no puedes sentir esto con claridad, pon una mano en tu abdomen y, en breve, el ascenso y descenso te serán obvios. Cuando inspires, experimentarás el movimiento ascendente del abdomen. Anótalo como «ascenso» o «sube». Cuando espires, experimentarás el movimiento de descenso. Anótalo como «descenso» o «baja».

Mientras haces esto puede que consideres que observar la forma o concepto del abdomen no es lo que deberías estar haciendo. No debes preocuparte por esto. Por supuesto, al principio es casi imposible evitar esa idea o concepto acerca de la solidez de la forma. Por eso, al principio, debes observar los objetos desde el nivel conceptual. Esta es la única manera en la que la concentración, el mindfulness y el conocimiento de la *vipassanā* madurarán. Habrá un momento, sin embargo, en el que el conocimiento de *vipassanā* se abrirá camino hasta una realidad absoluta que está más allá de los conceptos.

La verdadera práctica de *vipassanā* es una toma de consciencia de todos los fenómenos mentales y materiales que están surgiendo constantemente en las seis puertas de los sentidos. Sin embargo, como al comienzo nuestra concentración y nuestro mindfulness no son lo suficientemente fuertes, nos será difícil observar todos los fenómenos que surgen constantemente.

No tendremos la habilidad y capacidad suficientes para seguir todos los objetos, o nos quedaremos atrapados en la búsqueda de un objeto al que podamos prestar atención. Por estas razones, al comienzo, debes centrarte únicamente en el ascenso y descenso del abdomen. Este ascenso y descenso sucede todo el tiempo y es suficientemente evidente para ser observado sin mucha dificultad. Con el tiempo, cuando tu práctica madure, serás capaz de notar los objetos tan pronto surjan.

Así que debes anotar en cada momento los movimientos del abdomen de forma continua y concurrente como «ascenso» y «descenso» o «sube» y «baja». El meditador debe hacer esto de forma mental, no de manera audible. No hagas que la respiración sea más fuerte para hacer que el ascenso y el descenso sean más claros, ni la ralentices o aceleres. Si un meditador cambia su ritmo natural de respiración, puede cansarse pronto y no ser capaz de observar correctamente. Tan solo inspira y espira con normalidad y de forma regular y observa concurrentemente.

Referencias suplementarias

El ascenso y descenso del abdomen es una manifestación del elemento aire. Este elemento es un fenómeno de tipo táctil y material. Cuando observes el ascenso y descenso [del abdomen] experimentarás presión y movimiento, que son características del elemento aire, según explican los textos pali:

> *Bhikkhus*, prestad atención sabia a las formas. Reconoced la impermanencia de las formas tal como es.[205]

Bhikkhus, un *bhikkhu* ve la impermanencia de la forma que, de hecho, es impermanente: esta es su visión correcta.[206]

Esto es lo que expresan los discursos que contiene el *Khandhasaṃyutta* del *Saṃyutta Nikāya*. También están en conformidad con la contemplación de los objetos de la mente (los cinco agregados) en el *Mahāsatipaṭṭhāna Sutta*.

Bhikkhus, prestad atención sabia a los objetos táctiles. Reconoced la impermanencia de los objetos táctiles tal como es.[207]

Bhikkhus, un *bhikkhu* ve la impermanencia de los objetos táctiles que, de hecho, son impermanentes: esta es su visión correcta.[208]

Conociendo directamente y comprendiendo completamente el ojo [...], la mente, desarrollando ausencia de pasión hacia [los objetos táctiles] y abandonándolos, es capaz de destruir el sufrimiento.[209]

Cuando uno conoce y ve [los objetos táctiles] como impermanentes, la ignorancia es abandonada y el conocimiento verdadero surge.[210]

Esto es lo que indican varios discursos contenidos en el *Saḷāyatanasaṃyutta* del *Saṃyutta Nikāya*. También están en conformidad con contemplar los objetos de la mente (seis bases) según el *Mahāsatipaṭṭhāna Sutta*.

Ahora, tanto el elemento interno aire como el elemento externo aire son simplemente elemento aire. Y debemos verlo tal como

> es con sabiduría adecuada, esto es: «Esto no es mío, esto no soy yo, esto no es mi ser».[211]

Así ha sido expuesto en el discurso sobre los elementos. También está en conformidad con contemplar el cuerpo (elementos) según el *Mahāsatipaṭṭhāna Sutta*.

Más aun, el elemento aire es parte del agregado de la materia sujeto al apego (*rūpa-upādānakkhandha*) y, por ello, está incluido en la verdad del sufrimiento. Debemos verlo tal como es, según las enseñanzas del Buda:

> Esta verdad noble del sufrimiento debe ser comprendida en su totalidad.[212]

Esto está en conformidad con los discursos que tratan de las verdades nobles. Queda incluido también en contemplar los objetos de la mente (cuatro verdades nobles) según el *Mahāsatipaṭṭhāna Sutta*.

Por ello, observar el ascenso y descenso del abdomen es claramente coherente con las enseñanzas del Buda, porque entendemos la presión y el movimiento del elemento aire tal como son. En relación con la observación de la inspiración y la espiración en el capítulo anterior, los textos pali dicen:

> Él comprende en cualquier postura en la que su cuerpo esté.[213]

Pensamientos que nos distraen

Mientras prestamos atención de forma continua al ascenso y descenso del abdomen, surgen diferentes tipos de pensamientos. Cuando esto sucede, los anotamos utilizando un lenguaje coloquial. Por ejemplo, cuando descubres que estás pensando, anotas «pensando, pensando». Si estás soñando despierto y perdido en ensoñaciones, anotas «soñando despierto, soñando despierto». Si estás imaginando, anotas «imaginando, imaginando».

Si descubres que estás considerando algo, anotas «considerando, considerando». Si te imaginas viajando a otro lugar, anotas «viajando, viajando». Si imaginas un encuentro con alguien, anotas «encuentro, encuentro». Si te imaginas hablando con alguien, anotas «hablando, hablando». Siempre que imagines que ves algo o a alguien, anotas «viendo, viendo», hasta que la imagen mental desaparece. Justo entonces, de forma inmediata, vuelve a observar el ascenso y descenso del abdomen.

Incomodidades y molestias físicas

Mientras prestas atención al ascenso y descenso del abdomen puedes sentir como si quisieras tragar saliva o escupir. Esto debes anotarlo como «deseo de tragar», «deseo de escupir». Si un meditador finalmente traga o escupe, debe anotar «tragar, tragar» o «escupir, escupir», y volver inmediatamente a observar el ascenso y descenso del abdomen. Si quieres bajar la cabeza, anotas «deseo de bajar». Si doblas el cuello para bajar la cabeza, anotas «doblando, doblando», mientras continúas atento a cada uno de los movimientos que participan. Haz esto con lentitud. No vayas deprisa. Sigue el mismo procedimiento cuando devuelvas la cabeza a su posición erguida. Tras esto, ve directamente al objeto principal, el ascenso y descenso del abdomen.

Cuando surge algún tipo de rigidez incómoda en alguna parte del cuerpo, céntrate solo en la rigidez y anota «rigidez, rigidez». Haz que el anotar sea concurrente con la sensación que experimentas. Puede que la rigidez desaparezca lentamente, o puede que crezca todavía con más intensidad. Si se hace insoportable y quieres cambiar tu postura, anota el estado mental como «quiero cambiar, quiero cambiar». Si finalmente cambias tu postura, continúa anotando cada movimiento corporal involucrado en este proceso. Cuando quieras levantar una extremidad, por ejemplo, anótalo como «deseo levantar». Entonces, cuando de hecho la levantas, anota el movimiento como «levantando, levantando». Cuando estiras, anótalo como «estirando». Cuando la doblas, anótalo como «doblando». Cuando de nuevo haces descender la extremidad, anótalo como «descendiendo, descendiendo». No hagas ninguno de estos movimientos rápido, sino despacio y sin interrupción. Si sientes algún roce o algo tocando alguna parte del cuerpo durante el movimiento, anota «tocando, tocando». Cuando hayas acabado de cambiar de postura, o si la rigidez desaparece sin necesidad de cambiar de postura, vuelve de inmediato al ascenso y descenso del abdomen.

Si sientes calor en alguna parte del cuerpo, focaliza tu mente en ese calor y de forma concurrente y constante anótalo como «calor, calor». Si desaparece, vuelve a prestar atención al ascenso y descenso del abdomen. Si se hace insoportable y deseas cambiar tu posición, anótalo como «deseo cambiar». Si finalmente cambias de postura, anota todo el proceso de levantar cada extremidad de forma concurrente y continua, tal como lo hemos descrito arriba. Después, vuelve inmediatamente a observar el ascenso y descenso del abdomen. Un meditador no deja ningún espacio en el flujo de observación, no deja ningún espacio en el flujo de anotar.

Cuando un meditador siente picor en el cuerpo, se focaliza en él y, de forma continua y estable, lo anota como «picor, picor». Mientras observa de esta manera, puede que el picor desaparezca. Si lo hace, vuelve a observar el surgir y desvanecerse del abdomen. Si el picor se hace insoportable y quieres que desaparezca o deseas rascarte, anótalo como «quiero que desaparezca» o «quiero rascar». Si un meditador quiere levantar su mano para rascarse, anota «quiero levantar». Cuando levantas la mano anota «levantando». Haz esto despacio y de forma continua. Cuando toques la parte del cuerpo donde hay picor, anótalo como «tocando». Mientras te rascas, cada vez que tu mano o tus dedos se mueven hacia delante y hacia atrás anótalo como «rascando». Cuando sientas que deseas parar de rascarte, anota «quiero parar». Cuando quieras bajar tu mano de nuevo, anótalo como «quiero bajar la mano». Un meditador anota entonces «bajando, bajando» a medida que baja la mano.

Cuando sientas el tacto de la mano reposando de nuevo en su lugar, anótalo como «tocando, tocando». Inmediatamente después, el meditador vuelve a prestar atención al objeto principal, el subir y bajar del abdomen.

Cuando cualquier tipo de sensación desagradable surge y se vuelve clara, un meditador centra su mente en ella de forma precisa y continua utilizando un lenguaje cotidiano como, por ejemplo, «dolor, dolor», «dormido, dormido» o «mareado, mareado». Cuando le prestas atención de esta manera, puede que desaparezca, o puede que aumente. Si la observas con paciencia y con perseverancia, en general desaparece. Si se hace insoportable, ignórala y pon especial cuidado en ser consciente del subir y bajar del abdomen de forma continua y concurrente.

Experiencias singulares

A medida que la concentración se fortalece, es posible que experimentemos un dolor insoportable en el cuerpo. Podemos sentir presión, como si un airbag se hinchara en nuestro pecho; un dolor intenso, como si nos clavaran un cuchillo; un dolor punzante, como si nos aguijonearan con muchas pequeñas agujas; o una irritación general, como si una multitud de insectos caminaran por nuestro cuerpo. Puede que sientas un calor abrasador, picores intensos, dolores insoportables, frío extremo o una serie de sensaciones desagradables.

Si un meditador se asusta, o le entra miedo y deja de anotar cuando sucede alguna de estas sensaciones extremas, sentirá que desaparecen de forma inmediata. Pero, por lo general, reaparecerán cuando el anotar se fortalezca de nuevo. Un meditador no debe tener miedo de encontrarse con alguna de estas experiencias. No son señales que indiquen una enfermedad grave. Son sensaciones ordinarias que experimentamos en nuestro cuerpo con frecuencia. Pero, sin embargo, raramente nos percatamos de ellas porque nuestra mente está ocupada con sensaciones más obvias. De hecho, es la fuerza de nuestra concentración la que, de esta manera, las hace obvias. Así que no debes pensar que algo anda mal y preocuparte; simplemente continúa observando la sensación para superarla. Si un meditador deja de observar, puede que el meditador se encuentre con este mismo tipo de sensación cada vez que su concentración sea de nuevo fuerte. Sin embargo, si la observas con paciencia y perseverancia, en algún momento desaparecerá para bien.

Si sientes que tu cuerpo quiere balancearse, anota «quiere balancearse». Si tu cuerpo de hecho comienza a balancearse, anota «balanceando, balanceando». Si descubres que te estás balanceando involuntariamente, no debes asustarte, ni debes promoverlo. Simplemente continúa anotando, de forma gradual y continua, como «balanceando, balanceando», confiando en que, si lo anotas, desaparecerá. Si el balanceo se hace muy pronunciado, puedes practicar sentado con la espalada apoyada en la pared o apoyado en otros tipos de soporte. También puedes practicar estirado. El balanceo pronto parará por completo. Sigue el mismo procedimiento si experimentas temblores en el cuerpo.

A veces se te pondrá la piel de gallina, o un escalofrío recorrerá tu espalda o incluso todo tu cuerpo. No debes asustarte por ello; es solo un tipo de interés ardiente y entusiasta provocado por la meditación. A veces, cualquier sonido que oigas hará que surja el miedo. Tampoco debes asustarte por esto; es solo que tu sensibilidad al contacto mental, como resultado de una fuerte concentración, se ha vuelto muy afinada y precisa. Cada vez que sientas recolocar tus extremidades o ajustar tu posición, sé consciente primero de la intención de hacerlo. Después sé consciente también de cada movimiento sucesivo individual que esté involucrado. Un meditador no debe moverse con rapidez; debe moverse con lentitud y estabilidad.

Tomando algo para beber

Cuando tengas sed, anótalo como «sediento, sediento». Si tienes intención de levantarte para ir a beber, anota «intención de levantarse». Cuando te prepares para levantarte, anota con un lenguaje común todos los movimientos corporales involucrados. Cuando te levantes, céntrate en el ascenso gradual del cuerpo y anótalo como «levantando, levantando». Muévete con lentitud y de manera estable. Cuando te hayas levantado y ya estés de pie, anótalo como «de pie, de pie». Si miras algo o a alguien, anótalo como «viendo» o «mirando». Si quieres ir a coger agua, anótalo como «queriendo ir». Cuando vas hacia allí, anota cada paso como «pisando, pisando» o «derecha, izquierda». Sigue cada paso con mindfulness desde el momento en el que el pie se levanta hasta que lo dejas caer de nuevo. Cuando camines despacio, o durante la meditación formal caminando, anota dos partes en cada paso de la siguiente manera: bien «levantando, moviendo», bien «levantando, dejando caer» o «moviendo, dejando caer». Cuando puedas observar con facilidad estas dos partes de cada paso, entonces procede a observa tres partes: «levantando, moviendo, dejando caer».

Cuando mires hacia el recipiente con agua potable y lo veas, anótalo como «mirando, mirando». Cuando estés de pie delante del recipiente, anótalo como «de pie, de pie». Cuando llegues a la taza, anota «llegando, llegando». Cuando agarres la taza, anota «agarrando, agarrando». Cuando viertas agua en la taza, anótalo como «vertiendo, vertiendo». Cuando levantes la taza de agua en dirección a la boca, anótalo como «levantando, levantando». Cuando la taza toque los labios, anótalo como «tocando, tocando». Cuando sientas el frío del agua, anótalo como «frío, frío». Cuando bebas y tragues el agua, anótalo como «bebiendo, tragando». Cuando sientas el frío del agua en tu cuello o estómago, anótalo como «frío, frío». Cuando hagas descender la taza, anótalo como «descendiendo, descendiendo». Cuando bajes la mano, anótalo como «bajando, bajando». Cuando la mano toque el cuerpo anótalo como «tocando, tocando».

Cuando surja la intención de darte la vuelta y volver a tu sitio, anótalo como «intención de dar la vuelta, intención de dar la vuelta». Cuando te des la vuelta, anota «dando la vuelta, dando la vuelta». Cuando camines de vuelta a tu sitio, anota cada paso tal como lo describimos arriba. Cuando intentes detenerte y quedarte de pie, parado, anótalo como «intención de parar, de pie», y utiliza la anotación «parado, de pie» cuando estés de pie y parado. Si permaneces parado un tiempo, puedes anotar el ascenso y descenso del abdomen junto con la posición de estar quieto y de pie: «sube, baja, de pie». Cuando tengas intención de sentarte, anótalo como «intención de sentarse». Si necesitas situarte en la posición sentada, anótalo de la misma manera. Si necesitas darte la vuelta, anótalo como «dando la vuelta».

A medida que desciendas a la posición sentada, anótalo como «sentando, sentando», prestando atención al peso del cuerpo a medida que este desciende. Haz todo de forma pausada y estable. Una vez sentado, tendrás que colocar tus manos y piernas de nuevo. Anota cuidadosamente los movimientos involucrados en esta acción utilizando un lenguaje cotidiano. Entonces, si no hay otros objetos obvios que observar, vuelve a prestar atención al objeto principal, el ascenso y descenso del abdomen, como haces de forma habitual.

Irse a la cama. Acostarse

Cuando quieras estirarte, anótalo como «deseo de estirarse». Cuando preparas la cama, anota todos los movimientos de brazos y piernas, como por ejemplo «levantando», «estirando» y «reubicando». Cuando te estires, céntrate en todo el cuerpo, a medida que este se acuesta y anótalo como «acostando, acostando». Cuando sientas el tacto de la almohada y de las sábanas, anótalo como «tocando, tocando». Cuando finalmente estés acostado, anota los movimientos de los brazos, las piernas y el cuerpo, y anota también cualquier ajuste de tu posición acostada. Haz esto despacio y con mindfulness. Entonces, si no hay nada más que anotar, céntrate en el subir y bajar del abdomen observando de forma continua.

Cuando el meditador se estira en la cama prestando atención al surgir y desvanecerse del abdomen, puede sentir sensaciones desagradables como, por ejemplo, rigidez, calor, dolor o picor. Si te sucede, anótalo con mindfulness, de la misma manera que lo haces en la meditación sentada. Observa cuidadosamente cualquier distracción como, por ejemplo, tragar, pensar o imaginar, tal como harías en cualquier otro momento.

Si quieres darte la vuelta, estirar o doblar tus extremidades, o ajustar tu posición de cualquier otra manera, sé consciente primero de la intención y después sé consciente de cada movimiento individual. No te pierdas ninguno. Cuando no haya nada más que observar, vuelve a prestar atención al objeto principal, es decir, el subir y bajar del abdomen. Cuando te sientas dormido, anótalo como «adormilado, adormilado». Si hay pesadez en los párpados, anota «pesadez, pesadez». Cuando tu meditación madure, la somnolencia desaparecerá y la mente tendrá claridad de nuevo. Si esto sucede, anótalo como «claridad, claridad» y vuelve a prestar atención de nuevo al ascenso y descenso del abdomen. Si la somnolencia no ha desaparecido, no dejes de prestar atención. Simplemente continúa observando el ascenso y descenso del abdomen, o cualquier otro objeto, sin intención alguna de quedarte dormido. En el momento en el que tu cuerpo esté realmente cansado, se quedará dormido mientras estés observando.

Dormir es un periodo prolongado de la consciencia «funcional» o del «continuo vital». Esta consciencia es del mismo tipo que la que surge durante el primer y último momento de nuestra vida. Este tipo de consciencia es tan sutil que no podemos conocer sus objetos de los sentidos. La consciencia del continuo vital también ocurre entre momentos sucesivos de completa consciencia, cuando estamos despiertos. Ocurre, por ejemplo, entre los momentos de ver y pensar o escuchar y pensar. Sin embargo, en estas ocasiones, no dura lo suficiente como para que seamos capaces de darnos cuenta. Cuando dormimos, dura lo suficiente como para que podamos ser conscientes de ella, pero, aun así, no somos capaces de detectar sus características o su objeto. Por eso, no es posible observar objeto alguno cuando estamos dormidos.*

Despertarse

Tan pronto como despertamos, lo anotamos como «despertando, despertando». Al comienzo de nuestra práctica nos será

* *N. del T.*: en la tradición Theravāda no se hace un trabajo concreto en el sueño lúcido, sino en cultivar la atención a las características particulares y comunes de manera continuada y constante. Cultivar la mente de esta manera nos puede llevar, en los momentos cumbre de la práctica, cuando el *momentum* es fuerte, a dormir muy poco, sin sueños, lo justo para que el cuerpo descanse. En el caso de algunos meditadores puede llegar a ser simplemente una o dos horas al día. Por eso no se hace un trabajo específico de sueño lúcido.

difícil ser conscientes de los primeros momentos cuando despertamos. Si un meditador no es capaz de observar justo desde el mismo momento en el que se despierta, debe comenzar a observar cualquier objeto que surja tan pronto como se acuerde de prestar atención. Si te descubres pensando, anótalo como «pensando, pensando» y, entonces, continúa observando el ascenso y descenso del abdomen. Si un sonido te despierta, lo anotas como «oyendo, oyendo». Si no hay nada más que observar, continúa prestando atención al subir y bajar del abdomen.

Date la vuelta, dobla y estira, despacio y con mindfulness, mientras anotas cada movimiento utilizando un lenguaje coloquial. Si piensas «¿qué hora es?», anótalo como «pensando, pensando». Si sientes que quieres ponerte de pie, anótalo como «deseo de ponerse de pie». Observa todos los movimientos que suceden en el proceso de salir de la cama, sin que quede espacio alguno sin observación. Céntrate en cómo el cuerpo se levanta y anota «levantando, levantando». Si, tras esto, el meditador se sienta, lo anota como «sentando, sentando». Entonces vuelve a observar el objeto principal, el ascenso y descenso del abdomen.

Si te lavas la cara o te duchas, sé consciente de cada acción individual que sucede, y no dejes espacio alguno sin prestar atención. Por ejemplo, anota «mirando y viendo el cazo para el baño, alcanzarlo, tomarlo, sacar el agua, verter el agua sobre el cuerpo, el frescor del agua o frotar el cuerpo».[214] También debes ser consciente de cualquier otra actividad, como ponerte la ropa, hacer la cama, abrir y cerrar la puerta, ordenar las cosas, etcétera, y no dejar momento alguno sin que haya observación.

Comiendo

Cuando tomas tu comida y miras el plato, anota «mirando» o «viendo». Cuando tomes un bocado de arroz, anota «tomando, tomando». Cuando levantes el bocado de arroz hacia la boca, anótalo como «levantando, levantando». Si agachas tu cabeza, anótalo como «agachando, agachando». Cuando tu boca se abra, anótalo como «abriendo, abriendo». Cuando coloques el bocado de arroz en la boca, anótalo como «colocando, colocando». Cuando cierres tu boca, anótalo como «cerrando, cerrando». Cuando bajes tu mano, anótalo como «bajando, bajando». Si levantas tu cabeza de nuevo, anótalo como «levantando, levantando». Cada vez que mastiques la comida, anota «masticando, masticando». Cuando saborees la comida anota «saboreando, saboreando». Cuando tragues la comida, anótalo como «tragando, tragando». Si sientes que tu comida pasa por tu cuello y por el tubo digestivo, anótalo como «tocando, tocando».[215]

De esta manera, el meditador observa de forma meticulosa todo el proceso de comer. Al comienzo de la práctica, hasta que seas capaz de ser consciente de las cosas en el momento en el que surgen, habrá muchos huecos en tu proceso de observar. También habrá muchos momentos en los que no podrás ser consciente de tu intención de mover el cuerpo, o no podrás anotar esa intención. ¡Un meditador no debe sentir frustración por ello! Si un meditador tiene la actitud de prestar atención y anotar meticulosa y cuidadosamente, cada vez será capaz de observar más y más. A medida que tu comprensión madure, serás capaz de observar fácilmente incluso más objetos de los que yo he explicado aquí.

Aumentando el número de objetos

Cuando lleves más o menos un día prestando atención al subir y bajar del abdomen es posible que encuentres que es demasiado fácil. Puede que descubras que hay un espacio o un hueco entre los movimientos de ascenso y de descenso. En tal caso, el meditador debe hacer un cambio y anotar tres objetos. Anotaremos entonces: «subir, bajar, sentado; subir, bajar, sentado;...». Tal como observas el subir y bajar del abdomen, ahora debes ser consciente de la postura sentada y anotarla como «sentado». Si estás estirado, anota los tres objetos siguientes: «subir, bajar, estirado».

Si un meditador encuentra que todavía hay espacios cuando presta atención a estos tres objetos, puede añadir una sensación clara de tacto en cualquier parte del cuerpo como un cuarto objeto y anotar «subir, bajar, sentado, tocando». Si no te sientes cómodo con este enfoque, puedes anotar de este otro modo: «subir, sentado, bajar, sentado». Si estás estirado, los cuatro objetos que anotaremos son: «subir, bajar, estirado, tocando» o «subir, estirado, bajar, estirado». Si la respiración se hace tan sutil que no puedes sentir con claridad el ascenso y descenso del abdomen, puedes observar la postura sentada o la postura estirada o algunos puntos de contacto. Un meditador puede prestar atención a cuatro, cinco o seis puntos de contacto, uno tras otro.

Objetos genéricos

Mientras estás observando cuidadosamente los fenómenos corporales, como por ejemplo el subir y bajar del abdomen, no hay necesidad de prestar atención al ver y escuchar ordinarios. Cuando somos conscientes del ascenso y descenso del abdomen, por ejemplo, logramos el propósito de observar y comprender ver y oír. Simplemente es ver y oír. Sin embargo, si miras de forma intencional hacia algo o alguien, anótalo como «mirando, mirando» y después continúa observando el objeto principal. Incluso si no lo haces intencionadamente, sino que, en lugar de eso, ves un objeto, como podría ser un hombre o una mujer, anota «viendo, viendo» dos o tres veces y después continúa con el objeto principal. Si escuchas intencionalmente un sonido, anota «escuchando, escuchando» y continúa prestando atención al objeto principal. Si escuchas un sonido claro y diferenciado, como por ejemplo gente hablando, una canción, un sonido fuerte, perros ladrando, pájaros cantando o gallinas cacareando, anota «oyendo, oyendo» dos o tres ves y después continúa con el objeto principal.

Si no observas estos objetos claros que capturan tu atención, no podrás tener una consciencia clara del objeto principal. También puede ser que te quedes atrapado pensando en ellos y que surjan distorsiones mentales. En tal caso, debes anotar «pensando, pensando» y entonces volver al objeto principal. Cuando un meditador se olvida de observar los fenómenos corporales o los pensamientos, debe anotar «olvidando, olvidando», y después volver al objeto principal.

Si la respiración se hace muy sutil y los movimientos de ascenso y descenso ya no son claros y diferenciados, anota «sentado, tocando» si practicas en la postura sentada, o «estirado, tocando» si estás estirado. Cuando anotes «tocando», dirige tu mente hacia cuatro, cinco o seis sensaciones de tacto.

Estados de la mente

Si un meditador ha estado practicando largo tiempo y no ha hecho progreso alguno, es posible que se vuelva perezoso. Anota entonces «pereza, pereza». Cuando el mindfulness, la concentración y los conocimientos especiales de *vipassanā* todavía no han surgido, puede que llegues a la conclusión de que observar no te lleva a ningún sitio. Entonces surgirá la duda. Anota esto como «duda, duda».

Hay momentos en los que el meditador deseará una práctica más fluida o algún tipo de experiencia especial. Anótalo como «expectativa, expectativa». Si reflexionas acerca de tu práctica pasada, anota «reflexionando, reflexionando». Si te preguntas si el objeto es mental o material, anótalo como «preguntándome, preguntándome». A veces, cuando la práctica no es fluida, puedes sentirte frustrado. Anótalo como «frustrado, frustrado». A veces cuando encuentras que la práctica va bien, puedes sentirte feliz. Anótalo como «feliz, feliz».

Siempre que surjan estados mentales, un meditador debe observarlos todos de esta manera y, después, continuar con el objeto principal.

Ser diligente

Debes observar todos y cada uno de los pensamientos, ya sean beneficiosos o perjudiciales. Debes ser consciente de todos y cada uno de los movimientos corporales, ya sean grandes o pequeños. Debes prestar atención a todas y cada una de las sensaciones que surgen en el cuerpo o en la mente, ya sean agradables o desagradables. Debes observar todos y cada uno de los objetos mentales, ya sean beneficiosos o perjudiciales. Cuando no hay cosas particulares que observar, debes prestar atención al objeto principal: el ascenso y descenso del abdomen cuando estás sentado, o el subir, mover y dejar caer el pie cuando caminas. Observa estos objetos de forma ininterrumpida y continua.

De este modo, debes observar de forma continua e ininterrumpida durante todo el día y toda la noche, excepto en las horas de sueño. El meditador pronto será capaz de observar todos los objetos mentales y materiales en el momento en el que surgen y desaparecen. De esta manera, experimentará de forma gradual el conocimiento de *vipassanā* del surgir y desvanecerse, así como otros estadios más avanzados de los conocimientos de *vipassanā*.

Vipassanā

Mente y materia

Cuando un meditador practique la observación tal como lo describimos arriba y su mindfulness, concentración y *vipassanā* maduren, descubrirá que la mente que observa y los objetos observados ocurren en pares. Observarás, por ejemplo, tanto los fenómenos materiales (cuerpo) involucrados en el ascenso del abdomen como los fenómenos mentales (mente) que le prestan atención; los fenómenos materiales involucrados en el descenso del abdomen y los fenómenos mentales que lo observan; los fenómenos materiales involucrados en levantar el pie y los fenómenos mentales que toman consciencia de esto; los fenómenos mentales involucrados en mover el pie hacia delante y los fenómenos mentales al observarlo; los fenómenos materiales involucrados en dejar caer el pie y los fenómenos mentales que le prestan atención, etcétera.

Cuando la práctica esté yendo bien, verás de manera separada el ascenso y descenso del abdomen y la mente que lo observa, de modo tal que serás capaz de distinguir entre fenómenos mentales y materiales, o como mente y cuerpo. Parecerá que la mente que observa se precipita sobre el objeto observado. Esto es ser consciente de la característica de la mente de inclinarse hacia los objetos (*namanalakkhaṇā*). Cuanto más clara sea tu observación de los objetos materiales, más obvia se hará la mente que presta atención. El *Visuddhimagga* dice:

> Cuando los fenómenos materiales se vuelven claros, cuando no son ambiguos y son obvios para el meditador, los fenómenos mentales asociados con estos objetos materiales de los sentidos también se le harán obvios de forma espontánea.[216]

Cuando la gente ordinaria tiene esta experiencia directa con comprensión de la mente y de la materia (cuerpo) durante la meditación, se sienten satisfechos y encantados y tienden a tener pensamientos del tipo: «No existe nada más que mente y materia. Solo existe el subir del abdomen y la mente que lo observa, solo el bajar del abdomen y la mente que lo observa, solo la postura sentada y la mente que es consciente de ella, solo el movimiento de flexión y la mente que lo observa. Lo que llamamos un ser humano no es más que estos dos tipos de fenómenos. Aparte de estos dos tipos de fenómenos, no hay nada más. También lo que llamamos hombre y mujer son exclusivamente estos dos fenómenos. Aparte de estos dos fenómenos no hay una persona o ser independiente».

Cuando las personas con conocimiento de las escrituras experimentan con claridad objetos materiales de los sentidos, las bases de los sentidos y la mente que conoce, están satisfechos y tienden a reflexionar del siguiente modo: «Es realmente cierto que solo hay fenómenos mentales y materiales. En un momento de observación, lo que realmente experimento son los fenómenos materiales que observo y la mente que los observa. Esto mismo también es cierto para otros momentos. No hay "mujer", "hombre" u otros seres vivos que existan con independencia de estos fenómenos. Los fenómenos mentales y materiales del momento presente son todo lo que realmente existe. A estos fenómenos los llamamos comúnmente persona, ser, mujer u hombre, pero esto son solo nombres. En realidad, no existen personas, seres, mujeres u hombres independientes, sino solo los fenómenos mentales y materiales que experimento cuando les presto atención».

Cuando surjan estos tipos de consideraciones y pensamientos, anota el estado mental de considerar como «considerando, considerando», y después vuelve al objeto principal y obsérvalo de forma ininterrumpida.

Causa y efecto

A medida que la práctica continúa madurando, la intención de moverse se hace obvia por sí misma cuando intentas mover el cuerpo. Tan pronto como surja una intención serás consciente de ella con facilidad. Al comienzo de la práctica, incluso si anotas «intención de flexionar», no serás capaz de tener una consciencia clara de la intención de flexionar tu brazo. Sin embargo, cuando la práctica madure, tendrás una consciencia clara de la intención de flexionar sin que esto se confunda con otras cosas. Cada vez que quieras cambiar tu postura corporal, primero observa la intención y después observa el movimiento que está sucediendo.

Al principio, cuando comienzas a practicar, cambias tu postura muchas veces, incluso sin darte cuenta. Como no prestas atención, tienes tendencia a pensar: «El cuerpo es rápido, la mente que observa lenta». Pero a medida que madure el conocimiento empírico, parecerá como si la mente que observa da la bienvenida a los objetos con anticipación. Serás capaz de prestar atención a la intención de flexionar o estirar, sentarte, levantarte o caminar, entre otras, y también serás consciente de los diferentes movimientos involucrados en doblar y demás. Entonces te darás cuenta de que «El cuerpo es lento, la mente que observa es rápida». Experimentarás por ti mismo que solamente después de que la intención de moverse haya surgido podrá darse el movimiento de flexionar o estirar.

Cuando sientas calor o frío, anota «calor, calor» o «frío, frío». A medida que observas, podrás experimentar que el calor o el frío se intensifican. Cuando prestes atención mientras comes, serás capaz de experimentar cómo tu fuerza se recarga. Tras observar un objeto, no vuelvas al objeto principal si surge otro objeto. El meditador debe permanecer con el nuevo objeto que acaba de surgir, siendo consciente de él de forma ininterrumpida. Es más, mientras observamos imágenes mentales (tales como la imagen del Buda o de un *arahat*) o sensaciones físicas-materiales (como picor, calor, molestias, dolor), pueden surgir otros objetos, incluso antes de que el objeto que estamos anotando ahora haya desaparecido. En tal caso, debes cambiar al nuevo objeto y continuar observándolo de forma ininterrumpida.

Cuando seas consciente de cada objeto que ocurre, experimentarás que la mente que observa surge cada vez que hay un objeto. Es más, hay momentos en los que el subir y bajar del abdomen se hará tan sutil que no podrás ser consciente de él. Entonces te darás cuenta de que la mente que observa no puede surgir si no hay un objeto. Si te sucede esto, debes cambiar y en lugar de anotar «sube, baja», anotar «sentado, tocando» como objeto principal si estás sentado, o «estirado, tocando» si estás estirado. También puedes alternar entre varios puntos de contacto. Por ejemplo, tras anotar «sentado» una vez, puedes anotar el punto de contacto del pie derecho como «tocando». Luego anota «sentado» de nuevo, seguido del punto de contacto del pie izquierdo. De este modo, puedes alternar entre cuatro, cinco o seis puntos de contacto. Es más, cuando anotes «viendo» u «oyendo» comprenderás claramente que cuando el ojo y la forma visible están presentes experimentas la vista y cuando están presentes el oído y un sonido experimentamos el sentido del oído.

De esta manera, a medida que observes diferentes objetos, comprenderás claramente qué causas diferentes hacen que surjan efectos diferentes. Por ejemplo, la intención de flexionar o estirar resulta en el movimiento de flexión o estiramiento. Un ambiente frío o caluroso tiene como resultado sensaciones corporales de frío o calor. Comer comida nutritiva tiene como consecuencia la supervivencia del cuerpo físico. La presencia de objetos que podamos observar, tales como el surgir y el desvanecerse, tienen como consecuencia la mente que observa. La atención hacia objetos de la mente tiene como resultado los estados mentales de pensamiento e imaginación. La presencia del objeto visible de la forma o del objeto auditivo del sonido trae como consecuencia la consciencia del ojo o la consciencia del oído. Y la presencia del fenómeno material del ojo o del oído también resulta en la consciencia del ojo o la consciencia del oído. Un meditador también llega a comprender con claridad que las acciones volitivas que ha realizado en vidas pasadas hacen que surjan sensaciones agradables o desagradables en el momento presente. Los fenómenos mentales y materiales que han sucedido durante la vida actual desde el nacimiento son debidos a acciones volitivas del pasado. Estos fenómenos no tienen un creador; surgen de acuerdo a la ley de causa y efecto.

Cuando estas experiencias directas con comprensión se dan, no necesitas parar para intelectualizarlas o para considerar acerca de ellas. Estas experiencias directas con comprensión ocurrirán de forma repentina y espontánea en tu proceso de observar. Anota estas experiencias directas con comprensión como «experimentando directamente» o «comprendiendo, comprendiendo» o «considerando, considerando» y vuelve entonces a prestar atención al objeto principal de forma continua.

Cuando experimentes y comprendas cómo la ley de causa y efecto o la interacción de la mente y la materia operan en esta vida, comprenderás cómo funcionaron en vidas pasadas y también cómo funcionarán en vidas futuras. Considerarás: «Los fenómenos mentales y materiales de vidas pasadas y futuras tendrán las mismas causas que estos fenómenos presentes.

No hay una persona independiente, un ser o un "creador" que exista con relación a ellas, sino simplemente la ley de causa y efecto».

Estos tipos de reflexiones o consideraciones tienden a suceder con mayor frecuencia en personas con gran inteligencia y con menos frecuencia en personas con una inteligencia media. Cuanto más inteligente es una persona, más amplia tiende a ser su comprensión. Sin embargo un meditador debe, simplemente, observar estas consideraciones y volver al objeto principal. Si haces que la continuidad de la observación tenga más prioridad que el considerar y reflexionar, dedicarás menos tiempo a reflexionar y tu práctica progresará más rápidamente. Son suficientes unos pocos momentos de consideración.

Efectos de la concentración

A medida que la concentración se haga especialmente fuerte, experimentarás una serie de sensaciones desagradables, tales como picor, calor, molestias y dolores, sensaciones de pesadez y tirantez, entre otras. Normalmente desaparecen de forma inmediata si dejamos de observar y tienden a reaparecer cuando volvemos a prestar atención. Estas sensaciones no son una señal de enfermedad. La práctica en sí misma es la que hace que aparezcan. Por eso, el meditador no debe temerlas, sino que debe concentrarse de forma exclusiva en estas sensaciones, observándolas persistentemente, y, de forma gradual, ellas mismas perderán fuerza y desaparecerán.

Puede que el meditador vea varios tipos de imágenes o visiones. Pueden ser tan vivas como si las vieras con tus propios ojos. Puede que veas, por ejemplo, la imagen radiante de un hermoso Buda, un grupo de monjes, u otras personas que se acercan a ti. Puede que te sientas como si estuvieras realmente delante de una estatua del Buda, una pagoda, una vista panorámica de un bosque, de montañas, jardines, nubes, etcétera. Puede que sientas como si realmente estuvieras viendo un cuerpo hinchado, o un esqueleto que está estirado a tu lado. Puede que veas imágenes de la parte interna de tu cuerpo como los huesos, la carne, los tendones, los intestinos, el hígado, etcétera. Visiones de los reinos infernales y de sus víctimas, de los espíritus hambrientos, o que aparezcan imágenes del mundo celestial con sus *devas* y *devīs*. Solo es la concentración la que hace que surjan este tipo de imágenes conceptuales inusuales. No te asustes o exaltes por ello. Estas imágenes son igual que sueños.

Sin embargo, la consciencia de la mente que experimenta estas imágenes mentales es una realidad última, así que debes observarla, pero no debes prestarle atención si no es muy evidente. Solo debes observar un objeto cuando es evidente. Por ello, centra tu mente en cualquier imagen que estés viendo en ese momento y anótala como «viendo, viendo» hasta que desaparezca. Descubrirás que la imagen o visión sufrirá varios cambios y luego desaparecerá o se desintegrará. Al principio, tendrás que anotar tres, cuatro o incluso más veces antes de que desaparezca. Sin embargo, cuando tu *vipassanā* madure te darás cuenta de que desaparece tras anotarla una o dos veces.

Por otro lado, si tienes curiosidad, miedo o estás apegado a estas imágenes, tendrán tendencia a permanecer por largo tiempo. En consecuencia, pon especial cuidado en no pensar acerca de ninguna de estas imágenes inusuales. Si un meditador se descubre pensando en ellas, debe abandonar inmediatamente ese pensamiento observándolo cuidadosamente. Dado que algunos meditadores no experimentan estas visiones o sensaciones inusuales y solo prestan atención al objeto principal, se vuelven perezosos. Anota esta pereza como «pereza, pereza» hasta que desaparezca.

Ver las tres características

Sin importar si has tenido alguna experiencia atípica en este nivel de *vipassanā*, verás claramente el principio, mitad y final del objeto cada vez que lo observes. Antes de este estadio, habrás sido consciente de los objetos nuevos que surgen antes de que los objetos precedentes hayan desaparecido y, por ello, no habrás podido ver con claridad la desaparición de los objetos. En este nivel verás cómo un objeto desaparece antes de que observes uno nuevo y, por ello, verás con claridad el comienzo, la mitad y el final del objeto que observas. Cuando en cada observación ves el surgir instantáneo de cada objeto y su inmediato desaparecer, comprenderás la impermanencia de los objetos tal como se describe en los textos pali y los comentarios:

> Impermanente en el sentido de destrucción [...] impermanente en el sentido de no existente tras haber llegado a ser.[217]

Puede que consideres de la siguiente manera: «¡Estos objetos están simplemente desapareciendo! Simplemente se desvanecen. Es cierto que son impermanentes».

> Cualquier cosa que es impermanente es insatisfactoria. Dado que nos da miedo, es insatisfactoria. Es un sufrimiento que se ve constantemente atormentado por el surgir y desaparecer.[218]

Puede que consideres así: «Disfrutamos de nuestras vidas debido a la ignorancia. En realidad, no hay nada que podamos disfrutar en nuestras vidas. Es realmente aterrador que todo surja y desaparezca. Podemos morir en cualquier momento». Cuando te encuentres con sensaciones desagradables, tenderás a comprender la miseria y sufrimiento en las cosas tal como se describen en los textos pali y en sus comentarios:

> [...] como sufrimiento, como una enfermedad, como un forúnculo, como un dardo...[219]

O puede que consideres: «Todos los fenómenos mentales y materiales son insatisfactorios y nadie puede hacer que sean de otra manera. No obedecen los deseos de nadie. Desaparecen inmediatamente después de aparecer, así que carecen de un núcleo sólido, son insubstanciales e inútiles. No hay un ser que tenga el control y que pueda evitar que surjan o desaparezcan. En realidad, surgen y desaparecen por su propia cuenta». Esta experiencia y comprensión coincide con la que se expresa en los textos pali y sus comentarios:

> Aquello que es sufrimiento [no es mi ser].[220]
> [...] no es mi ser en el sentido de que no tiene un núcleo [...][221]
> [...] y dado que no obedece voluntad alguna.[222]

Inmediatamente después de observar estas consideraciones, vuelve a prestar atención al objeto principal.

Cuando veas por ti mismo que cada objeto que observas es de verdad impermanente, insatisfactorio e impersonal, considerarás que el resto de fenómenos que experimentas también han de ser impermanentes, insatisfactorios e impersonales. A esto lo llamamos conocimiento por inferencia (*anumānañāṇa*). Aquellos que son menos analíticos o han estudiado menos y aquellos que dan prioridad a la continuidad de la observación en lugar de dársela a analizar experimentarán una menor cantidad de consideraciones y reflexiones en este conocimiento por inferencia. Aquellos que den prioridad a considerar y reflexionar tenderán a considerar y reflexionar mucho en este estadio. Algunos meditadores, sin embargo, continúan analizando esta experiencia y comprensión, intercalando este análisis con la observación. En estos casos, su práctica se estanca. Sin embargo, incluso sin este análisis, tu comprensión será más clara en estadios superiores de la *vipassanā*, así que prioriza la observación en lugar de analizar. Si en alguna ocasión analizas, toma consciencia de ello sin omisión alguna.

Cuando hayas experimentado y comprendido de manera inferencial el surgir y desaparecer de todos los fenómenos, serás consciente de aquello que surja sin que haya ningún análisis adicional. Las cinco facultades mentales –confianza, energía, mindfulness, concentración y sabiduría– se armonizarán y la mente que observa será más rápida de lo que lo ha sido nunca. Tu objeto –esto es, los fenómenos mentales y materiales– aparecerá con extremada rapidez. Cada vez que inspires, por ejemplo, verás que el movimiento de ascenso del abdomen consta de muchos segmentos. Lo mismo es cierto para otros movimientos, tales como el descenso del abdomen, flexionar o estirar. Experimentarás vibraciones o sensaciones sutiles por todo el cuerpo que surgen muy rápidamente, una tras otra. Durante este período de práctica raramente experimentamos sensaciones desagradables.[223]

Cuando los objetos surjan tan deprisa, no te será posible seguirlos si intentas etiquetarlos o nombrar cada uno de ellos. El meditador debe simplemente ser consciente de ellos en cada momento, sin nombrarlos, de modo que pueda seguirlos. Si un meditador quiere nombrarlos, no intenta nombrarlos todos. Cuando etiquete un objeto puede que sea consciente de cuatro, cinco o diez objetos más. Esto no es un problema. Te cansarás si intentas nombrar todos lo objetos que ocurren. Lo que es de suma importancia es ser consciente de cada objeto de forma precisa y certera. En tal caso, observa cualquier objeto que entre a través de las seis puertas de los sentidos, sin seguir el procedimiento habitual. Si no puedes prestar atención de esta manera con facilidad, siempre puedes volver al método habitual, por supuesto.

Los fenómenos mentales y materiales surgen y se desvanecen mucho más rápido que el tiempo que tardamos en parpadear o que el resplandor de un rayo. Pero cuando tu conocimiento de *vipassanā* madure, serás capaz de percibir con claridad cada fenómeno efímero sin perderte ni tan siquiera uno. Estarás simplemente atento a ellos en cada momento. Tu mindfulness se volverá tan fuerte que tendrás la impresión de que se precipita sobre el objeto que surge. Parecerá que el objeto cae en la mente que observa. La mente que conoce conocerá también de forma clara y diferenciada cada uno de los objetos individuales que surjan. Puedes incluso llegar a pensar: «Los fenómenos surgen y se desvanecen de forma instantánea; su aparición y desaparición es muy rápida, como una máquina que va a toda velocidad. Sin embargo, soy capaz de percibirlos todos en cada preciso momento. No siento que me esté perdiendo nada, o que haya alguna cosa más de la que deba ser consciente». Este es el conocimiento de *vipassanā* que experimentamos personalmente, un conocimiento que antes ni tan siquiera habríamos sido capaces de soñar.

Distracciones en el camino

Debido al *momentum* del conocimiento de *vipassanā* es muy probable que veas una luz brillante, o que experimentes un interés ardiente y entusiasta como resultado de estar realmente contento tanto con la mente que observa como con los objetos observados. Puede que se te ponga la piel de gallina, que sientas una lágrima caer por tu mejilla, o que sientas que tu cuerpo tiene sacudidas. El meditador puede experimentar una sensación «como de caer asido por un cable elástico y quedar rebotando y suspendido de forma alterna». Normalmente confundimos esta sensación con una sensación de mareo, o una sensación de ligereza y confort que se mueve por todo el cuerpo con lentitud, igual que cuando te balanceas en una hamaca. Puede que experimentes una paz tranquila que te hará sentir en calma ya estés sentado, reclinado, de pie, o en cualquier otra postura. Tanto la mente como el cuerpo se volverán tan ligeros, dúctiles y flexibles debido a esta cualidad de ligereza que te sentirás cómodo incluso durante períodos largos sentado o reclinado, sin dolor, calor o rigidez alguna.

En este momento, la mente que observa y los objetos observados fluyen de forma concurrente y armoniosa. Tu actitud mental se vuelve sencilla, clara y directa. Tu mente evita actividades perjudiciales y se vuelve extremadamente clara debido a que tu fe y confianza son fuertes. A veces, esta claridad mental puede durar un largo período de tiempo, incluso cuando no hay un objeto que observar. A medida que tu confianza se fortalece, quizá consideres: «Realmente, es verdad que el Buda lo sabía todo». O: «Realmente, no hay nada más que impermanencia, insatisfacción y ausencia de personalidad en los fenómenos mentales y materiales». Mientras observes, verás con frecuencia, con mucha claridad, el surgir y desaparecer de los fenómenos mentales y materiales, así como su impermanencia y su incapacidad para satisfacer y, seguramente, tendrás el pensamiento de animar a otros a practicar. Sin demasiado esfuerzo y libre de pereza, se manifestará un esfuerzo equilibrado. Parecerá que los objetos se dan a conocer por su propia voluntad y la ecuanimidad de la *vipassanā* (*vipassanupekkhā*) comenzará a aparecer en nosotros. Es probable que el meditador experimente un grado inusual de felicidad y deleite muy fuertes y que sienta excitación por contárselo a todo el mundo.

Puede que al meditador le guste alguna de las experiencias agradables que le ocurren: la luz brillante, el fuerte mindfulness, la comprensión de *vipassanā*, el interés gozoso, etcétera. Esto le hará pensar: «¡Esta práctica es extremadamente agradable!». Puede que disfrutes realmente de la práctica, pero no pierdas el tiempo disfrutando de la luz brillante y de otras experiencias agradables. En lugar de eso, siempre que surjan, anótalas como «luminosidad, conocimiento, considerar, venerando, felicidad, gustar, deleite», entre otras, de acuerdo con la experiencia que tengas en ese momento.

Si eres consciente de la luminosidad, anótala como «luminoso, luminoso». Si crees que la ves, anótala como «viendo,

viendo» hasta que desaparezca. Puede que con frecuencia te olvides de prestar atención a la luz brillante y otras experiencias agradables debido a que te sientes muy feliz por estarlas experimentando. Aunque le prestes atención, puede que la luz no desaparezca muy deprisa porque te estás deleitando en ella. Solo cuando la hayas experimentado muchas veces serás capaz de observarla con suficiente maestría como para que desaparezca con rapidez. Para algunos meditadores, la luz es tan poderosa que incluso si le prestan atención por largo tiempo, no desaparece. Permanece. En tal caso ignora por completo la luz y dirige tu atención a algún otro fenómeno mental o material. No pienses en si la luz es todavía brillante. Si lo haces, descubrirás que todavía lo es. Cualquier pensamiento acerca de esta luz debe ser observado de manera tan precisa que seas consciente de él de forma muy clara y firme.

Dado que tu concentración se habrá hecho muy fuerte, pueden surgir otros objetos poco usuales, además de la luz brillante, si inclinas tu mente hacia ellos. No dejes que la mente se incline de esta manera. Si lo haces, préstales atención rápidamente hasta que desaparezcan. Algunos meditadores ven varios tipos de formas y siluetas pálidas surgir una tras otra, como los vagones del tren enganchados uno tras otro. Si te sucede esto, anótalo como «viendo, viendo». Con cada observación, un objeto desaparecerá. Si tu *vipassanā* se debilita, las formas y siluetas tenderán a hacerse más marcadas. Pero si las observas cuidadosamente, cada objeto desaparecerá justo ahí, tan pronto como sea observado, y finalmente dejarán de venir.

Deleitarse en la luz brillante y en otros tipos de experiencias placenteras es estar en el camino desviado. El camino correcto de la *vipassanā* es simplemente continuar observando, continuar prestando atención. Si te acuerdas de esto y continúas observando los fenómenos mentales y materiales que realmente surgen, tu capacidad de ser consciente crecerá más y más en claridad. Verás con claridad el repentino aparecer y desaparecer de un fenómeno. Cada vez que observes, verás surgir y desaparecer de inmediato cada objeto. Un meditador ve con claridad que cada ocurrir sucesivo es diferente uno de otro, que se deshacen gradualmente y cesan. Así que cada objeto observado te ayuda a experimentar directamente con comprensión la impermanencia, la cualidad insatisfactoria y la ausencia de ser.

Tras practicar por un tiempo, puede que el meditador se sienta satisfecho con su práctica y tome un descanso de vez en cuando pensando: «La cosa no puede ir a mejor. No puede haber nada más especial que experimentar». Pero no debes relajarte cada vez que te apetezca. En lugar de eso, debes practicar haciendo que los períodos sin tomar descansos sean cada vez más y más largos.

Desaparición

Cuando el conocimiento de *vipassanā* se desarrolle hacia el siguiente estadio, ya no verás el surgir de los objetos, simplemente los verás desaparecer; pensarás que desaparecen a una velocidad cada vez mayor. Un meditador también verá que tanto los objetos observados como la mente que es consciente de ellos desaparecen uno detrás de otro. Cuando, por ejemplo, prestes atención al ascenso del abdomen, verás con claridad cómo los diminutos movimientos de ascenso desaparecen instantáneamente y cómo la mente, que es consciente de ellos, también se desvanece con mucha rapidez. Así que verás cómo los momentos del movimiento de ascenso y tu consciencia de esos movimientos desaparecen uno tras otro. También verás esto con claridad en lo que respecta al resto de objetos. Sucede así con el descenso del abdomen, sentarse, flexionar, estirarse, rigidez, entre otros –cada objeto y tu darte cuenta de él desaparecen en cada momento, uno tras otro–. Algunos meditadores descubren incluso que hay tres cosas surgiendo y desvaneciéndose de forma secuencial: un objeto de los sentidos, la consciencia asociada y su darse cuenta de esa misma consciencia. Pero basta con observar que los objetos y la mente que es consciente de ellos desaparecen a pares.

Cuando la observación se haga lo suficientemente clara como para que puedas ver tanto los objetos de los sentidos como tu consciencia de ellos desapareciendo a pares, perderás el sentido conceptual de la forma o contorno, como pueden ser la forma de tu cuerpo, la cabeza, los brazos o las piernas. Experimentarás solo la desaparición instantánea de los fenómenos. Como resultado, puedes pensar que tu práctica se ha vuelto superficial, que no es tan buena como antes, o que hay muchos huecos en tu observación, pero no es así. Solo sucede que la mente se deleita de forma natural en conceptos de forma sólida y no puede sentirse confortable cuando estos conceptos están ausentes.

En cualquier caso, esta condición es una indicación de progreso en la práctica. Al principio, cuando tu práctica de meditación es todavía inmadura, percibes conceptos acerca de la forma sólida o el contorno cuando prestas atención a ver, escuchar, tocar, etcétera. Ahora bien, en el nivel actual de la meditación *vipassanā* percibes primero la desaparición instantánea de los fenómenos. En otras palabras, experimentas el conocimiento de *vipassanā* de la disolución primero; y el sentido de forma sólida solo volverá a estar presente cuando lo evoques deliberadamente. En caso contrario, debido a una observación ininterrumpida, tu atención permanecerá afinada con la realidad última de la disolución de los fenómenos, y así podrás verificar la verdad de los proverbios de los sabios de la antigüedad:

> Cuando la realidad convencional emerge, la realidad absoluta se sumerge. Cuando la realidad absoluta emerge, la realidad convencional se sumerge.

Aunque en este momento tu capacidad de ser consciente es extremadamente clara, parecerá que hay huecos entre los momentos sucesivos de los que eres consciente. Esto sucede porque estás comenzando a ser consciente del continuo vital que ocurre entre los procesos cognitivos (*vīthi*). Por ejemplo, cuando seas consciente de una intención de flexionar y extender el brazo, encontrarás que el movimiento de flexión o extensión parece retardarse durante un tiempo. Esto significa que tu mindfulness, tu capacidad de ser consciente, se ha vuelto poderoso y penetrante. En este caso, debes también observar cualquier objeto evidente que surja con claridad en alguna de las seis puertas de los sentidos.

Cuando tu práctica gane *momentum* gracias a prestar atención a los objetos principales, tales como el ascenso y descenso del abdomen o sentarse, deberás observar cualquier objeto obvio que surja, como pueden ser las sensaciones en otras partes del cuerpo, ver, oír, etcétera. Si tu mindfulness se hace menos preciso o certero cuando observas de este modo, o si los pensamientos comienzan a interferir, o si te sientes exhausto, simplemente vuelve a prestar atención a los objetos principales: ascenso, descenso, sentado, etcétera. Cuando, al cabo de un rato, tu práctica gane *momentum* de nuevo, vuelve a observar cualquier cosa que surja. Un meditador debe permitir que su práctica funcione de este modo parte del tiempo.

Cuando seas capaz de ampliar, sin un esfuerzo excesivo, el rango de objetos que notes y observes, verás con claridad que cualquier cosa que ves u oyes desaparece instantáneamente y que dos momentos consecutivos no están conectados, sino que son unidades separadas. Esto es «comprender las cosas como realmente son». Como resultado, sin embargo, puede que veas las cosas difusas o borrosas cuando las mires. Es probable que te preocupe: «Me parece que algo en mis ojos no va bien, veo las cosas borrosas». Pero, de hecho, no hay nada en tus ojos que no funcione. Es solo que tu capacidad de ser consciente discierne ahora cada momento individual de ver de forma separada y eso hace que la forma conceptual se desdibuje.

En este momento también sucede lo siguiente: incluso si el meditador intenta dejar de practicar, seguirá siendo consciente de los fenómenos mentales y materiales. Puede incluso que no seas capaz de dormir cuando lo intentes y, por el contrario, te mantengas alerta y despierto de día y de noche. No hay necesidad de preocuparse por ello, pues no te generará ningún problema de salud. Un meditador debe simplemente continuar practicando con energía. Cuando tu *vipassanā* se vuelva suficientemente fuerte, parecerá que tu mindfulness penetra los objetos.

Desencanto

Cuando comprendas de forma profunda que tanto los objetos que observamos como la mente que los observa desaparecen instantáneamente, considerarás, probablemente, lo siguiente: «No hay nada que dure más que el tiempo que se tarda en pestañear o que el resplandor de un rayo. Está claro que son impermanentes. Antes desconocía por completo este hecho. Era ignorante. Cualquier cosa que sucedió en el pasado también ha desaparecido de este modo. Todo lo que pase en el futuro desaparecerá también de este modo». Sé consciente de estas reflexiones.

Puede que, ocasionalmente, también consideres hasta qué punto los fenómenos son inestables y se desvanecen incesantemente: «Está claro, somos capaces de disfrutar debido a la ignorancia. Experimentar directamente y darse cuenta de que los fenómenos desaparecen de forma instantánea es realmente terrorífico. Cada vez que desaparecen puede ser el momento de mi muerte. Haber llegado a existir y tener que continuar existiendo de forma indefinida es realmente horrible. Es espantoso tener que hacer un esfuerzo tan grande para lograr una posición acomodada en un lugar donde todo se desvanece constantemente. Es horrible que estos fenómenos que desaparecen de forma instantánea continúen ocurriendo ahora y en una nueva vida. Es realmente aterrador que todos estemos sujetos a situaciones como envejecer, la enfermedad, la muerte, la angustia, la preocupación y el lamento, entre otras». Sé consciente de estos estados mentales de reflexión, sin omitir tan siquiera uno.

En este estadio de la práctica, el meditador se siente, por lo general, impotente, abatido y lánguido, pues está aterrado por el hecho de que los fenómenos mentales y materiales se desintegren a semejante velocidad. No tiene entusiasmo o gozo y tiende a sentirse triste. No hay necesidad de preocuparse. Esto indica que tu práctica mejora de acuerdo con el desarrollo habitual del proceso de meditación. Todo lo que necesitas hacer es permanecer ecuánime observando cualquier consideración, así como otros objetos que surjan. Si lo haces, superarás este estadio rápidamente. De otro modo, si el meditador queda atrapado por largo tiempo en estas reflexiones mientras siente desagrado, puede quedar tan aterrado que no sea capaz de soportarlo. Este tipo de miedo basado en lo desagradable no es conocimiento de *vipassanā*. Por eso debes observar sin omitir nada, para que el miedo que está basado en lo desagradable no pueda surgir.

Entre cada momento de observar puedes encontrar pensamientos que encuentren faltas, tales como: «Estos fenómenos mentales y materiales no son beneficiosos porque se desvanecen constantemente y no duran. Es deprimente ver cómo han surgido de forma continua desde el comienzo de esta vida sin llegar nunca a acabarse. Es deprimente ver cómo crean todo tipo de formas y contornos aunque en realidad no existen. Luchar y esforzarse para lograr felicidad y bienestar es algo miserable. Una nueva existencia no es algo deseable. Es deprimente estar sujeto a envejecer, a la enfermedad, la muerte, la angustia, la preocupación y el lamento. Todo esto es sufrimiento y no contiene paz». No debes olvidarte de observar este tipo de consideraciones.

A veces parecerá que cada fenómeno que observes y cada mente que observa es terrible, dura, inútil, repugnante, podrida, decadente y frágil. En momentos así, aunque prestes atención a los fenómenos mentales y materiales en el momento en el que surgen, ya no te sentirás complacido con ellos. Verás con claridad cómo se desvanecen cada vez que eres consciente de ellos, pero no serás tan entusiasta con esto como lo eras antes. Por el contrario, te sentirás cansado de los fenómenos y, como resultado, te volverás perezoso con la observación, pero no podrás evitar continuar siendo consciente de lo que sucede. Es como si te obligaran a viajar por una carretera sucia y asquerosa, donde cada paso hace que surja desagrado y desencanto.

Así que, cuando tomes en consideración la vida humana, comprenderás que no puede existir sin este incesante desvanecerse de los fenómenos mentales y materiales. Por eso, no verás nada deleitable en convertirte en un hombre, una mujer, un rey, una persona rica o un ser celestial; en lugar de ello, estas situaciones te traerán desencanto y desilusión.

Buscando alivio

Como te sientes tan cansado de los fenómenos cada vez que eres consciente de uno, parecerá que la mente está luchando por escapar de ellos. Con el deseo de liberarse de los fenómenos condicionados, un meditador puede pensar: «Sería genial que no hubiera ver, oír, tocar, pensar, sentarse, levantarse, flexionar, estirar, y demás. Ojalá pudiera escapar de estas cosas o ir a algún sitio donde no existieran». No olvides observar todos estos pensamientos.

En otras ocasiones, el meditador puede preguntarse: «¿Qué puedo hacer para escapar de estos fenómenos? Cuando continúo observándolos parece que contemple deliberadamente algo miserable. Todo lo que anoto es detestable. Sería genial no tener que ser consciente de ellos en absoluto». Por supuesto, también debes ser consciente de estos estados de autocuestionamiento y de reflexión.

En este momento, basándose en tales consideraciones, algunos meditadores intentan dejar de observar y abandonar la práctica. Pero los fenómenos mentales y materiales, como ver, oír, conocer, ascenso y descenso del abdomen, sentarse, flexionar, estirar o pensar, no van a parar de surgir, van a continuar apareciendo siempre. Continúan siendo evidentes para los meditadores como resultado de su práctica intensiva de *vipassanā*. Ser conscientes de los fenómenos continúa simplemente por su propia cuenta. Esto animará al meditador que considerará: «De todos modos, incluso cuando no estoy intentando ser consciente, continúo siendo consciente de los fenómenos que surgen; continúo siendo consciente de ellos. Así pues, simplemente evitar la práctica no me va a liberar de ellos. Solo cuando preste atención a estos fenómenos tal como son, y experimente directamente con comprensión sus tres características, dejaré de preocuparme por ellos y seré capaz de observar con ecuanimidad. Esto es lo que me llevará a la experiencia del *nibbāna*, donde nada de esto existe. Solo entonces experimentaré y comprenderé directamente la liberación». Cuando seas capaz de valorar tu propia experiencia de esta manera, continuarás adelante con tu práctica. Algunos meditadores no llegan a esta conclusión por sí mismos. Sin embargo, cuando el maestro ayuda al estudiante a entender la experiencia que está viviendo, los estudiantes pueden continuar con su práctica.

Algunos meditadores experimentan dolores insoportables cuando su práctica logra este tipo de *momentum*. No desesperes. De hecho, las verdaderas características de las sensaciones desagradables se están manifestando como dolor (*dukkhato*), enfermedad (*rogato*), una úlcera (*gaṇḍato*), un pincho (*salla-*

to), algo sin provecho (*aghato*), o aflicciones (*ābādhato*), entre otras. Observa el dolor hasta que puedas superarlo.

Aquellos que no encuentran un dolor severo pueden experimentar alguna de las cuarenta cualidades de la impermanencia, de lo insatisfactorio, o de la ausencia de un ser en cualquier momento en el que observen. Aunque su práctica vaya bien y sus pensamientos no vagabundeen, tenderán a pensar que su práctica no es buena, o sentirán que los objetos y la mente que es consciente de ellos no son concurrentes. El hecho es que te sientes tan ansioso por experimentar directamente con completa comprensión la naturaleza impermanente, insatisfactoria y carente de un ser de los fenómenos mentales y materiales que no puedes sentirte satisfecho con tu práctica. Como resultado, cambias con frecuencia de postura. Por ejemplo, cuando estás sentado sientes que quieres caminar, cuando estás caminando sientes que quieres sentarte de nuevo. Te sientes agitado y quieres resituar brazos y piernas, moverte a otro lugar o estirarte. No puedes lograr mantenerte durante un tiempo muy largo en el lugar que ocupas, o en la postura en la que estás, y vas cambiando. ¡No te sientas frustrado!

El meditador no tiene satisfacción porque comprende correctamente que no hay fenómenos mentales y materiales condicionados que puedan generar agrado. En ese momento, crees que tu observación no es buena. Todavía no eres capaz de tomar consciencia con ecuanimidad. Sin embargo, cuando alcances el siguiente estadio de la *vipassanā*, el conocimiento de ecuanimidad hacia las formaciones, serás capaz de observar con ecuanimidad. Da lo mejor de ti para practicar sin cambiar de postura constantemente y para permanecer en la misma postura durante largo tiempo. Al cabo de poco, serás capaz de practicar con calma de nuevo. Si practicas con paciencia y persistencia, tu mente será cada vez más y más clara hasta que la agitación y la insatisfacción desaparezcan.

Ecuanimidad

Finalmente, tu meditación *vipassanā* se fortalecerá lo suficiente como para que estés ecuánime sin esfuerzo en relación con los fenómenos mentales y materiales condicionados. La mente que observa se volverá tan clara y sutil que tu atención parecerá fluir por sí misma, con facilidad. El meditador será incluso capaz de percibir actividades mentales y materiales muy sutiles sin esfuerzo alguno, y verá su naturaleza impermanente, insatisfactoria y carente de un ser sin tener que considerar acerca de ello.

Si el meditador toca puntos en diferentes lugares del cuerpo, será consciente únicamente de una sensación de tacto tras otra, pero no será consciente de una forma física o de un contorno. Las sensaciones de tacto serán muy sutiles, como el contacto de una mota de algodón. A veces sentirás tantas sensaciones diferentes en el cuerpo que tu atención se moverá muy rápido por todo él. A veces sentirás como si tanto la mente como el cuerpo se estuvieran moviendo hacia arriba. En otras ocasiones, solo se harán obvios unos pocos objetos habituales y serás capaz de observarlos con calma y constancia.

A veces, el ascenso, descenso, tocar, oír, entre otros, junto con la totalidad del cuerpo, desaparecerán y solo serás consciente de la mente que surge y se desvanece. Puede que experimentes un gozo que te hace sentir como si te bañaras en una ducha fresca. O puede que experimentes calma o una luz clara como el cristal o como un cielo brillante. Aunque el meditador, al contrario que antes, no se deleite de forma desmedida en tales experiencias, es posible que se aferre a ellas. Además de ser consciente del gozo, la tranquilidad o la luz clara, observa también cada vez que surge apego. Si estas experiencias persisten, ignóralas y presta atención a otros objetos.

En este nivel de meditación *vipassanā*, el meditador comprende cada objeto y la mente que los observa y entiende lo siguiente: «Estos fenómenos no son yo o no son míos, y tampoco son nadie ni son de ningún otro. Son solo fenómenos condicionados mentales y materiales. Fenómenos condicionados observando fenómenos condicionados». En ese momento, observar objetos se convierte en algo muy agradable, como probar un sabor. No importa cuánto rato practiques, no sentirás gratificación, ni sentirás sensaciones desagradables, como rigidez, entumecimiento, dolor o picor; y, por ello, tu postura de meditación se volverá muy estable. Serás capaz de mantener con facilidad la posición de tu cabeza, cuerpo, brazos y piernas, y serás capaz de practicar durante dos o tres horas en una misma postura, sentado o reclinado, sin cansarte o sin sentir rigidez. El tiempo pasa con tanta rapidez que dos o tres horas parecerán un simple momento.

A veces, la mente que observa se volverá muy rápida y tu observación será particularmente buena. Si comienzas a sentirte ansioso por lo que está sucediendo, anótalo como «ansioso, ansioso». Si comienzas a pensar que tu práctica mejora, anótalo como «evaluando, evaluando». Si comienzas a hacer previsiones sobre tu progreso en el conocimiento de la *vipassanā*, anótalo como «anticipando, anticipando». Después, vuelve a prestar atención a los objetos habituales.

En este estadio, no debes ni aumentar ni disminuir tu energía. Algunos meditadores ven como su capacidad de ser conscientes disminuye o se dispersa porque no son capaces de observar estados mentales, como ansiedad, excitación, apego o anticipación. Algunos meditadores sienten tal entusiasmo que aumentan su energía. Paradójicamente, esto les lleva a un declive en su práctica porque las mentes distraídas de la ansiedad, la excitación, el apego o la anticipación les llevan lejos de la *vipassanā*. Por eso, cuando tu atención se vuelve rápida y tu observación se vuelve especialmente buena, debes mantener tu práctica continua y firme, sin aumentar ni disminuir la energía. Utilizando este enfoque, tu práctica te llevará directamente al *nibbāna*, donde todos los fenómenos condicionados cesan.

Sin embargo, el meditador experimentará muchas fluctuaciones en su práctica en este estadio de la meditación *vipassanā*. No te desanimes. Sé persistente. Debes dar prioridad a los objetos que surgen en las seis puertas de los sentidos en el momento en el que aparecen y a ampliar tu consciencia para ser consciente de cualquier cosa que surja en cualquier parte del cuerpo. Ahora bien, es imposible observar de este modo cuando tu práctica se vuelve muy sutil y continua. Así pues, una vez que tu práctica gane *momentum*, antes de que se haga demasiado sutil, observa objetos sin poner límite alguno. Si anotas los objetos con cuidado, ya sea «sube», «baja», «sentado» u otra actividad mental o material, tu práctica no tardará mucho en ganar *momentum*. Entonces, tu capacidad de ser consciente fluirá sin obstáculos, como si lo hiciera por sí misma, sin mucho esfuerzo. El meditador percibe con calma y claridad los fenómenos condicionados que desaparecen instantáneamente.

En ese momento, tu mente no será vulnerable a ningún tipo de tentación o interferencia. No importa cuán atractivo sea un objeto, no será capaz de cautivar tu mente. Del mismo modo, no importa cuán aborrecible sea un objeto, tampoco será capaz de influenciar tu mente. Un meditador simplemente percibe ver como ver, oír como oír, oler como oler, saborear como saborear, tocar como tocar y conocer como conocer. Así que los «seis aspectos de la ecuanimidad» o la ecuanimidad en relación con los seis sentidos, aparecerá cada vez que prestes atención. Ni tan siquiera aparecerán pensamientos o consideraciones como: «¿Cuánto tiempo he estado sentado? ¿Qué hora es?». Estos pensamientos, junto con las reflexiones y consideraciones previas, habrán cesado.

Sin embargo, si tu conocimiento de *vipassanā* no es lo suficientemente maduro como para producir el del camino noble, tras una, dos o tres horas, tu concentración se debilitará y la mente comenzará a distraerse. Entonces puede que la mente que observa afloje y que haya huecos entre medio. Por otro lado, si la mente que observa se vuelve rápida y especialmente buena, puede que seas demasiado entusiasta y que comiences a esperar algo de tu progreso. Esto también puede llevar a un debilitamiento. Si eres consciente de estos estados mentales de evaluación, anticipación o excitación sin omisión alguna, entonces tu práctica se fortalecerá.

Pero si tu conocimiento de *vipassanā* todavía no está suficientemente maduro, tu práctica finalmente decaerá. Así pues, la práctica puede fluctuar mucho en ese momento. Aquellos que conocen o han oído hablar de los estadios de los conocimientos de *vipassanā* puede que encuentren aun más fluctuaciones. Por eso es mejor no conocer de antemano cómo evolucionan los conocimientos de *vipassanā*. Ante cualquier circunstancia, no te desanimes. Estas fluctuaciones indican que tu conocimiento de *vipassanā* está muy cerca del conocimiento del camino y del conocimiento del fruto. Una vez que las facultades de confianza, energía, mindfulness, concentración y sabiduría están en armonía puedes realizar el camino, el fruto y el *nibbāna* en cualquier momento.

La experiencia del *nibbāna*

Estas fluctuaciones en los conocimientos de *vipassanā* son como los pájaros que vuelan desde un barco: en la antigüedad, cuando los marineros no sabían dónde estaba la tierra firme más cercana, enviaban un cuervo que llevaban con ellos durante el viaje. El pájaro volaba en todas las direcciones buscando la orilla más cercana. Cuando no podía encontrar una orilla cercana, el pájaro volvía al barco; pero cuando avistaba tierra, volaba directamente hacia allí. Del mismo modo, cuando tu *vipassanā* no es lo suficientemente fuerte para lograr el conocimiento del camino experimentando de manera directa y comprendiendo el *nibbāna*, retrocede una y otra vez –esto quiere decir que habrá espacios o huecos en tu observación–. Pero cuando tu conocimiento de *vipassanā* es lo suficientemente maduro y tus cinco facultades mentales están en armonía, durante al menos tres o cuatro momentos, verás los fenómenos mentales y materiales surgir y desvanecerse con una creciente rapidez y claridad. Entonces, inmediatamente después de prestar atención a un objeto obvio de alguno de los seis tipos de fenómenos condicionados mentales y materiales,[224] lograrás el camino y el fruto mientras experimentas el *nibbāna* como el cese tanto de los objetos que observas como de la mente que es consciente de ellos.

Aquellos que logran este estado interior experimentan claramente una aceleración de la atención previa a este logro. También experimentan con claridad que todos los objetos condicionados son abandonados tras un último momento de observar y que la mente toma el *nibbāna*, el cese de todos estos objetos condicionados, como su objeto. Los meditadores describen esta experiencia de diferentes maneras. Aquí vemos algunos ejemplos:

«Tanto los objetos como la mente que es consciente de ellos fueron cortados y detenidos de forma abrupta».

«Los objetos y la mente que anota fueron cortados, como cuando cortas una parra trepadora».

«Vi como los objetos y la mente que los anota caían, como quien deja caer una pesada carga».

«Los objetos y la mente que es consciente de ellos parecen caer, como si perdiera contacto con ellos».

«Me alejé de los objetos y de la mente que los observa, como si de pronto me alejara de una prisión».

«Los objetos y la mente que los observa desaparecen súbitamente, como la luz de una vela cuando soplas la llama y se apaga».

«Los objetos y la mente que los observa desaparecen de forma repentina, como si de repente emergieras de las tinieblas a la luz».

«Emergí de los objetos y de la mente que se da cuenta de ellos como si de repente emergiera del desorden hacia un espacio claro».

«Descubrí que tanto los objetos como la mente que los anota se sumergían, como si se hundieran en el agua».

«Tanto los objetos como la mente que observa pararon de forma abrupta, como el correr de una persona que entra en una calle sin salida».

La experiencia del cese de los fenómenos condicionados mentales y materiales no dura mucho tiempo. Es tan breve como un momento individual de observación. Después, uno rememora el suceso: «El cese de los objetos y de la mente que los observa que acabo de experimentar debe haber sido, o bien algo especial, o bien el camino y el fruto, y el *nibbāna*». Aquellos con conocimientos de las escrituras quizá consideren lo siguiente: «El cese de los fenómenos condicionados mentales y materiales es el *nibbāna*. Lo que he realizado mientras experimentaba el cese son el conocimiento del camino y el conocimiento del fruto. He realizado el *nibbāna* y he logrado el camino y el fruto del primer estadio del despertar». Este tipo de consideraciones tienden a surgir de forma sistemática y rigurosa en aquellos que han escuchado cómo es experimentar el cese de los fenómenos condicionados mentales y materiales. Estas personas también tienden a considerar qué distorsiones mentales han sido eliminadas y cuáles no.

Tras estas revisiones, los meditadores vuelven a prestar atención a los fenómenos mentales y materiales como de costumbre. En este momento, el surgir y desvanecerse de los fenómenos es bastante burdo y, por ello, es obvio. Son claramente conscientes del principio y del final, o del surgir y desvanecerse de los fenómenos. Así que pueden pensar que de nuevo hay huecos en su observación, o que su práctica ha decaído. Esto, de hecho, es cierto. Han vuelto al conocimiento de *vipassanā* del surgir y desaparecer. Por consiguiente, podrán experimentar de nuevo luces brillantes e imágenes, como es normal en este estadio. Algunos meditadores pueden descubrir que la mente que observa de pronto no es concurrente con los objetos que observa, como sucedía en los primeros estadios de la práctica.

También pueden encontrar momentos en los que experimentan varios tipos de sensaciones desagradables.

La mente de la mayoría de los meditadores, sin embargo, permanece clara en cada momento. En este estadio estarán muy calmos, como si sus mentes estuvieran flotando a solas en el espacio, pero no serán capaces de ser conscientes de este estado mental. Incluso si intentaran prestarle atención, no serían capaces de ser conscientes de él de manera efectiva. No querrán contemplar nada más y no serán capaces de contemplar otros objetos. Su mente está simplemente clara y en paz. De forma gradual, este estado claro de la mente se hará más y más débil. Entonces, si continúan observando, serán capaces de ver de nuevo con claridad el surgir y desvanecerse de los fenómenos. Pasado un tiempo volverán a un estado de observación muy sutil y, si su *vipassanā* es suficientemente fuerte, entrarán de nuevo en el cese de los fenómenos, tal como hicieron anteriormente. Puede que experimenten esto de forma repetida, dependiendo de la fuerza, tanto de su concentración como de su conocimiento de *vipassanā*. Hoy en día, muchos alcanzan repetidamente el primer conocimiento del fruto que ya han experimentado, porque su objetivo principal solo es lograr el primer camino y fruto. Así es como se logra el fruto del primer estadio del despertar a través de los estadios de *vipassanā* sucesivos.

La actitud mental de aquellos que han logrado el camino y el fruto no es la misma que antes. Es tan especial que se sienten como si hubieran renacido. Su confianza se vuelve extremadamente fuerte y, como resultado, experimentan una calma y un gozo muy profundos. También la felicidad surge con frecuencia de manera espontánea. A veces, los factores mentales de la confianza, del interés gozoso, de la calma y de la felicidad pueden ser tan fuertes que inmediatamente después de haber logrado el camino y el fruto, los objetos no puedan distinguirse muy bien aunque los meditadores los observen. Sin embargo, tras unas horas o unos días, esos factores mentales se debilitarán y serán capaces de distinguir los objetos de nuevo, de modo que la práctica volverá a mejorar.

Tras lograr el camino y el fruto, algunos meditadores se sienten aliviados y son reacios a seguir observando, o se sienten inmediatamente satisfechos. Una satisfacción así surge probablemente porque la motivación inicial era solo lograr el conocimiento del camino y el fruto del camino. Si desean realizar y experimentar de nuevo la paz del *nibbāna* por medio del fruto que acaban de lograr, deben prestar atención a los fenómenos presentes como de costumbre.

Entrar en el fruto

El primer conocimiento de *vipassanā* que los meditadores ordinarios encuentran en el transcurso de la meditación *vipassanā* es el conocimiento de *vipassanā* que distingue los fenómenos mentales y materiales. Ahora bien, los meditadores con conocimiento del camino y conocimiento del fruto experimentarán primero el conocimiento de *vipassanā* del surgir y desaparecer. Así pues, si el conocimiento del surgir y desaparecer es el primero en ocurrir cuando estás observando los fenómenos, pronto vendrá seguido de los conocimientos de *vipassanā* sucesivos más elevados, hasta la ecuanimidad hacia los fenómenos, que es el mejor y más sutil de los conocimientos. Cuando este conocimiento es lo suficientemente fuerte, la mente, tal como hizo con anterioridad, trasladará su atención al *nibbāna*, el cese de todos los fenómenos condicionados, y el proceso mental del fruto aparecerá.

Si no determinas de antemano el período de tiempo para esta absorción en el fruto, puede que dure tan solo unos pocos segundos, o un período de tiempo bastante largo –cinco, diez o quince minutos, media hora o una hora–. Los comentarios dicen que puede durar incluso todo un día y una noche, o el período que hayas determinado. Hoy en día, también podemos encontrar meditadores con una concentración fuerte y con una *vipassanā* penetrante que son capaces de absorberse en el fruto durante largos períodos de tiempo, como pueden ser una, dos o tres horas, o por el período que hayan determinado previamente, tal como se describe en los comentarios. Incluso cuando no hay necesidad de hacerlo, si determinas previamente que la absorción del fruto debe terminar, emergerás con facilidad. En los casos de tiempos tan largos en absorción, sin embargo, puede haber intervalos donde hay reflexión y surgen consideraciones. Si anotas estas consideraciones cuatro o cinco veces, la mente volverá a absorberse en el fruto de nuevo. De este modo, puede que experimentes la absorción del fruto durante horas.

Durante la absorción en el fruto, la mente está completamente absorbida en su objeto, el *nibbāna*, el cese de todos los fenómenos condicionados. No percibe nada más. El *nibbāna* es completamente diferente de los fenómenos condicionados mentales y materiales y de los objetos conceptuales que pertenecen a este mundo o a cualquier otro. Así que no puedes recordar este mundo (por ejemplo, tu propio cuerpo) o cualquier otro durante la absorción en el fruto. Además estás libre de todos los pensamientos. Incluso si alrededor nuestro hay objetos obvios que podamos ver, escuchar, oler, tocar, etcétera, no seremos conscientes de ellos. Tu postura corporal también será firme y estable mientras estás absorbido, incluso si es durante largos períodos de tiempo. Por ejemplo, si estás sentado cuando te absorbes en el fruto, mantendrás esa postura sentada sin balancearte, sin encorvarte o sin cambiarla de ninguna manera. Como dicen los textos pali:

> Los [impulsos] de la absorción también sostienen la postura del cuerpo.[225]

Cuando el proceso mental de la absorción en el fruto termina, puede que el primer objeto que experimentes sea el recuerdo del cese o de la absorción en ese cese, algún tipo de imagen visual o simplemente un pensamiento. Entonces, consecuentemente, el proceso de observación habitual, la luminosidad o las consideraciones aparecerán. Al comienzo, tras emerger de la absorción en el fruto, solo serás capaz de ser consciente de los objetos obvios de forma intermitente. Sin embargo, también puede haber momentos en los que seas capaz de ser consciente de los objetos sutiles de forma continua inmediatamente después del proceso del fruto. Esto sucederá cuando tu *vipassanā* sea fuerte. Recuerda que la determinación de entrar en el fruto de forma rápida o de absorberse por largo tiempo debe hacerse antes de comenzar a prestar atención. Mientras observas, no debes pensar en ello.

Cuando tu *vipassanā* todavía no tenga la suficiente fuerza para que te absorbas en el fruto, experimentarás piel de gallina, bostezos, sacudidas y respiraciones profundas, seguidas de una observación intermitente. En otras ocasiones, cuando tu capacidad de darte cuenta mejore, puedes desarrollar excitación, pensando que el *nibbāna* está cerca. Pero, como resultado, tu observación se volverá discontinua, así que no debes albergar tales pensamientos. Si surgen, obsérvalos de forma precisa y meticulosa. Algunos meditadores encuentran fluctuaciones de este tipo un gran número de veces antes de ser capaces de entrar en la absorción del fruto. Incluso entonces, si tu concentración y tu conocimiento de *vipassanā* son todavía débiles, puede llevarte un tiempo lograr el estado del fruto, o puede que no seas capaz de permanecer en él durante mucho tiempo.

Clarificando los conocimientos de vipassanā

A veces, los conocimientos de *vipassanā* del miedo, peligro, desencanto y deseo por la liberación no son claros porque no los has experimentado durante mucho rato. Si quieres experimentarlos de forma clara y precisa, debes determinar un período de tiempo para cada conocimiento de *vipassanā*. Por ejemplo, para establecer un tiempo límite cuando practicas puedes tomar la siguiente determinación: «Que el conocimiento del surgir y desvanecerse dure media hora», entonces este conocimiento de *vipassanā* ocurrirá durante este período pero no más. Después, el conocimiento de *vipassanā* siguiente, el de disolución, ocurrirá de forma automática, ya que solo verás cómo los fenómenos se disuelven. Si, en cambio, este conocimiento no ocurriera de forma espontánea, debes determinar que surja. Entonces estará presente durante este período y el siguiente conocimiento de *vipassanā* superior le seguirá de forma espontánea. Procede de este modo, en orden, con todos los conocimientos de *vipassanā*.

Si tu práctica no se mueve de forma automática al siguiente conocimiento de *vipassanā* después de obtener la maestría en el actual nivel de conocimiento, debes determinar que surja. Así, tras lograr el conocimiento de *vipassanā* de la disolución, determina: «Que el conocimiento del miedo surja». Ese conocimiento ocurrirá entonces. Cuando estés satisfecho con él, resuelve: «Que el conocimiento del peligro surja». Entonces experimentarás este conocimiento viendo el peligro en los fenómenos cada vez que seas consciente de ellos. Cuando estés satisfecho con este conocimiento, toma la determinación de lograr el conocimiento del desencanto. Entonces ocurrirá este conocimiento y hará que estés harto y desencantado. Cuando estés satisfecho con este conocimiento, toma la resolución siguiente: «Que el conocimiento de *vipassanā* del deseo por la liberación surja». Entonces, este conocimiento ocurrirá, haciendo que desees salir de los fenómenos cada vez que seas consciente de ellos. Luego, toma la determinación de lograr el conocimiento de reobservar. Así, este conocimiento ocurrirá y vendrá acompañado de sensaciones desagradables, de descontento y del deseo de cambiar de postura. Finalmente, toma la resolución de lograr el conocimiento de *vipassanā* de la ecuanimidad hacia los fenómenos. Entonces, ocurrirá precisamente este conocimiento sutil, en el que el *momentum* de la observación fluirá como por sí mismo.

De este modo descubrirás que puedes lograr un nivel particular de conocimiento de *vipassanā* por un tiempo específico, de acuerdo con la determinación que tomes. Descubrirás también que tu conocimiento cambia hacia el conocimiento de *vipassanā* superior en el tiempo justo, como la aguja de una brújula, cuando ya estás satisfecho con el nivel actual. Si no has experimentado todos los conocimientos de *vipassanā* de forma clara, practica varias veces así. Por otro lado, las personas con una concentración fuerte y una *vipassanā* penetrante pueden lograr el conocimiento de ecuanimidad en poco tiempo –esto es, en unas cuatro, cinco o diez anotaciones, cuando observen sin determinación–. También pueden experimentar el fruto con frecuencia. Si te vuelves muy diestro en la práctica, puedes experimentar el fruto incluso cuando caminas, comes, y demás actividades.

Practicando para lograr los caminos y frutos superiores

Cuando eres lo suficientemente diestro con la práctica para poder entrar con gran rapidez en el fruto que has logrado y permanecer en él por largo tiempo, debes practicar con el propósito de lograr los caminos y frutos superiores. Para hacer esto, primero debes tomar la decisión de cuántos días vas a practicar y, entonces, tomar la siguiente determinación: «Que el fruto que ya he obtenido no surja más durante este período de tiempo; y que, en cambio, surjan el conocimiento del camino superior siguiente y el conocimiento del fruto superior siguiente». Después de hacer esto, observa los fenómenos presentes como de costumbre.

La razón para tomar la determinación es que tu conocimiento de *vipassanā*, si es lo suficientemente fuerte, puede llevarte al siguiente camino y fruto en el período de tiempo especificado en lugar de volver al camino y fruto previos. Si no lo haces así, retornarás con frecuencia al fruto que ya has logrado. La razón para tomar una determinación en la forma que hemos explicado es que si el conocimiento del camino superior y el conocimiento del fruto no surgen, podrías realizar de nuevo el conocimiento del fruto previo tras tu período de práctica. En cambio, si tomas la resolución «De ahora en adelante, que el conocimiento del camino superior y el conocimiento del camino siguientes surjan», verás que es difícil que vuelvas al fruto previo. Entonces, el meditador puede sentirse incómodo si no puede lograr el siguiente conocimiento del camino y el siguiente conocimiento del fruto y tampoco puede volver al que logró anteriormente.

Tras decidir un período de tiempo y desear no volver al fruto previo antes de que el período decidido termine, simplemente presta atención a los fenómenos como de costumbre. Entonces, los conocimientos de *vipassanā* surgirán en orden comenzando por el conocimiento de *vipassanā* del surgir y desaparecer. Los conocimientos se desarrollarán de un modo similar al que lo hacen para llevarnos al primer camino más que de aquel que nos lleva al primer fruto. Antes de que el conocimiento de *vipassanā* del surgir y desaparecer madure, puede que experimentes luces brillantes, imágenes y sensaciones desagradables. El surgir y desaparecer de los fenómenos mentales y materiales no suele ser muy refinado o claro. Incluso si, normalmente, cuando practicas para lograr el fruto, solo te lleva unos momentos volver al conocimiento de ecuanimidad hacia las formaciones y la absorción en el fruto, puede que ahora permanezcas mucho tiempo en los niveles inferiores de los conocimientos de *vipassanā*. Pero ni tendrás tantas dificultades ni tardarás tanto tiempo en lograr el conocimiento de la ecuanimidad hacia los fenómenos como experimentaste en los estadios inmaduros de la práctica. Serás capaz de progresar a través de los estadios sucesivos de la *vipassanā* para volver al conocimiento de la ecuanimidad hacia los fenómenos en un solo día.

Tu capacidad de ser consciente será mucho mejor que durante los primeros estadios de la práctica: será más precisa y meticulosa. Tu comprensión será más amplia y clara. Los objetos sensuales, el mundo y el ciclo del sufrimiento ya no serán aterradores, peligrosos y extenuantes para ti, y el deseo de salir será más fuerte que antes. Incluso si antes eras capaz de entrar en el fruto cuatro o cinco veces por hora, puede que tu conocimiento de *vipassanā* se estanque ahora en el nivel de ecuanimidad hacia las formaciones. Esto es así porque no tiene la fuerza suficiente para progresar hasta el siguiente conocimiento superior del camino. Puede que permanezcas en esta condición por largo tiempo; cualquier cosa, desde uno o dos días, hasta meses o años.

Cuando, tarde o temprano, tu conocimiento de *vipassanā* se fortalezca lo suficiente, la mente que observa se volverá extremadamente clara y rápida. Tras esta aceleración, tu mente cambiará su foco y tomará el *nibbāna*, el cese de los fenómenos condicionados, como objeto. De este modo, lograrás el segundo estadio del conocimiento del camino y del conocimiento del fruto, seguido de la revisión de este nuevo camino y fruto, y de la revisión de las distorsiones que quedan. Tras esto, observando como de costumbre, el conocimiento del surgir y desaparecer ocurrirá junto a una mente extremadamente clara. Así es como debes practicar para lograr y experimentar el segundo estadio del conocimiento del camino y del conocimiento del fruto para convertirte en uno que vuelve una vez.

Si quieres lograr el conocimiento del camino y el fruto del tercer estadio del despertar, debes decidir el período de tiempo que quieres practicar y dejar de generar deseo hacia la absorción del fruto que ya has logrado. Toma la siguiente determinación: «Que el fruto que ya he realizado no surja más durante este período de tiempo». Entonces observa los fenómenos mentales y materiales como de costumbre. Comenzando por el conocimiento de *vipassanā* del surgir y desaparecer, los conocimientos de *vipassanā* progresarán secuencialmente para, en poco tiempo, llegar al conocimiento de ecuanimidad hacia los fenómenos. Si tu conocimiento de *vipassanā* no está todavía maduro, se estancará en este nivel durante un tiempo. Tal como sucedió antes, cuando sea lo suficientemente fuerte, moverá su foco al *nibbāna*, el cese de los fenómenos condicionados, como objeto. Entonces surgirá el conocimiento del camino y el conocimiento del fruto del tercer estadio del despertar, seguido del habitual proceso de revisión. Así es como debes practicar para lograr y experimentar el tercer conocimiento del camino y el fruto del camino y convertirte en uno que no vuelve.

Para lograr el conocimiento del camino y el fruto del camino del cuarto y último estadio de la iluminación, debes simplemente seguir el mismo procedimiento: tras determinar un período de tiempo, dejando a un lado tus deseos por la absorción del fruto actual y tomando la determinación de experimentar la cumbre de la iluminación, observa los fenómenos mentales y materiales. No hay otro modo de practicar. Por eso el *Satipaṭṭhāna Sutta* utiliza la expresión «el único camino». Comenzando por el conocimiento de *vipassanā* del surgir y desaparecer, los conocimientos progresarán secuencialmente para, en poco tiempo, llegar al conocimiento de *vipassanā* de ecuanimidad hacia los fenómenos. Si este conocimiento no es aun lo suficientemente fuerte, quedarás parado en este estadio y permanecerás en él. Cuando sea lo suficientemente fuerte, del mismo modo que lo hizo antes, trasladará su foco y tomará el *nibbāna*, el cese de todos los fenómenos condicionados, como su objeto. De este modo surgirán el conocimiento del camino y el conocimiento del fruto del cuarto estadio de la iluminación.

Inmediatamente después de haber logrado el conocimiento del camino y el fruto del *arahat*, revisarás el camino, el fruto y el *nibbāna* que has comprendido con claridad. Quizá consideres: «Todas las distorsiones mentales han sido erradicadas; ya no surgirán más. He logrado todo lo que debe hacerse». Así es como debes practicar para lograr y experimentar el logro del estado de *arahat*.

Un apunte sobre los *pāramīs*

La frase «Así surgirán este y aquel conocimiento del camino y conocimiento del fruto», solo hace referencia a aquellos cuyos *pāramīs* están maduros. Si tus *pāramīs* todavía no han madurado lo suficiente, tu *vipassanā* no irá más allá del conocimiento de *vipassanā* de ecuanimidad hacia los fenómenos.

Además, es relativamente fácil lograr pronto el segundo conocimiento del camino y el segundo conocimiento del fruto tras obtener el primero. Pero es probable que, tras el segundo, te lleve mucho tiempo lograr el tercer conocimiento del camino y el tercer conocimiento del fruto. La razón es que para lograr el primer y segundo conocimientos del camino y conocimientos del fruto solo es necesario que completes totalmente el entrenamiento en la moral. Sin embargo, para lograr el tercer conocimiento del camino y conocimiento del fruto también debes completar totalmente el entrenamiento en concentración (*samādhisikkhā*). Así pues, alguien que ya haya logrado el primer conocimiento del camino y conocimiento del fruto puede lograr fácilmente el segundo, pero no es tan fácil lograr entonces el tercero.

De todas formas, no es posible saber de antemano si tus *pāramīs* están lo suficientemente maduros para lograr un nivel particular de conocimiento del camino y conocimiento del fruto. Es más, dependiendo de la persona se puede tardar días, meses o años para lograr el despertar. Si has estado practicando durante unos días o unos meses sin lograr el conocimiento del camino o el conocimiento del fruto, no puedes llegar a la conclusión de que tus *pāramīs* no están maduros. Es decir, no debes entrar en valoraciones acerca de si tus *pāramīs* están o no maduros.

No debes abandonar nunca, sino que debes continuar practicando con energía, manteniendo esta idea en tu mente: «Si no practico, no hay modo en el que mis *pāramīs* puedan desarrollarse. E incluso si mis *pāramīs* estuvieran maduros, no puedo lograr el camino y el fruto en esta vida si no practico. Por otro lado, si mis *pāramīs* están maduros y además practico, entonces podré rápida y fácilmente lograr el camino y los frutos. Y, si mis *pāramīs* están bastante maduros, entonces mi práctica actual ayudará a que maduren lo suficiente como para lograr el camino y el fruto en esta misma vida. En el peor de los casos, mi práctica actual, ciertamente, desarrollará mis *pāramīs* y mi potencial para lograr el camino y el fruto en la siguiente vida».

Consejos finales

> Durante esta era, la de Gotama el Buda, aquellos que aspiran a conocer el verdadero y gratificante sabor de la *vipassanā* deben practicar el mindfulness que penetra los fenómenos del cuerpo, las sensaciones, la mente y los objetos mentales.[226]

Las explicaciones que he dado en este libro acerca de cómo practicar *vipassanā* son más que suficientes para aquellos que tengan una inteligencia media. Si leen este libro y practican adecuadamente y de forma sistemática, con una confianza, aspiración y energía fuertes, podrán, con toda seguridad, lograr los diferentes conocimientos de la *vipassanā*, así como el conocimiento del camino y el fruto del camino. Sin embargo, es imposible mencionar aquí todas las experiencias diferentes que los meditadores pueden llegar a tener y, por ello, hay muchas que no he incluido. Un meditador tampoco experimentará todo lo que he mencionado aquí. La experiencia de un meditador en concreto puede ser bastante diferente de la de otro, dependiendo de la madurez de sus *pāramīs* y de la meticulosidad, precisión y continuidad de su atención.

Es más, es imposible que la confianza, aspiración y energía de un meditador permanezcan fuertes todo el tiempo. Si una persona practica siguiendo las enseñanzas basándose en el conocimiento intelectual y sin un maestro, es muy posible que tenga dudas y que sienta incertidumbre, del mismo modo que las tendría una persona que viaja solo por un lugar que no le es familiar. Es decir, para una persona ordinaria que practica sin un maestro que pueda guiarle con mimo, no es fácil lograr los conocimientos de la *vipassanā*, como tampoco lo es lograr el conocimiento del camino y el conocimiento del fruto. Por eso el *Saṃyutta Nikāya* dice:

> Uno [...] debe buscar un maestro para conocer las cosas tal como son.[227]

Por eso me gustaría aconsejaros que practiquéis bajo la guía atenta de un maestro con experiencia que pueda explicaros claramente los estadios de los conocimientos de la *vipassanā* hasta el conocimiento del camino y el conocimiento del fruto, el conocimiento de revisión y las absorciones en el fruto. Por favor, sed humildes. Recordad la historia del venerable Potthila y no penséis llenos de orgullo «¡Yo soy especial y no necesito la guía de nadie!». Cuando practiques, hazlo de manera sincera y guarda contigo este verso que entregó el Buda:

> No es con falta de empeño,
> ni con un esfuerzo débil,
> como se logra el *nibbāna*,
> la liberación de todo el sufrimiento.[228]

Esto quiere decir que con un esfuerzo admirable y con una práctica firme puedes lograr el *nibbāna*.

Aquí acaba el capítulo que recoge las instrucciones prácticas.

Anexos

Anexo 1. Facultades espirituales

Cetasika (factores mentales)	**Facultad espiritual**	**Característica** (cualidad que destaca)	**Función** (tarea, logro de su objetivo)	**Manifestación** (la manera en la que se nos presenta)	**Causa próxima** (la condición de la cual depende)
saddha	Confianza/fe	Depositar fe/confianza, confiar	Clarificar, establecer	Ausencia de confusión, decisión	Algo en lo que poner confianza
viriya	Energía/perseverancia	Dar soporte, dirigir, esfuerzo	Dar soporte a los estados mentales asociados	No colapsar	*Saṃvega*: urgencia espiritual, base de la que surge la energía
sati	Mindfulness, recordar, observar	No tambalearse, no quedarse flotando, no acelerarse	Recordar, ausencia de olvido, ausencia de confusión	Vigilancia, confrontar un campo objetivo, observar	Percepción fuerte, los cuatro fundamentos del mindfulness
ekaggatā (*samādhi*)	Atención unificada/ estabilizar la mente, concentración	No vagabundear, ausencia de distracción, ausencia de agitación	Consolidar los estados mentales asociados	Paz	Felicidad, *sukha*: confort feliz del cuerpo y de la mente
paññа	Sabiduría/ comprensión, entendimiento	Penetrar la naturaleza intrínseca de las cosas	Iluminar, alumbrar, poner luz en el campo objetivo	Ausencia de desconcierto o perplejidad	Atención sabia
sañña	Percepción	Reconocer las cualidades de los objetos	Crear una marca o señal, reconocer una percepción previa	Interpretar un objeto	El objeto
manasikara	Atención	Unir a los estados mentales asociados hacia el objeto	Unir los estados mentales asociados con el objeto	Confrontar el objeto	El objeto

1. La confianza estimula el surgir del mindfulness. La continuidad del mindfulness fortalece la estabilidad de la mente. Una mente estable y recogida ve las cosas con mayor claridad y con mayor detalle. De aquí surge la comprensión sabia.
2. La función de esta confianza es clarificar el objeto espiritual y emprender ese camino con confianza.
3. La confianza necesita de un sentido de urgencia (*saṃvega*) para que surja la energía/esfuerzo.
4. La energía se manifiesta como la ausencia del colapso cuando nos enfrentamos con dificultades y retos. Lo llamamos también perseverancia.
5. La función del mindfulness es acordarse de reconocer la experiencia del momento presente; esto es, ser conscientes del objeto.
6. Reconocer la naturaleza o característica particular del objeto (*sabhāva*) es la función de la percepción.
7. La percepción se caracteriza por reconocer las características particulares del objeto y, de este modo, reconoce algo como familiar o marca esas cualidades definitorias con un nombre.
8. Etiquetar tu experiencia o el objeto del que eres consciente es una técnica para fortalecer la percepción.
9. Una percepción fuerte es la causa próxima para el surgir del mindfulness.
10. El mindfulness se caracteriza por no quedarse flotando lejos de los pensamientos acerca del objeto de la experiencia, sino por adherirse o fijarse en ellos.
11. Mindfulness se manifiesta como confrontar u observar el objeto.
12. La causa próxima de la estabilidad de la mente es *sukha*: un confort agradable y feliz de la mente y del cuerpo o, lo que es lo mismo, estar confortable.
13. La estabilidad de la mente es ausencia de agitación. Esto es: que la mente no está pensando sin rumbo sin que seamos conscientes de ello.
14. La sabiduría funciona para dar luz al objeto de atención y se caracteriza por comprender sus características particulares o naturaleza única.
15. La sabiduría surge porque confrontamos el objeto sabiamente.
16. La sabiduría se manifiesta como ausencia de confusión; esto es, ausencia de ignorancia.
17. La sabiduría de *vipassanā* es mayor que la del conocimiento, o que la del sentimiento de inspiración por poner confianza en algo. Por ello permite mover más energía que se manifiesta como un mayor *momentum* o mayor continuidad del mindfulness. Justo esto es la definición de estabilidad de la mente. Y justo esto da como resultado una sabiduría aun mayor. De esta manera, las cinco facultades crecen de forma cíclica y gradual a través de su relación causa-efecto hasta una madurez equilibrada.
18. Una energía excesiva y una concentración excesiva necesitan mantenerse en equilibrio para prevenir la agitación o el hundimiento de la mente.
19. Una confianza excesiva o ciega y un conocimiento o saber intelectual (principalmente de libros) deben equilibrarse para prevenir una confianza ignorante o un exceso de intelectualización.
20. *Sati* equilibra las otras facultades cuando las observa sin confusión o reactividad.

Anexo 2. Flujo de consciencia

	...	...	V1	V2	V3	V4	V5	V6	V7	V8	V9	V
H1	...	CV	CV	CV	CV	CV	CV	CV	CV	CV	CV	
H2	...	CV	Cva	Cvv	Dcv	5A	Ojo	Cr	I	D	**J**	
H3	...	CV	Cva	Cva	Cvv	Dcv	5A	Oído	Cr	I	D	
H4	...	CV	Cva	Cva	Cva	Cva	Cvv	Dcv	5A	nariz	Cr	
H5	...	CV	Cva	Cva	Cva	Cva	Cva	Cva	Cva	Cva	Cva	
H6	...	CV	Cva	Cvv	Dcv	Cpm	**J**	**J**	**J**	**J**	**J**	
H7	...	CV	Cva	Cvv	Dcv	Cpm	**J**	**J**	**J**	**J**	**J**	
H8	...	CV	Cvv	Cvv	Cpm	Cpm	Cpm	CV	CV	CV	CV	
H9	...	CV	Cvv	Cvv	Cpm	**J**	**J**	**J**	**J**	**J**	**J**	
H10	...	CV	Cva	Cvv	Dcv	5A	Ojo	Cr	I	D	**J**	
H11	...	CV	Cva	Cvv	Dcv	Cpm	**J**	**J**	**J**	**J**	**J**	
H12	...	CV	Cva	Cvv	Dcv	Cpm	**J**	**J**	**J**	**J**	**J**	
H12A	...	CV	Cva	Cvv	Dcv	Cpm	Cpm	Cpm	CV	CV	CV	
H13	...	CV	Cvv	Dcv	Cpm	**Prp**	**Ac**	**Ad**	**Cl**	**Jh**	CV	
H14	...	CV	Cvv	Dcv	Cpm	**Prp**	**Ac**	**Ad**	**Cl**	**Cualquier # concienc de *jhāna***		
H15	...	CV	Cva	Cvv	Cvv	Cpm	**J**	**J**	**J**	**J**	**J**	
H16	...	CV	Cva	Cvv	Cvv	Cpm	**J**	**J**	**J**	**J**	**J**	
H17	...	CV	Cva	Cvv	Cvv	Cpm	**J**	**J**	**J**	**J**	**J**	
H18	...	CV	Cvv	Dcv	Cpm	**Prp**	**Ac**	**Ad**	**Cl**	**Camino**	**F**	
H19	...	CV	Cvv	Dcv	Cpm	**Prp**	**Ac**	**Ad**	**Pr**	**Camino**	**F**	
H20	...	CV	Cvv	Dcv	Cpm	**Ad**	**Ad**	**Ad**	**Ad**	**Cualquier # conscien del fruto**		
H21	...	CV	Cvv	Dcv	Cpm	**Prp**	**Ac**	**Ad**	**Cl**	**Jh**	**Jh**	(c
H22	...	CV	Cvv	Dcv	Cpm	**J**	**J**	**J**	**J**	**J**	R	
	CV	CV	CV	CV	CV	CV	CV	CV	CV	CV	Cpm	
H23	...	CV	Cvv	Dcv	Cpm	**J**	**J**	**J**	**J**	**J**	Mt	
H24	...	CV	Cvv	Dcv	Cpm	**Prp**	**Pk**	**Ad**	**Cl**	**Cualquier # concienc de *jhāna***		
H25	...	CV	Cvv	Dcv	Cpm	**Prp**	**Pk**	**Ad**	**Pr**	**Camino**	**F**	
		J	**J**	**J**	**J**	**J**	**J**	CV	CV	CV	Cvv	

V12	V13	V14	V15	V16	V17	…	…	Número de momentos mentales (pensamientos)
CV	CV	CV	CV	CV	CV	CV	…	Estado dormido profundo, sin sueño
J	**J**	**J**	**J**	R	R	CV	…	Flujo de la puerta del ojo, un objeto muy grande
J	**J**	**J**	**J**	**J**	CV	CV	…	Flujo de la puerta del oído, gran objeto
D	D	CV	CV	CV	CV	CV	…	Flujo de la puerta de la nariz, objeto leve
Cva	Cva	Cva	Cva	Cvv	Cvv	CV	…	Flujo de la puerta del cuerpo, objeto muy leve
R	R	CV	CV	CV	CV	CV	…	Flujo de la puerta de la mente, objeto claro
CV	CV	CV	CV	CV	CV	CV	…	Flujo de la puerta de la mente, objeto obscuro
CV	CV	CV	CV	CV	CV	CV	…	Soñar, ausencia de proceso cognitivo
R	CV	CV	CV	CV	CV	CV	…	Soñar, proceso cognitivo
J	**J**	**J**	**J**	R	R	CV	…	Primer proceso mental ve la forma visible
R	R	CV	CV	CV	CV	CV	…	Segundo percibe la forma previa
R	R	CV	CV	CV	CV	CV	…	Tercero interpreta la forma, por ej.: persona, etc.
CV	CV	CV	CV	CV	CV	CV	…	El desarrollo de la *vipassanā* para la secuencia en Cpm/D.
CV	CV	CV	CV	CV	CV	CV	…	Primera vez que se logra *jhāna*
			CV	CV	CV	CV	…	*Jhāna* desarrollado
CV	CV	CV	CV	CV	CV	CV	…	Momento cumbre del conocimiento de *vipassanā* de ecuanimidad que advierte algún aspecto de *anicca, dukkha* o *anattā* que lleva al emerger ocurre 2-3 veces
CV	CV	CV	CV	CV	CV	CV	…	
CV	CV	CV	CV	CV	CV	CV	…	
CV	CV	CV	CV	CV	CV	CV	…	Flujo en el primer estadio del despertar
CV	CV	CV	CV	CV	CV	CV	…	Flujo en estadios del despertar superiores
			CV	CV	CV	CV	…	Fruto desarrollado
		F	CV	CV	CV	CV	…	Flujo de *nirodhasamapatti*
C-R	CV	CV	CV	CV	CV	CV		Flujo en el momento de muerte de un ser ordinario no despierto
J	**J**	**J**	**J**	**J**	CV	…		
X	X	X	X	X	X	X	X	Flujo habitual en la muerte de un *arahat*
				Mt	X	X	X	Muerte de un *arahat* después de *jhāna*
CV	CV	CV	Cvv	Dcv	Cpm	**J**		Lograr el despertar completo en el momento de la muerte
J	**J**	**J**	**J**	**J**	Mt	X	X	

Leyenda del Anexo 2

( )	Una cantidad indefinida
5A	Consciencia de los cinco-sentidos-que-advierte
Ac	Acceso, causa próxima a la consciencia superior
Ad	Adaptación/conformidad
C-R	Consciencia de reconexión, consciencia de renacer
Camino	Despertar
Cl	Cambio de linaje
Cpm	Consciencia-de-la-puerta-de-la-mente-que-advierte
Cr	Consciencia que recibe
CV	Continuo vital/*bhavaṅga*
Cva	Continuo de la vida anterior
Cvv	Continuo vital vibrante
D	Determinar
Dcv	Detención del continuo vital
F	Fruto
I	Investigación
J	*Javana* impulso
Jh	*Jhāna,* concentración de absorción
Mt	Muerte
Nariz	Consciencia de la nariz
Oído	Consciencia del oído
Ojo	Consciencia de la vista
Pk	*Parikamma*, preparación para la consciencia deseada, *jhana* o supramundano
Pr	Purificación, previa al despertar más elevado (2° a 4° caminos y frutos)
Prp	Preparación para la consciencia superior
R	Retención/registro
X	No surge nada a partir de aquí

Anexo 3a. Estados de la mente

1	Contacto (mental)	Universales	Comunes a los demás
2	Sensación		
3	Percepción		
4	Volición		
5	Mente unificada		
6	Vida psíquica		
7	Atención (*manasikāra*)		
8	Dirigir la mente/conectar	Particulares	
9	Aplicación sostenida		
10	Decisión/resolución		
11	Energía		
12	Gozo		
13	Deseo de hacer		
14	Ignorancia	Perjudiciales	
15	Ausencia de vergüenza moral		
16	Ausencia de arrepentimiento		
17	Agitación		
18	Codicia/apego		
19	Creencia desviada		
20	Vanidad/orgullo		
21	Aversión		
22	Envidia		
23	Avaricia		
24	Preocupación		
25	Pereza		
26	Letargo		
27	Duda		

28	Confianza	Hermosos	Hermosos
29	Mindfulness		
30	Modestia		
31	Tomar consciencia		
32	No apego		
33	Ausencia de ira/amor bondadoso		
34	Ecuanimidad		
35	Tranquilidad de los estados de la mente		
36	Tranquilidad de la mente/consciencia		
37	Ligereza de los estados de la mente		
38	Ligereza de la mente/consciencia		
39	Maleabilidad de los estados de la mente		
40	Maleabilidad de la mente/consciencia		
41	Adaptabilidad de los estados de la mente		
42	Adaptabilidad de la mente/consciencia		
43	Eficiencia de los factores mentales		
44	Eficiencia de la mente/consciencia		
45	Rectitud de los factores de la mente		
46	Rectitud de la mente/consciencia		
47	Habla correcta	Abstinencias	
48	Acción correcta		
49	Modo de vida correcto		
50	Compasión	Ilimitados	
51	Alegría compartida		
52	Sabiduría	No ignorancia	

Anexo 3b. Factores mentales

				6 – OBSTÁCULOS	10 – DISTORSIONES	5 – FACTORES DE *JHANA*	5 – FACULTADES/PODERES	7 – FACTORES DEL DESPERTAR	4 – MORADAS DIVINAS	8 – FACTORES DEL CAMINO
13 VARIABLES EN CUANTO A LA MORAL	7 UNIVERSALES	1	Contacto (mental)							
		2	Sensación			X				
		3	Percepción							
		4	Volición							
		5	Atención unificada/mente unificada			X	X	X		X
		6	Vida psíquica							
		7	Atención (*manisakāra*)							
	6 OCASIONALES	8	Dirigir la mente a un objeto/conectar			X				X
		9	Aplicación sostenida de la mente			X				
		10	Decisión/resolución							
		11	Energía				X	X		X
		12	Gozo			X		X		
		13	Deseo de hacer							
14 PERJUDICIALES		14	Ignorancia/engaño	X	X					
		15	Ausencia de respeto por uno mismo		X					
		16	Ausencia de respeto por los demás		X					
		17	Agitación	X	X					
		18	Codicia/apego	X	X					
		19	Creencias desviadas		X					
		20	Vanidad/orgullo		X					
		21	Aversión	X	X					
		22	Envidia							
		23	Avaricia/mezquindad							
		24	Preocupación							
		25	Pereza	X	X					
		26	Letargo							
		27	Duda	X	X					
		28	Confianza/fe			X				

				6 – OBSTÁCULOS	10 – DISTORSIONES	5 – FACTORES DE *JHANA*	5 – FACULTADES/PODERES	7 – FACTORES DEL DESPERTAR	4 – MORADAS DIVINAS	8 – FACTORES DEL CAMINO
25 HERMOSOS	19 HERMOSOS	29	Mindfulness/ser consciente de				X	X		X
		30	Modestia/vergüenza de actuar incorrectamente							
		31	Tomar consciencia/miedo de actuar incorrectamente							
		32	Ausencia de apego/generosidad							
		33	Ausencia de aversión/amor benevolente						X	
		34	Ecuanimidad					X	X	
		35	Tranquilidad de los estados de la mente					X		
		36	Tranquilidad de la mente/consciencia							
		37	Ligereza de los estados de la mente							
		38	Ligereza de la mente/consciencia							
		39	Maleabilidad de los estados de la mente							
		40	Maleabilidad de la mente/consciencia							
		41	Adaptabilidad de los estados de la mente							
		42	Adaptabilidad de la mente/consciencia							
		43	Eficiencia de los factores mentales							
		44	Eficiencia de la mente/consciencia							
		45	Rectitud de los factores de la mente/firmeza							
		46	Rectitud de la mente/consciencia – firmeza/honestidad							
	3 ABSTINENCIAS	47	Habla correcta							X
		48	Acción correcta							X
		49	Modo de vida correcto							X
	2 ILIMITADOS	50	Compasión						X	
		51	Alegría compartida						X	
	1 SABIDURÍA	52	No ignorancia/sabiduría				X	X		X

Anexo 4. El progreso del conocimiento de la *vipassanā* a través de los estadios de purificación

Purificación de la conducta (*sīla*)
Purificación de la mente (*samādhi*)
Purificación de la visión
1. Conocimiento que distingue los fenómenos mentales y materiales
Purificación por superar la duda
2. Conocimiento que discierne la condicionalidad
3. Conocimiento de *vipassanā* de comprensión
Inmaduro: primer estadio de «recoger el cojín y la esterilla»
Maduro: primer *vipassanā jhāna*
4. Conocimiento de *vipassanā* del surgir y desaparecer
Inmaduro: segundo *vipassanā jhāna*
Las diez corrupciones de la *vipassanā*; ejemplos: pseudo-*nibbāna*, «golosinas espirituales»
Luz brillante
Interés gozoso, entusiasmo, fervor
Calma
Determinación
Energía
Felicidad del cuerpo y de la mente
Conocimiento de *vipassanā*
Mindfulness
Ecuanimidad
Deleite
Purificación por conocer y ver lo que es el camino y lo que no es el camino
Purificación por el conocimiento y la visión del camino
Surgir y desaparecer maduro: tercer *vipassanā jhāna*
5. Conocimiento de *vipassanā* de la disolución
Conocimientos de *vipassanā* de *dukkha*, segundo estadio de «recoger la esterilla y el cojín»
suññata, vacuidad

6. Conocimiento de *vipassanā* del miedo/temor
7. Conocimiento de *vipassanā* del peligro
8. Conocimiento de *vipassanā* del desencanto
9. Conocimiento de *vipassanā* del deseo de liberación
10. Conocimiento de *vipassanā* derivado de reobservar (volver a observar)
Tercer estadio de «recoger la esterilla y el cojín»
11. Conocimiento de *vipassanā* de ecuanimidad hacia los fenómenos: cuarto *vipassanā jhāna*
12. Conocimiento de *vipassanā* que lleva a emerger
13. Conocimiento de *vipassanā* de adaptación
14. Conocimiento de cambio de linaje
Purificación del conocimiento y la visión
15. Conocimiento del camino: primer estadio del despertar con realización del *nibbāna*
16. Conocimiento del fruto
17. Conocimiento de revisión
18. Logro del fruto
19. Los caminos y frutos superiores (segundo, tercero y cuarto estadios del despertar)

Abreviaturas

Textos pali

Abhidhamma-mūlaṭīkā	Abhidh-mlṭ
Abhidhammattha Saṅgaha	Abhidh-s
Abhidhammatthasaṅgaha-aṭṭhakathā	Abhidh-s-a
Abhidhammatthavibhāvinī-ṭīkā	Abhidh-vibh-ṭ
Aṅguttara Nikāya	AN
Aṭṭhasālinī	As
Cullaniddesa	Nidd II
Dhammapada	Dhp
Dhammapada-aṭṭhakathā	Dhp-a
Dhammasaṅgaṇi	Dhs
Dhammasaṅgaṇi-aṭṭhakathā	Dhs-a
Dhammasaṅgaṇi-mūlaṭīkā	Dhs-mlṭ
Dhīga Nikāya	DN
Dīgha Nikāya Aṭṭhakathā ṭīkā	DNĀṭ
Dhīga-nikāya-ṭīkā	DN-ṭ
Itivuttaka-aṭṭhakathā	It-a
Kathāvatthu	Kvg
Mahāniddesa	Nidd I

Majjhima Nikāya	MN
Majjhima-nikāya-ṭīkā	MN-ṭ
Manorathapūraṇī (*Aṅguttara-nikāya-aṭṭhakathā*)	Mp
Milindapañha	Mil
Nettippakaraṇa	Nett
Nettippakaraṇa-aṭṭhakathā	Nett-a
Pañcapakaraṇaṭṭhakathā	Ppk-a
Papañcasūdanī (*Majjhima-nikāya-aṭṭhakathā*)	Ps
Paṭisambhidāmagga	Paṭis
Paṭṭhāna (*Mahāpakaraṇa*)	Paṭṭh
Puggalapaññatti	Pp
Saṃyutta Nikāya	SN
Sāratthappakāsinī (*Saṃyutta-nikāya-aṭṭhakathā*)	Spk
Sumaṅgalavilāsinī (*Dhīga-nikāya-aṭṭhakathā*)	Sv
Udāna-aṭṭhakathā	Ud-a
Vibhaṅga	Vibh
Vibhaṅga-aṭṭhakathā (*Sammohavinodanī*)	Vibh-a
Vinaya Piṭaka	Vin
Visuddhimagga	Vism
Visuddhimagga-mahāṭīkā (el *Mahāṭīkā*)	Vism-mhṭ
Yamaka	Yam

Otras abreviaturas

Mahāsi Sayadaw	MS
Vipassanā Research Institute	VRI

Notas

1. ¡Homenaje al Bendito, al Digno, al que está completamente Despierto!
2. El Bendito (*bhagavā*) es 1) el digno (*arahaṃ*); 2) el completamente despierto (*sammāsambuddho*); 3) perfecto en el verdadero conocimiento y la conducta (*vijjācaraṇasampanno*); 4) sublime (*sugato*); 5) conocedor de los mundos (*lokavidū*); 6) incomparable guía de aquellos que pueden ser amansados (*anuttaro purisadammasārathi*); 7) maestro de dioses y seres humanos (*satthā devamanussānaṃ*); 8) despierto (*buddho*), y 9) bendito (*bhagavā*).
3. El Dhamma 1) está bien expuesto por el Bendito (*svākkhātobhagavatā dhammo*); 2) es vivible aquí y ahora (*sandiṭṭhiko*); 3) su efectividad es inmediata, independiente del tiempo (*akāliko*); 4) nos invita a la introspección (*ehipassiko*); 5) nos conduce hacia dentro, hacia nosotros mismos (*opanayyiko*), y 6) es un Dhamma para que los sabios lo experimenten en y por sí mismos (*paccattaṃ veditabbo viññūhī*).
4. La Saṅgha de los discípulos del despierto 1) práctica de forma correcta (*supaṭipannobhagavato sāvakasaṅgho*); 2) práctica de forma directa (*ujupaṭipanno*); 3) práctica el verdadero camino (*ñāyapaṭipanno*); 4) práctica del modo apropiado (*sāmīcipaṭipanno*), los cuatro tipos de personas (*cattāri purisayugāni*) y las ocho clases de individuos (*aṭṭha purisapuggalā*) que son 5) dignos de regalos (*āhuṇeyyo*); 6) dignos de hospitalidad (*pāhuṇeyyo*); 7) dignos de ofrendas (*dakkhiṇeyyo*); 8) dignos de ser saludados con respeto (*añjalikaraṇīyo*), y son 9) un insuperable campo de mérito para el mundo (*anuttaraṃ puññakkhettaṃ lokassā*).
5. Joseph Goldstein, prólogo al *Manual of Insight*, Mahāsi Sayadaw, traducido y editado por el Comité de traducción de la Vipassanā Mettā Foundation (Somerville, MA: Wisdom Publications, 2016), xvii. A menos que se indi-

que lo contrario, todas las citas y fragmentos que aparecen en esta introducción pertenecen al *Manual of Insight*, se han omitido los números de página.

6. Traducción de Giulio Lucarda basada en el original pali (BTE) y en Thanissaro Bhikkhu, «Lost in Quotation», en *Access to Insight* (edición de BCBS), 29 de agosto del 2012, http://www.accesstoinsight.org/lib/authors/thanissaro/lostinquotation.html
7. La palabra pali *pāramī* se traduce normalmente como «perfección». Sin embargo, significa literalmente «acciones de una persona noble» (*paramānaṃ uttamapurisanaṃbhāvo kammaṃ*). La palabra se refiere específicamente a las cualidades de generosidad, moralidad, renuncia, sabiduría, esfuerzo, paciencia, honestidad, determinación, amor bondadoso y ecuanimidad. El potencial de estas cualidades permanece dormido en el proceso mental de cada uno durante toda la vida.
8. *Dhammapada* (verso164). Traducción de Giulio Lucarda basada en el original pali (BTE) y *The Dhammapada: A New Translation of the Buddhist Classic with Annotations*, trad. Gil Fronsdal (Boston: Shambhala, 2005), 43.
   Yo sāsanaṃ arahataṃ, ariyānaṃ dhammajīvinaṃ;
   paṭikkosati dummedho, diṭṭhiṃ nissāya papikaṃ;
   phalāni kaṭṭhakasseva, atthaghātāya phallati. (Dhp 164).
9. Traducción de Giulio Lucarda basada en el original pali (BTE) y *The Middle Length Discourses of the Buddha: A New Translation of the Majjhima Nikāya*, trad. Bhikkhu Bodhi (Boston: Wisdom Publications, 1995), 1039 (MN 131.3). (MN 131).
10. Traducción de Giulio Lucarda basada en el original pali (BTE) e *Ibid.*, (MN 19).
11. Es decir, ¿debemos observar los fenómenos reales últimos utilizando nombres precisos?
12. *Nanu ca tajjā paññattivasena sabhāvadhammo gayhatīti? Saccaṃ gayhati pubbabhāge, bhāvanāya pana vaddhamānāya paññattiṃ samatikkamitvā sabhāveyeva cittaṃ tiṭṭhāti*. (Vism-mhṭ).
13. Por ejemplo, el conocimeinro que distingue los fenómenos mentales y materiales (*nāmarūpaparicchedañāṇa*).
14. *Visuddhimagga-mahāṭīkā*. (Vism-mhṭ).
15. Concretamente, el *Mahāṭīkā* y *Abhidhammatthavibhāvinī*.
16. *Kasmā panettha ubhayaggahaṇaṃ? Puggalajjhāsayato. Ekaccassa hi dhātuyo manasi karontassa tā sabhāvato gahetabbataṃ gacchanti, ekaccassa sakiccakaraṇato. Yo rasoti vuccati*.

17. Esta frase hace referencia a un pasaje del *Satipaṭṭhāna Sutta* (MN 10.40) y del *Mahāsatipaṭṭhāna Sutta* (DN 22.15). Nuestra traducción sigue la de Bhikkhu Bodhi en *The Middle Length Discourses of the Buddha: A New Translation of the Majjhima Nikāya*, trad. Bhikkhu Bodhi (Boston: Wisdom Publications, 1995), 153.
18. *Cakkhupasādaṃ ... rūpañca yathāvasarasalakkhanavasena*. (Sv).
19. *Upekkhā pana akusalavipākabhūtā aniṭṭhattā dukkhe avarodetabbā, itarā iṭṭhattā sukheti*. (Abhidh-mlṭ).
20. El fragmento exacto que cita Mahāsi Sayadaw está únicamente en el *Paṭisambhidāmagga* y en el *Visuddhimagga*. Una serie de *suttas* en el *Saṃyutta Nikāya*, sin embargo, nos transmiten el mismo significado, aunque cada uno tiene un énfasis ligeramente diferente. Véase *The Connected Discourses of the Buddha: A New Translation of the Saṃyutta Nikāya*, trad. Bhikkhu Bodhi (Boston: Wisdom Publications, 1999), 1141-43 (SN 35:25–27).
21. [*Cakkhuṃ*[MS]][*Cakkhu*[VRI]] *bhikkhave abhiññeyyaṃ. Rūpā abhiññeyyā, cakkhuviññāṇaṃ abhiññeyyaṃ, cakkhusamphasso abhiññeyyo, yampidaṃ cakkhusamphassapaccayā upajjati vedayitaṃ sukhaṃ vā dukkhaṃ vā adukkhamasukhaṃ vā. Tampi abhiññeyyaṃ*. (Paṭis; Vism).
22. *Sabhāvadhammānaṃ lakkhanasallakkhaṇato ñeyya-abhimukhā paññā abhiññāpaññā*. (Vism-mhṭ).
23. *Apica sutamayāya, cintāmayāya, ekaccabhāvanāmayāya ca abhivisitthāyapaññāya ñātā abhiññātā*. (Vism-mhṭ).
24. Véase *The Connected Discourses*, 1147 (SN 35:46).
25. Véase *The Connected Discourses*, 1856–57 (SN 56:29).
26. *The Connected Discourses*, 1175. «*Taṃ kiṃ maññasi mālukyaputta, ye te cakkhuviññeyyā rūpā adiṭṭhā adiṭṭhapubbā, na ca passati, na ca te hoti passeyyanti? Atthi te tattha chando vā rāgo vā pemaṃ vā»ti? «No hetaṃ bhante»*. (SN 35:95).
27. *Ibid*., 1175–76. «*Ettha ca te Mālukyaputta diṭṭhasutamutaviññātesu dhammesu diṭṭhe diṭṭhamattaṃ bhavissati, sute sutamattaṃ bhavissati, mute mutamattaṃ bhavissati, viññāte viññānamattaṃ bhavissati. Yato kho te Mālukyaputta diṭṭhasutamutaviññātabesu dhammesu diṭṭhe diṭṭhamattaṃ bhavissati, sute sutamattaṃ bhavissati, mute mutamattaṃ bhavissati, viññāte viññānamattaṃ bhavissati; tato tvaṃ Mālukyaputta, na tena. Yato tvaṃ Mālukyaputta, na tena; tato tvaṃ mālukyaputta, na tattha; yato tvaṃ Mālukyaputta na tattha; tato tvaṃ Mālukyaputta, nevidha, na huraṃ, na ubhayamantarena. Esevanto dukkhassati»*. (SN 35:95).

28. Udāna-aṭṭhākathā: Bāhiyasuttavaṇṇanā.
29. «*Vipassanāya visayaṃ diṭṭhādīhi catūhi koṭṭhāsehi vibhajitvā tatthassa ñātatīraṇapariññaṃ dasseti*».
30. El apego, el orgullo y las visiones u opiniones erróneas constituyen las tres tendencias que proliferan en la mente (*papañca*).
31. Traducción de Giulio Lucarda basada en el original pali (BTE) y *The Connected Discourses*, 1176. *Rūpaṃ disvā sati muṭṭhā, piyaṃ nimittam manasikaroto; Sārattacitto vedeti, tañca ajjhosa tiṭṭhati. Tassa vuḍḍhanti vedanā, anekā rūpasambhavā. Abhijjhā ca vihesā ca, cittamassupahaññati; Evaṃ ācinato dukkhaṃ, ārā nibbānavuccati*. (SN 35:95).
32. Traducción de Giulio Lucarda basada en el original pali (BTE) y *The Connected Discourses*, 1176–77. *Na so rajjati rūpesu, rūpaṃ disvā paṭissato; Virattacitto vedeti, tañca najjhosa tiṭṭhati. Yathāssa passato rūpaṃ, sevato cāpi vedanaṃ; Khīyati nopacīyati, evaṃ so carati sato; Evaṃ apacinato dukkhaṃ, santike nibbāna vuccati*. (SN 35:95).
33. Véase *The Connected Discourses*, 1175–78 (SN 35:95), o *Saḷāyatanavaggapāḷi*, PTS 4.74.
34. Véase *The Connected Discourses*, 959–61 (SN 22.101).
35. Véase *The Connected Discourses*, 1250 (SN 35.244).
36. Véase Anexo 2: Flujo de consciencia, línea H10-12/12A. Línea H12A finaliza en investigar o determinar sin que hayamos visto ningún impulso por el conocimiento de *vipassanā* subsiguiente.
37. *Dandho bhikkhave satuppādoti satiyā uppādoyeva dandho uppannamattāya pana tāya kāci kilesā niggahitāva honti, na saṇṭhātuṃ sakkonti. Cakkhudvārasmiñhi rāgādīsu uppannesu dutiya ... javanaṃyeva javati. Anacchariyañcetaṃ, yaṃ vipassako tatiyajavanavāre kilese niggaṇheyya. Cakkhudvāre pana iṭṭhārammaṇe āpāthagate bhavaṅgaṃ āveṭṭetvā āvajjanādīsuuppannesuvoṭṭhabbanānantaraṃsampattakilesajavanavāraṃ nivattetvā kusalameva uppādeti. Āraddhavipassakānañhi ayamānisaṃso bhāvanāpaṭisaṅkhāne patiṭṭhitabhāvassa*. (Spk).
38. *Balavavipassakassa sacepi cakkhudvārādīsu ārammaṇe āpāthagate ayoniso āvajjanaṃ upajjati, voṭṭhabbanaṃ patvā ekaṃ dve vāre āsevanaṃ labhitvā cittaṃ bhavaṅgameva otarati, na rāgādivasena uppajjati, ayaṃ koṭipatto tikkhavipassako. Aparassa rāgādivasena ekaṃ vāraṃ javanaṃ javati, javanapariyosāne panarāgādivasena evaṃ me javanaṃ javitanti āvajjato ārammaṇaṃ pariggahitameva hoti, puna vāraṃ tathā na javati. Aparassa ekavāraṃ evaṃ āvajjato puna dutiyavāraṃ rāgādivasena javanaṃ*

javatiyeva, dutiyavāravasane pana evaṃ me javanaṃ javitanti āvajjato ārammaṇaṃ pariggahitameva hoti, tatiyavāre tathā na uppajjati. (Ps).

39. *The Numerical Discourses of the Buddha: A New Translation of the Aṅguttara Nikāya*, trad. Bhikkhu Bodhi (Boston: Wisdom Publications, 2012), 761. *Sādhu bhikkhave bhikkhu kālena kālaṃ patikūlañca appaṭikūlañca tadubhayaṃ abhinivejjetvā upekkhako vihareyya sato sampajāno.* (AN 5:144).
40. *Chaḷaṅgupekkhāvasena pañcamo. Chaḷaṅgupekkhā cesā khīṇāsavassa upekkhāsadisā, na pana khīṇāsavupekkhā ... imasmim sutte pañcasu ṭhānesu vipassanāva kathitā. Taṃ āraddhavipassako ... kātum sakkoti ...* (Mp).
41. Véase *The Middle Length Discourses*, 278-85 (MN 28).
42. *Upekkhā kusalanissitā santhātīti idha chaḷaṅgupekkhā, sā panesā kiñcāpi khīnāsavassa iṭṭhāniṭṭhesu ... arajjanādivasena pavattati, ayaṃ pana bhikkhu vīriyabalena bhāvanāsiddhiyā attano vipassanaṃ khīṇāsavassa chaḷaṇgupekkhāthānethapetītivipassanāvachaḷaṅgupekkhānāmajātā.*(Ps).
43. Mahāsi Sayadaw sugirió «Potthila, el que no sirve para nada»; «Potthila, el desierto»; «Potthila, el futil», como otras posibles traducciones.
44. Un *yojana* es aproximadamente trece kilómetros.
45. *The Middle Length Discourses*, 1147. *Evaṃ sante kho, Uttara, andho bhāvitindriyo bhavissati, badhiro bhāvitindriyo bhavissati, yathā pārāsiviyassa brāhmanassa vacanaṃ. Andho hi, Uttara, cakkhunā rūpaṃ na passati, badhiro sotena saddaṃ na sunāti.* (MN 152.2).
46. *The Numerical Discourses*, 857. *Cakkhunā rūpaṃ disvā neva sumano hoti na dummano, upekkhako viharati sato sampajāno.* (AN 6:1).
47. *The Dhammapada*, 73. *Yogā ve jāyatī bhūrī, ayogā bhūrisaṅkhayo; etaṃ dvedhāpathaṃ ñatvā, bhavāya vibhavāya ca; tathāttānaṃ niveseyya, yathā bhūrī pavaḍḍhati.* (Dhp 282) (traducción adaptada del pali por Giulio Lucarda).
48. Véase también *The Path of Purification: Visuddhimagga*, trad. Bhikkhu Ñāṇamoli (Onalaska: BPS Pariyatti Editions, 1991), 610. *Evaṃ suvisuddharūpapariggahassa panassa arūpadhammā tīhākārehi upaṭṭhahanti phassavasena vā, vedanāvasena vā, viññāṇavasena vā.* (Vism 18.18).
49. *Tenassa phusanākārena supākaṭabhāvena upaṭṭhānaṃ dasseti. Phasse pana upaṭṭite yasmiṃ ārammaṇe so phasso, tassa anubhavanalakkhaṇā vedanā, sañjānanalakkhaṇā saññā, āyūhanalakkhaṇā cetanā, paṭivijānanalakkhaṇaṃ viññāṇanti imepi pākaṭā honti.* (Vism-mhṭ).

50. Véase *The Long Discourses of the Buddha: A New Translation of the Dīgha Nikāya*, trad. Maurice Walshe (Boston: Wisdom Publications, 1995), 321-34 (DN 21).
51. Véase *The Middle Length Discourses*, 145–55 (MN 10).
52. *Yassa phasso pākaṭo hoti, sopi «na kevalaṃ phassova uppajjati, tena saddhiṃ tadeva ārammaṇaṃ anubhavanāmānā vedanāpi uppajjati, sañjānamānā saññāpi, cetayamānā cetanāpi, vijānanamānaṃ viññāṇampi uppajjatī» ti phassapañcamakeyeva parigganhāti*. (Vibh-a).
53. *Idha pana cakkhuviññāṇasampayuttā tayo khandhā. Te hi cakkhuviññāṇena saha viññātabbattā «cakkhuviññāṇaviññātabbā»ti vuttā*. (Spk).
54. *Phassāhāre tīhi pariññāhi pariññāte tisso vedanā pariññātāva honti tammūlakattā tamsampayuttattā ca*. (Spk).
55. Esto es, ver los fenómenos tal como son.
56. Esto es, ver los fenómenos como impermanentes, etcétera.
57. Esto es, ver los fenómenos sin apego.
58. *Viññāṇasmiñhi pariññāte taṃ pariññātameva hoti tammūlakattā, sahuppannattā ca*. (Spk).
59. Véase *The Middle Length Discourses*, 925-30 (MN 115).
60. *The Middle Length Discourses*, 926. *Chayimā, Ānanda dhātuyo—pathavīdhātu, āpodhātu, tejodhātu, vāyodhātu, akāsadhātu, viññānadhātu. Imā kho ānanda cha dhātuyo yato jānāti passati—ettāvatāpi kho, Ānanda «dhātukusalo bhikkhūti alaṃ vacanāyā»ti*. (MN 115.5).
61. Esto no hace referencia al conocimiento teórico (*sutamayañāṇa*) ni al conocimiento analítico (*cintāmayañāṇa*), sino al conocimiento empírico (*bhāvanāmayañāṇa*), que es la comprensión que logramos con la práctica de *vipassanā*.
62. *Jānāti passatīti saha vipassanāya maggo vutto. Pathvīdhātu-ādayo saviññāṇakakāyaṃ suññato nissattato dassetuṃ vuttā. Tāpi purimāhi aṭṭharasahi dhātūhi pūretabbā. Pūrentena viññāṇadhātuto nīharitvā pūretabbā. Viññāṇadhātu hesā cakkhuviññāṇādivasena chabbidhā hoti. Tattha cakkhuviññāṇadhātuyā pariggahitāya tassā vatthu cakkhudhātu, ārammaṇaṃ rūpadhātūti dve dhātuyo pariggahitāva honti. Esa nayo sabbattha. Manoviññāṇadhātuyā pana pariggahitāya tassā purimapacchimavasena manodhātu, ārammaṇavasena dhammadhātūti dve dhātuyo pariggahitāva honti. Iti* [... MS] *idampi ekassa bhikkhuno niggamanaṃ matthakaṃ pāpetvā kathitaṃ hoti*. (Ps).
63. Véase *The Middle Length Discourses*, 145-55 (MN 10).

64. *Ettha ca «kakkhaḷaṃ mudukaṃ saṇhaṃ pharusaṃ garukaṃ lahukan»ti padehi pathvīdhātu eva bhājitā.* [... [MS]] *«Sukhasamphassaṃ dukkhasamphassan»ti padadvayena pana tīnīpi mahābhūtāni bhājitāni.* (As).
65. Véase *The Path of Purification*, 463. *Aniṭṭhaphoṭṭhabbānubhavanalakkh aṇaṃ dukkhaṃ.* (Vism 14.127).
66. *Ibid. Sampayuttānaṃ milāpanarasaṃ.* (Vism 14.127).
67. *Ibid. Kāyikābādhapaccupaṭṭhānaṃ.* (Vism 14.127).
68. *Ibid. Kāyindriyapadaṭṭhanaṃ, «Phassapadaṭṭhāna vedanā».* (Vism 14.127).
69. *The Middle Length Discourses*, 145-46: ... *satova assasati, satova passasati.* (MN 10.4; DN 22.2).
70. *Ibid.*, 146: ... *samudayadhammānupassī vā kāyasmiṃ viharati* ... (MN 10; DN 22).
71. *Ibid.*, 146: ... *vayadhammānupassī vā* [*kayasmi*[VRI]] *viharati* ... (MN 10; DN 22).
72. *Ibid.*, 146: *«Atthi kāyo»ti vā panassa sati paccupatthitāhoti* ... (MN 10; DN 22).
73. *Ibid.*, 146: ... *Yathā yathā vā panassa kāyo panihito hoti, tathā tathā naṃ pajānāti.* (MN 10; DN 22).
74. Las veinte partes que están dominadas por el elemento tierra son: 1) cabellos; 2) vello; 3) uñas; 4) dientes; 5) piel; 6) carne; 7) tendones; 8) huesos; 9) médula; 10) riñones; 11) corazón; 12) hígado; 13) diafragma; 14) bazo; 15) pulmones; 16) intestino grueso; 17) intestino delgado; 18) contenidos del estómago; 19) heces, y cerebro 20).
75. Las doce dominadas por el elemento agua son: 1) bilis; 2) flema; 3) pus; 4) sangre; 5) sudor; 6) grasa; 7) lágrimas; 8) linfa; 9) saliva; 10) moco; 11) líquido sinovial, y 12) orina.
76. Las cuatro dominadas por el elemento fuego son aquellas mediante las cuales uno se calienta, envejece y se consume, y aquella por la cual todo lo que comemos, bebemos, consumimos y saboreamos queda completamente digerido.
77. Las seis dominadas por el elemento aire son: 1) los vientos que se mueven hacia arriba; 2) los vientos que se mueven hacia abajo; 3) los vientos de la barriga; 4) los vientos de los intestinos (entrañas); 5) los vientos que se mueven por las extremidades, y 6) la inspiración y la espiración.
78. *The Middle Length Discourses*, 148. *Imameva kāyaṃ yathāṭhitaṃ yathāpaṇihitaṃ dhātuso paccavekkhati «atthi imasmiṃ kāye pathavīdhātu āpodhātu, tejodhātu vāyodhātu»ti.* (MN 10; DN 22).

79. *The Middle Length Discourses*, 146. *Gacchanto vā «gacchāmī»ti pajānāti*. (MN 10; DN 22).
80. *Esa evaṃ pajānāti—«gacchāmī»ti cittaṃ uppajjati, taṃ vāyaṃ janeti, vāyo viññattiṃ janeti, cittakiriyavāyodhātuvipphārena sakalakāyassa purato abhinīhāro gamananti vuccati*. (Sv).
81. *Imassa pana bhikkhuno jānanaṃ sattūpaladdhiṃ pajahati. Attasaññaṃ ugghāṭeti kammaṭṭhānañceva satipaṭṭhānabhāvanā ca hoti*.
82. *The Middle Length Discourses*, 147: ... *abhikkante paṭikkante sampajānakārī hoti*. (MN 10; DN 22).
83. En relación con la palabra pali que significa «colección, grupo, o masa de huesos», Mahāsi Sayadaw añadió el comentario siguiente a la cita pali original: «preferimos *rūpasanghāṭo* a *aṭṭhisaṅghāto*»; hemos aplicado un uso adecuado para la traducción inglesa.
84. *Abhikkamādīsu pana asammuyhanaṃ asammohasampajaññaṃ. Taṃ evaṃ veditabbaṃ—idha bikkhu abhikkamanto vā paṭikkamanto vā yathā andhbalāputhujjanāabhikkamādīsu «attā abhikkamati, attanā abhikkamo nibbattito»ti vā, «ahaṃ abhikkamāmi, mayā abhikkamo nibbattito»ti vā sammuyhanti tathā asammuyhanto «abhikkamāmī»ti citte uppajjamāne teneva cittena saddhiṃ cittasamuṭṭhānā vāyodhātu viññattiṃ janatamānā uppajjati. Iti cittakiriyavāyodhātuvipphāravasena ayaṃ kāyasammato aṭṭhisaṅghāto abhikkamati. Tassevaṃ abhikkamato ekekapāduddharaṇe pathvīdhātu āpodhātūti dve dhātuyo omattā honti mandā, itarā dve adhimattā honti balavatiyo; tathā atiharaṇavītiharaṇesu.* [*Vosajjane tejovāyodhātuyo omattā honti mandā, itarā dve adhimattā* [*honti*[MS]] *balavtiyo; tathā sannikkhepanasannirumbhanesu*[MS, MNCom'y]]. [*Vosajjane tejodhātu vāyodhātuti dve dhātuyo omattā honti mandā, itarā dve adhimattā balavtiyo; tathā sannikkhepanasannirujjhanesu*[DNCom'y]]. (Ps; Sv).
85. Literalmente dice: «la vieja mente se desvanece y la nueva mente aparece».
86. *Tattha uddharaṇe pavattā rūpārūpadhammā atiharaṇaṃ na pāpuṇanti, tathā atiharaṇe pavattā vītiharaṇaṃ vītiharaṇe pavattā vosajjanaṃ, vosajjane pavattā sannikkhepanaṃ, sannikkhepane pavattā sannirujjhanaṃ* [*sannirumbhanaṃ*] *na pāpuṇanti. Tattha tattheva pabbaṃ pabbaṃ sandhi sandhi odhi odhi hutvā tattakapāle pakkhittatilāni viya paṭapaṭāyantā bhijjanti. Tattha ko eko abhikkamati, kassa vā ekassa abhikkamanaṃ? Paramatthato hi dhātūnaṃyeva gamanaṃ, dhātūnaṃ ṭhānaṃ, dhātūnaṃ nisajjānaṃ, dhātūnaṃ sayanaṃ. Tasmiṃ tasmiṃ* [*hi*[MS]] [*kaṭṭhāse*[MS]] [*koṭṭhāse*[VRI]] *saddhiṃ rūpena*.

Aññaṃ upajjate cittaṃ, aññaṃ cittaṃ nirujjhati;
avīcimanusambandho, nadīsotova vattatīti.

Evaṃ abhikkamādīsu asammuyhaṃ asammohasampajaññaṃ nāmati. (Ps; Sv).

87. Mahāsi Sayadaw cita como ejemplo: «... cuando está de pie comprende: "estoy de pie"». (*Ṭhitovāṭhitomhī'ti pajānāti*). (MN 10; DN 22).
88. *Eko hi bhikkhu gacchanto aññaṃ cintento aññaṃ vitakkento gacchati, eko kammaṭṭhānaṃ avisajjetvāva gacchati, tathā eko tiṭṭhanto, nisīdanto, sayanto, aññaṃ cintento aññaṃ vittakkento sayati, eko kammaṭṭhānaṃ avisajjetvāva sayati.* (Vibh-a).
89. *The Middle Length Discourses*, 147. *Ālokite vilokite sampajānakārī hoti.* (MN 10; DN 22).
90. *Kammaṭṭhānassa pana avijahanameva gocarasampajaññaṃ. Tasmā [ettha*[DNCom'y]*] khandhadhātuāyatanakammaṭṭhānikehi attano kammaṭṭhānavaseneva, kasiṇādikammaṭṭhānikehi vā pana kammaṭṭhānasīseneva ālokanavilokanaṃ*[MNCom'y, SNCom'y, ACom'y]*][ālokanaṃ vilokanaṃ*[DNCom'y]*] kātabbaṃ.* (Ps; Sv).
91. *The Middle Length Discourses*, 147. *Samiñjite pasārite sampajānakārī* ... (MN 10; DN 22).
92. *Ibid. Saṅghāṭipattacīvaradhāraṇe sampajānakārī ....*
93. *Ibid. Asite pīte khāyite sāyite sampajānakārī ....*
94. *Ibid. Uccārapassāvakamme sampajānakārī ....*
95. *Ibid. Gate ṭhite nisinne sutte jāgarite bhāsite tuṇhībhāve sampajānakārī hoti.*
96. En Birmania se dirigen a los desconocidos según su edad. A una mujer que sea más o menos de la misma edad que nuestra madre, la llamaríamos «tía», a un hombre que tiene más o menos la misma edad que nuestro abuelo, lo llamaríamos «abuelo», a una persona que tiene más o menos la misma edad que nosotros, la llamaríamos «hermana» o «hermano», etcétera.
97. *Ibid. Bahiddhā vā kāye kāyānupassī viharati ...*
98. *Ibid. Ajjhattabahiddhā vā kāye kāyānupassī viharati ...*
99. *Ibid. Samudayadhammānupassī vā ... vayadhammānupassī vā kāyasmiṃ viharati ...*
100. *Ibid. Yathā yathā vā panassa kāyo panihito hoti, tathā tathā naṃ pajānāti ...*
101. *Ibid.*, 149. *Sukhaṃ vā vedanaṃ vedayamāno «sukhaṃ vedanaṃ vedayāmī»ti pajānāti .*
102. *Vatthuṃ ārammaṇaṃ katvā vedanāva vedayatīti sallakkhento esa «sukhaṃ vedanaṃ vedayāmīti pajānātī»ti veditabbo ...* (Sv).

103. Véase *The Middle Length Discourses*, 396-403 (MN 44).
104. Véase *The Long Discourses*, 479-510 (DN 33).
105. MN 115. Ver *The Middle Length Discourses*, 925–30.
106. Véase *The Long Discourses*, 321-34 (DN 21).
107. Véase *The Middle Length Discourses*, 145–55 (MN 10).
108. *Adukkhamasukhā pana duddīpanā* [*andhakārāva*[MNCom'y]][*andhakarena viya*[DNCom'y]] [*andhakārā*[KN, ACom'y]] *avibhūtā. Sā sukhadukkhānaṃ apagame sātāsātapaṭipakkhepavasena majjhattākārabhūtā adukkhamasukhā vedanāti nayato ganhantassa pākaṭā hoti*. (Ps; Sv).
109. *Duddīpanāti ñānena dīpetum asakkuneyyā, dubbiññeyyāti attho. Tenāha andhakārāva avibhūtāti*. (DN-ṭ).
110. 110 *Sāmisaṃ vā sukhaṃ vedanaṃ vedayamāno sāmisaṃ sukhaṃ vedanaṃ vedayāmīti pajānāti* ... (Ps; Sv).
111. *The Middle Length Discourses*, 1068. *Rūpānaṃ tveva aniccataṃ viditvā viparināmavirāganirodhaṃ, «pubbe ceva rūpā tarahi ca sabbe te rūpā aniccā dukkhā vipariṇāmadhammā»ti evamevaṃ yathābhūtaṃ ammappaññāya passato uppajjati somanassaṃ. Yaṃ evarūpaṃ somanassaṃ idaṃ vuccati nekkhammasitaṃ somanassaṃ*. (MN 137.11).
112. *Ibid.*, 149. *Nirāmisaṃ vā sukhaṃ vedanaṃ vedayamāno «nirāmisaṃ sukhaṃ vedanaṃ vedayāmī»ti pajānāti*. (MN 10; DN 22).
113. *Ibid.*, 150. *Sāmisaṃ vā dukkhaṃ vedanaṃ vedayamāno «sāmisaṃ dukkhaṃ vedanaṃ vedayāmī»ti pajānāti*.
114. *Ibid. Nirāmisaṃ vā dukkhaṃ vedanaṃ vedayamāno «nirāmisaṃ dukkhaṃ vedanaṃ vedayāmī»ti pajānāti*.
115. *Pavāraṇā* es una ceremonia que se hace al final del retiro anual de lluvias donde cada *bhikkhu* invita a otro u otros compañeros a indicarle, en forma de comentario amable, posibles faltas que haya podido cometer durante el retiro anual de lluvias.
116. *Ibid. Sāmisaṃ vā adukkhamasukhaṃ vedanaṃ vedayamāno «sāmisaṃ adukkhamasukhaṃ vedanaṃ vedayāmī»ti pajānāti*.
117. *Ibid. Nirāmisaṃ vā adukkhamasukhaṃ vedanaṃ vedayamāno «nirāmisaṃ dukkhamasukhaṃ vedanaṃ vedayāmī»ti pajānāti*.
118. *Ibid. Samudayadhammānupassī vā ... vayadhammānupassī vā vedanāsu viharati ...*
119. *Ibid. «Atthi vedanā»ti vā panassa sati paccupaṭṭhitā hoti*.
120. *Ibid. Sarāgaṃ vā cittaṃ «sarāgaṃ cittan»ti pajānāti. Vītarāgaṃ vā cittaṃ «vītarāgaṃ cittan»ti pajānāti*.

121. *Ibid. Sadosaṃ vā cittaṃ sadosaṃ cittanti pajānāti. Vītadosaṃ vā cittaṃ vītadosaṃ cittanti pajānāti.*
122. *Samohaṃ vā cittaṃ samohaṃ cittanti pajānāti, vītamohaṃ vā cittaṃ vītamohaṃ cittanti pajānāti.*
123. *Ibid.*, 123. *Yasmiṃ yasmiṃ khaṇe yaṃ yaṃ cittaṃ pavattati, taṃ taṃ sallakkhento attano vā citte, parassa vā citte, kālena vā attano, kālena vā parassa citte cittānupassasī viharati.* (Sv; Ps).
124. *The Middle Length Discourses*, 151. *Samudayadhammānupassī vā ... vayadhammānupassī vā cittasmiṃ viharati.* (MN 10.35)
125. *Ibid. «Atthi cittan»ti vā panassa sati paccupaṭṭhitā hoti.*
126. *Ibid. «Atthi me ajjhattaṃ kāmacchando»ti pajānāti.*
127. *Ibid. Santaṃ vā ajjhattaṃ byāpādaṃ ... thīnamiddhaṃ ... uddhacca-kukkuccaṃ ... pajānāti.*
128. Por ejemplo, dudas acerca de si la ignorancia genera las formaciones mentales y demás.
129. *Ibid. Santaṃ vā ajjhattaṃ vicikicchaṃ «atthi me ajjhattaṃ vicikicchā»ti pajānāti.*
130. *Ibid. Santaṃ vā ajjhattaṃ vicikicchaṃ «atthi me ajjhattaṃ vicikicchā»ti pajānāti.*
131. *Yoniso manasikāro nāma upāyamanasikāro pathamanasikāro. Anicce aiccanti vā, dukkhe dukkhanti vā, anattani anattāti vā asubhe asubhanti vā manasikāro.* (Ps; Sv).
132. *Yonisomanasikāro* [*nāma*[MS]][... [VRI]] *kusalādīnaṃ taṃtaṃsabhāvara-salakkhaṇaādikassa yāthāvato avabujjhanavasena uppanno ñāṇasampayuttacittuppādo. So hi aviparītamanasikāratāya «yonisomanasikāro»ti vutto, tadābhogatāya āvajjanāpi taggahikā eva.* (DN-ṭ).
133. *Ayonisomanasikāro nāma anupāyamanasikāro uppathamanasikāro. Anicce niccanti vā, dukkhe sukkhanti vā, anattani attāti vā, asubhe subhanti vā manasikāro.* (Ps; Sv).
134. Véase Anexo 2: Flujo de consciencia.
135. *The Middle Length Discourses*, 151. *Yathā ca anuppannassa kāmacchandassa uppādo hoti tañca pajānāti, yathā ca uppannassa kāmacchandassa pahānaṃ hoti tañca pajānāti, yathā ca pahīnassa kāmacchandassa āyatiṃ anuppādo hoti tañca pajānāti.* (MN 10; DN 22).
136. *Ibid. Iti rūpaṃ ...; iti vedanā ...; iti saññā ...; iti sankhārā ...; iti viññānaṃ ....*
137. *Iti rūpanti idaṃ rūpaṃ, ettakaṃ rūpaṃ, na ito paraṃ rūpaṃ atthīti sabhāvato rūpaṃ pajānāti. Vedanādīsupi eseva nayo.* (Sv).

138. *The Middle Length Discourses*, 151. *Iti rūpassa samudayo, iti rūpassa atthaṅgamo.*
139. *Ibid. Iti vedanā, iti vedanāya samudayo, iti vedanāya atthaṅgamo.*
140. *Ibid. Iti viññānaṃ, iti viññāṇassa samudayo, iti viññāṇassa atthaṅgamo.*
141. Con relación a las cuatro reflexiones de arriba, revelan que las cuatro causas de desaparición son: no hay codicia, no hay karma y no hay causas individuales –como por ejemplo alimento, objeto o contacto– cuando no hay ignorancia.
142. Véase Anexo 2: Flujo de consciencia, H2.
143. Esta etimología juega con la idea de que el nombre pali *nāma* tiene su orígen en la raíz verbal √*nam*, que significa «doblarse, postrarse, presentar respetos».
144. Esta etimología juega con la idea de que el nombre pali *rūpa* tiene su orígen en la raíz verbal √*rup*, que significa «molestar, transgredir».
145. *The Middle Length Discourses*, 153. *Yañca tadubhayaṃ paticca uppajjati saṃyojanaṃ tañca pajānāti, yathā ca anuppannassa saṃyojanassa uppādo hoti tañca pajānāti, yathā ca uppannassa saṃyojanassa pahānaṃ hoti tañca pajānāti* ... (MN 10; DN 22).
146. *Ibid. Yathā ca pahīnassa saṃyojanassa āyatiṃ anuppādo hoti, tañca pajānāti* ...
147. *The Dhammapada*, 91. *Sabbaratiṃ dhammarati jināti*. (Dhp 354).
148. *The Middle Length Discourses*, 153. *Santaṃ vā ajjhattaṃ satisambojjhaṅgaṃ «atthi me ajjhattaṃ satisambojjhango»ti pajānāti* ... (MN 10; DN 22).
149. *Ibid. Asantaṃ vā ajjhattaṃ satisambojjhangaṃ «natthi me ajjhattaṃ satisambojjhango»ti pajānāti* ... .
150. *Ibid. Yathā ca anuppannassa satisambojjhaṅgassa uppādo hoti, tañca pajānāti.*
151. *Ibid. Yathā ca uppannassa satisambojaṅgassa bhāvanāya pāripūrī hoti, tañca pajānati.*
152. La palabra *dukkha* se traduce generlamente como «sufrimiento», «insatisfacción», «angustia» o «aflicción». Sin embargo, la palabra pali también tiene connotaciones de impermanencia, insubstancialidad, vacuidad, imperfección e inseguridad.
153. *Ibid.*, 278. *Jātipi dukkhā, jarāpi dukkhā, maranaṃpi dukkhaṃ*. (MN 28, 141; DN 22; AN 6.63; etc.).
154. Técnicamente no consideramos el apego (*taṇhā*) como sufrimiento, sino como el origen del sufrimiento.

155. *The Connected Discourses*, 1271. *Taṃ kho panetaṃ bhikkhu mayā saṅkhārānaṃyeva aniccataṃ sandhāya bhāsitaṃ—«yaṃ kiñci vedayitaṃ, taṃ dukkhasmin» ti* ... (SN 36.11).
156. *The Numerical Discourses*, 964. *Saṃkhittena pañcupādānakkhandhā dukkhā*. (AN 6.63).
157. Véase Apéndice 2: Flujo de consciencia, en el momento de la muerte de un ser ordinario no iluminado.
158. *The Middle Length Discourses*, 135. *Yāyaṃ tanhā ponobbhavikā nandīrāga-sahagatā* ... (MN 9, 44, 141).
159. *The Connected Discourses*, 1844. *Yo tassāyeva taṇhāya asesavirāganirodho* ... (SN 56.11).
160. Este pasaje no es literal, sino que incluye explicaciones de Mahāsi Sayadaw.
161. *Tattha purimāni dve saccāni vaṭṭaṃ pacchimāni vivaṭṭaṃ. Tesu bhikkhuno vaṭṭe kammaṭṭhānābhiniveso hoti, vivaṭṭe natthi abhiniveso. Purimāni hi dve saccāni «pañcakkhandhā dukkhaṃ, tanhā samudayo»ti evaṃ saṅkhepena ca, «katame pañcakkhandhā, rūpakkhandho»ti-ādinā nayena vitthārena ca ācariyassa santike uggaṇhitvā vācāya punappunaṃ parivattento yogāvacaro kammaṃ karoti. Itaresu pana dvīsu saccesu—«nirodhasaccaṃ iṭṭhaṃ kantaṃ manāpaṃ, maggasaccaṃ iṭṭhaṃ kantaṃ manāpan»ti evaṃ savanena kammaṃ karoti. So evaṃ karonto cattāri saccāni ekapaṭivedhena paṭivijjhati ekābhisamayena abhisameti. Dukkhaṃpariññāpativedena pativijjhati, samudayaṃ pahānapaṭivedhena pativijjhati, nirodhaṃ achikiriyāpaṭivedhena,* [*pativijjhati*[MS]], *maggaṃ bhāvanāpaṭivedena pativijjhati. Dukkhaṃ pariññābhisamayena* [*abhisameti. Samudayaṃ phānābhisamayena. Nirodhaṃ sacchikiriyābhisamayena.* [MS]] [... *pe* ... [VRI]] *Maggaṃ bhāvanābhisamayena abhisameti. Evamassa pubbabhāge dvīsu saccesu uggahaparipucchāsavanadhāraṇasammasanapaṭivedho hoti, dvīsu panasavannapaṭivedhoyeva. Aparabhāge tīsu kiccato paṭivedho hoti, nirodhe ārammanappaṭivedho*. (Sv).
162. *Addhā imāya paṭipadāya jarāmaraṇamhā parimuccissāmī*. (Dhs-a).
163. *Vaṭṭe kammaṭṭhānābhiniveso sarūpato pariggahasabbhāvato. Vivaṭṭe natthi avisayattā, visayatte ca payojanābhāvato* [... [MS]] *Iṭṭhaṃ kantanti nirodha-maggesu ninnabhāvaṃ dasseti, na abhinandanaṃ, tanninnabhāvoyeva ca tattha kammakaraṇaṃ daṭṭhabbaṃ*. (DN-ṭ).
164. *The Middle Length Discourses*, 154. *Idaṃ dukkhanti yathābhūtaṃ pajānāti*. (MN 10; DN 22).

165. Los tres mundos son: el mundo de la esfera sensual (*kāma*), el mundo de la esfera material (*rūpa*) y el mundo de la esfera inmaterial (*arūpa*).
166. *Thapetvā taṇhaṃ tebhūmakadhamme idaṃ dukkhan»ti yathāsabhāvato pajānāti*. (Ps; Sv).
167. *Yathāsabhāvatoti aviparītasabhāvato. Bādhanasakkhaṇato yo yo vā sabhāvo yathāsabhāvo, tato, ruppanādi kakkhaḷādisabhāvato*. (DN-ṭ).
168. *The Connected Discourses*, 158. «*Yattha [nu*[AN]*] kho āvuso na jāyati na jiyyati na mīyati na cavati na upapajjati, nā'haṃ taṃ gamanena lokassa antaṃ ñāteyyaṃ diṭṭheyyaṃ patteyyanti "vadāmi"ti ... a kho panāhaṃ āvuso appatvā lokassa antaṃ dukkhassa antakiriyaṃ vadāmi. Api ca khvāhaṃ āvuso, imasmimyeva byāmamatte kalevare sasaññimhi samānake lokañca paññapemi, lokasamudayañca, lokanirodhañca, lokanirodhagāminiñca patipadaṃ ...*» (SN:2.26).
169. *Lokanti dukkhasaccaṃ. Lokasamudayanti samudayasaccaṃ. Lokanirodhanti nirodhasaccaṃ. Paṭipadanti maggasaccaṃ. Iti «nāhaṃ āvuso, imāni cattāri sac cāni tinakaṭṭhādīsu paññapemi, imasmiṃ pana cātumahābhūtike kāyasmiṃyeva paññapemī»ti dasseti*. (Spk).
170. *Sasantatipariyāpannānaṃ dukkhasamudayānaṃ appavattibhāvena pariggayhamāno nirodhopi sasantatipariyāpanno viya hotīti katvā vuttaṃ «attano vā cattāri saccānī»ti. Parassa vāti etthāpi eseva nayo*. (DN-ṭ).
171. *Tasseva kho pana dukkhassa janikaṃ samuṭṭhāpikaṃ purimataṇhaṃ «ayaṃ dukkhasamudayo»ti*. (Sv).
172. Esto incluye las experiencias de ver, doblar y demás.
173. Esto demuestra que las sensaciones desagradables son un tipo de verdad del sufrimiento que es especialmente fácil de comprender.
174. *Dukkhasaccañhi uppattito pākaṭaṃ. Khānukaṇṭakapahārādīsu «aho dukkhan»ti vattabbatampi āpajjati. Samudaympi khāditukāmatābhuñjitukāmatādivasena uppattito pākataṃ. Lakkhanapaṭivedato pana ubhayampi [taṃSNCom'y] gambhīraṃ. Iti tāni duddasattā gambhīrāni*. (Sv; Spk).
175. «*Duddasattā*» *ti attano pavattikkhaṇavasena pākaṭānipi pakatiñāṇena sabhāvarasato daṭṭhuṃ asakkuṇeyyattā. Gambhīreneva ca bhāvanāñāṇena, tathāpi matthakapattena ariyamaggañāṇeneva yāthāvato passitabbattā gambhīrāni*. (Sv).
176. Véase también *The Path of Discrimination*, 60. Traducción de Giulio Lucarda basada en el original pali (BTE) «*Uppādo bhayaṃ, anuppādo kheman*» *ti* ... (Paṭis 1.300).
177. Véase también *The Path of Purification*, 654–55. *Yañcassa udayabba-*

yadassanaṃ, maggovāyaṃ lokikoti maggasaccaṃ pākaṭaṃ hoti ... (Vism 20.100).

178. *Ñāyo vuccati ariyo aṭṭhaṅgiko maggo, tassa adhigamāya, pattiyāti vuttaṃ hoti. Ayañhi pubbabhāge lokiyo satipaṭṭhānamaggo bhāvito lokuttaramaggassa adhigamāya samvattati.* (Ps; Sv).
179. *Pahānameva vuttanayena paṭivedhoti pahānappaṭivedho.* (MN-ṭ; DN-ṭ).
180. Véase También *The Path of Purification*, 696. *Tattha paṭhamamaggañāṇaṃ tāva sampādetukāmena aññaṃ kiñci kātabbaṃ nāma natthi. Yañhi anena kātabbaṃ siyā, taṃ anulomāvasānaṃ vipassanaṃ uppādentena katameva.* (Vism 12.3).
181. Un comentario del *Abhidhamma*.
182. *Esa lokuttaro ariyo atthaṅgiko maggo. Yo saha lokiyena maggena dukkhanirodhagāminīpatipadāti saṅkhyaṃ gato,* ... (Vibh-a).
183. *Nānāntariyabhāvena panettha lokiyāpi gahitāva honti lokiyasamathavipassanāya vinā tadabhāvato.* (Vism-mhṭ).
184. *The Connected Discourses*, 180–81. *Idhānanda bhikkhu sammā-diṭṭhiṃ bhāveti vivekanissitaṃ virāganissitaṃ nirodhanissitaṃ vossaggapariṇāmiṃ, sammā-saṅkappaṃ bhāveti ... pe ... sammā-vācaṃ bhāveti ... pe ... sammā-kammantaṃ bhāveti ... pe ... sammā-ājīvam bhāveti ... pe ... sammā-vāyāmaṃ bhāveti ... pe ... sammā-satiṃ bhāveti ... pe ... sammā-samādhiṃ bhāveti vivekanissitaṃ virāganissitaṃ nirodhanissitaṃ vossaggaparināmiṃ. Evaṃ kho Ānanda bhikkhu kalyānamitto kalyānasahāyo kalyānasampavaṅko ariyaṃ atthaṅgikaṃ maggaṃ bhāveti, ariyaṃ atthangikaṃ maggaṃ bahulīkaroti.* (SN:3.18).
185. *Vivekanissitanti tadaṅgavivekanissitaṃ, samucchedavivekanissitaṃ, nissaranavivekanissitañca sammādiṭṭhiṃ bhāvetīti ayamattho veditabbo. Tathā hi ayaṃ ariyamaggabhāvanānuyutto yogī vipassanākkhaṇe kiccato tadangavivekanissitaṃ, ajjhāsayato nissaranavivekanissitaṃ, maggakāle pana kiccato samucchedavivekanissitaṃ, ārammaṇato nissaranavivekanissitaṃ, sammādiṭṭhiṃ bhāveti. Esa nayo virāganissitādīsu. Vivekatthā eva hi virāgādayo. Kevalañhettha vosaggo duvidho pariccāgavossaggo ca pakkhandanavossaggo cāti. Tattha pariccāgavossaggoti vipassanakkhane ca tadaṅgavasena, maggakkhaṇe ca samucchedavasena kilesappahānaṃ. Pakkhandanavosaggoti vipassanakkhaṇe tanninnabhāvena, maggakkhane pana ārammaṇakaraṇena nibbānapakkhandanaṃ, tadubhayampi imasmiṃ lokiyalokuttaramissake atthasamvaṇṇanānaye vattati. Tathā hi ayaṃ sammādiṭṭhi yathāvuttena pakārena kilese ca paricca-*

jati, nibbānaca pakkhandati. Vossaggapariṇāmin'ti iminā pana sakala vacanena vossaggatthaṃ pariṇamantaṃ parinatañca, paripaccantaṃ paripakkañcāti idaṃ vuttaṃ hoti. Ayañhi ariyamaggabhāvanānuyutto bhikkhu yathā sammādiṭṭhi kilesapariccāgavossaggatthaṃ nibbānapakk handanavosaggatthañca paripaccati, yathā ca paripakkā hoti. Tathā naṃ bhāvetīti. Esa nayo sesamaggaṅgesu. (Spk).

186. *Esa nayo sesamaggaṅgesu ...* (Vibh-a).
187. *Sammāvācādayotayo[pubbabhāge*[ANCom'y,PSMCom'y]*] [musāvādāveramaṇītiādivibhāgā*[UdCom'y]*] [pubbabhāge nānākkhaṇā nānārammaṇā*[Abhi. Com'y]*] viratiyopi honti cetanādayopi maggakkhaṇe pana viratiyova.*
188. Un comentario del Abhidhamma.
189. *Sikkhāpadavibhaṅge: «Viraticetanā, sabbe sampayuttadhammā ca sikkhāpadānī»ti vuttāti tattha padhānānaṃ viraticetanānaṃ vasena «viratiyopi honti cetanāyopī»ti āha. Musāvādādīhi viramanakāle vā viratiyo, subhāsitādivācābhāsanādikāle ca cetanāyo yojetabbā.* (DN-ṭ).
190. *Sammāvācādayotayo[pubbabhāge*[ANCom'y,PSMCom'y]*] [musāvādāveramaṇītiādivibhāgā*[UdCom'y]*] [pubbabhāge nānākkhaṇā nānārammaṇā*[Abhi. Com'y]*] viratiyopi honti cetanādayopi maggakkhaṇe pana viratiyova.* (DN-ṭ).
191. *Tattha assāsapassāsapariggāhikā sati dukkhasaccaṃ, tassā samuṭṭhāpikā purimataṇhā samudayasaccaṃ ubhinnaṃ appavatti nirodhasaccaṃ, dukkhaparijānano, samudayappajahāno, nirodhārammaṇo ariyamaggo maggasaccaṃ. Evaṃ catusaccavasena ussakkitvā nibbutiṃ pāpunātīti idamekassa assāsapassāsavasena abhiniviṭṭhassa bhikkhuno yāva arahattā niyyānamukhanti.* (Sv).
192. *Sā pana sati yasmiṃ attabhāve, tassa samutthāpikā tanhā, tassāpi samutthāpikā nāma hoti tadabhāve abhāvatoti āha «tassā samutthāpikā purimataṇhā»ti, yathā «saṅkhārapaccayā [viññāṇan*[MS]*]»ti. Tamviññāṇavīja taṃsantatisambhūto sabbopi lokiyo viññāṇappabandho «sankhārapaccayā viññāṇaṃ» teva vuccati suttantanayena.* (DN-ṭ).
193. Véase *The Path of Purification*, 176. *Addhā imāya paṭipadāya jarāmaraṇamhā parimuccissāmi ...* (Vism 6.22).
194. *Ekayāna*. Ven. Bhikkhu Bodhi traduce esta palabra como «camino directo», pero también puede leerse como lo hizo Mahāsi Sayadaw, «el único camino» o «la única vía».
195. *The Middle Length Discourses*, 155. Traducción modificada de acuerdo a la lectura que hace Mahāsi Sayadaw. *Ekāyano ayaṃ bhikkhave maggo sattānaṃ visuddhiya, sokaparidevānaṃ samtikkamāya,*

dukkhadomanassānaṃ atthaṅgamāya, ñāyassa adhigamāya, nibbānassa sacchikiriyāya, yadidaṃ cattāro satipaṭṭhānā. (MN 10; DN 22).

196. *Ekāyano ayaṃ bhikkhave maggoti ettha ekamaggo ayaṃ, bhikkhave, maggo na dvidhā pathabhūtoti evamattho daṭṭhabbo.* (Ps y Sv).

197. *Ekamaggoti eko eva maggo. Na hi nibbānagāmimaggo añño atthīti. Nanu satipaṭṭhānaṃ idha maggoti adhippetaṃ, tadaññe ca bahū maggadhammā atthīti? Saccaṃ atthi, te pana satipaṭṭhānaggahaneneva gahitā, uddese pana satiyā eva gahaṇaṃ veneyajjhāsayavasenāti daṭṭhabbaṃ. «Na dvidhāpathabhūto»ti iminā imassa maggassa anekamaggabhāvābhāvaṃ viya anibbānagāmibhāvābhavañca dasseti.* (DN-ṭ).

198. *The Middle Length Discourses*, 155. *Yo hi koci bhikkhave ime cattāro satipaṭṭhāne evaṃ bhāveyya sattāhaṃ, tassa dvinnaṃ phalānaṃ aññataraṃ phalaṃ pātikaṅkhaṃ diṭṭheva dhamme aññā; sati vā upādisese anāgāmitāti.* (MN 10; DN 22).

199. Véase *The Middle Length Discourses*, 704–9 (MN 85).

200. *Ibid.*, 708. *Imehi pañcahi padhāniyaṅgehi samannāgato bhikkhu tathāgataṃ vināyakaṃ labhamāno sāyamanusiṭṭho pāto visesaṃ adhigamissati, pātamanusiṭṭho sāyaṃ visesaṃ adhigamissati.* (MN 85).

201. *Advejjhavacanā buddhā, amoghavacanā jinā ...* (Buddhavamsa).

202. Véase *The Connected Discourses*, 1646 (SN 47.16).

203. U Pe Thin y Myanaung U Tin ha realizado una cuidadosa traducción de este capítulo bajo el título *Practical Insight Meditation* (Kandy: Buddhist Publication Society, 1971). Los lectores que están familiarizados con esta traducción encontrarán algunas diferencias en el lenguaje y el contenido de nuestra traducción. Hemos intentado, en la medida de lo posible, mantener el estilo y redacción originales de Mahāsi Sayadaw. También hemos corregido varios errores de traducción u omisiones que aparecen en la traducción de U Pe Thin y Myanaung U Tin.

204. Véase el Capítulo 1, «Purification of Conduct», del *Manual of Insight*.

205. *The Connected Discourses*, 890. *Rūpaṃ bhikkhave, yoniso manasi karotha, rūpāniccatañca yathābhūtaṃ samanupassatha.* (SN 22.52).

206. *Ibid.*, 889. *Aniccaññeva, bhikkhave bhikkhu Rūpaṃ aniccanti passati. Sāssa hoti sammādiṭṭhi.* (SN 22.51).

207. *Ibid.*, 1218. *Phoṭṭhabbe, bhikkhave, bhikkhu yoniso manasikaronto. Phoṭṭhabbāniccatañca yathābhūtaṃ samanupassanto.* (N 35.159).

208. *Ibid.*, 1217. *Anicceyeva, bhikkhave, bhikkhu phoṭṭhabbe aniccāti passati, sāssa hoti sammāditthi.* (SN 35.157).

209. *Ibid.*, 1187. *Phoṭṭhabbe … abhijānaṃ parijānaṃ virājayaṃ pajahaṃ bhabbo dukkhakkhayāyā* (SN 35.112). La interpretación de Mahāsi Sayadaw sobre este texto es la siguiente: «Conocer directamente, realizar, repudiar y abandonar los objetos tangibles nos lleva al fin del sufrimiento, el conocimiento del fruto del *arahat*, y el *nibbāna*».
210. *Ibid.*, 1148. [*Photthabbe*[MS]] *aniccato jānato passato avijjā pahīyati, vijjā uppajjati*. (SN 35.53).
211. *The Middle Length Discourses*, 282. *Yā ceva kho pana ajjhattikā vāyodhātu, yā ca bāhirā vāyodhātu vāyodhāturevesā. Taṃ «netaṃ mama; nesohamasmi, na meso attā»tievametaṃ yathābhūtaṃ sammappaññāya datthabbaṃ*. (MN 28, 62 y 140).
212. *The Connected Discourses*, 1847. *Dukkhaṃ, bhikkhave, ariyasaccaṃ pariññeyyaṃ*. (SN 56.12).
213. *The Middle Length Discourses*, 146. *Yathā yathā vā panassa kāyo panihito hoti, tathā tathā naṃ pajānāti* (MN 10; DN 22). La interpretación que hace Mahāsi Sayadaw para este fragmento es: «Sea cual sea la postura en la que está el cuerpo, sé consciente de él tal como es».
214. Esta descripción corresponde a la ducha típica de Birmania donde el agua corriente, fría, se entuba a un depósito abierto interior. (Este depósito es de donde vamos tomando agua con un cazo para verterla repetidamente sobre nosotros, tal como indica el texto). Anota de forma similar todas las acciones involucradas cuando te duchas en una ducha moderna.
215. Esto describe el modo tradicional de comer con las manos. Es común en Birmania, especialmente en los monasterios. Cuando comas con cubiertos debes anotar de la misma forma, meticulosamente, cada momento de ver, oler, intención de levantar un cubierto, levantando, abriendo la boca, masticando, saboreando, tragando, etcétera. Debes anotar durante toda la comida.
216. Véase también *The Path of Purification*, 609. *Yathā yathā hissa rūpaṃ suvikkhālitaṃ hoti nijjaṭaṃ suparisuddhaṃ, tathā tathā tadārammaṇā arūpadhammā sayameva pākaṭā honti*. (Vism 18.15).
217. *The Path of Purification*, 631 y 650. *Aniccaṃ khayaṭṭhena … hutvā abhāvato aniccā*. (Vism 20.14 y 20.84).
218. Y*adaniccaṃ taṃ dukkhaṃ … dukkhaṃ bhayaṭṭhena … udayabbayappīḷanato dukkha*. (Ps; Sv).
219. *The Numerical Discourses*, 507: … *dukkhavatthutāya … rogato … gaṇḍato … sallato …* (AN 4.124).

220. *The Connected Discourses*, 869. *Yaṃ dukkhaṃ tadanattā*. (SN 22.15).
221. *The Path of Purification*, 631: ... *Anattā asārakaṭṭhena* ... (Vism 20.16).
222. ... *Avasavattanato anattā*. (Mp).
223. El libro de Mahāsi Sayadaw *Practical Insight Meditation* dice a este respecto: «En líneas generales, estas son sensaciones difíciles de soportar». Sin embargo, la traducción correcta del original birmano es la que hemos escrito aquí.
224. Los seis tipos de fenómenos condicionados mentales y materiales son, por orden de frecuencia: tocar, conocer, escuchar, ver, saborear y oler.
225. *A Comprehensive Manual of Abhidhamma*, 248 (traducción modificada): *appanājavanaṃ iriyāpathampi sannāmeti*. (Abhidh-s 6.11).
226. Esta frase la compuso Mahāsi Sayadaw en pali: *Bhāvetabbā satacevaṃ, satipaṭṭhānabhāvanā, vipassanā rasassādaṃ, patthentenīdha*.
227. *The Connected Discourses*, 620. *Yathābhūtam ñāṇāya satthā pariyesitabbo*. (SN 12.82).
228. *Ibid.*, 717. *Nayidaṃ sithilamārabbha nayidam appena thāmasā; nibbānaṃ adhigantabbaṃ sabbadukkhappamocanaṃ*. (SN 21.4).

Bibliografía

Bodhi, Bhikkhu, trad. 2012. *The Numerical Discourses of the Buddha: A New Translation of the Aṅguttara Nikāya*. Boston: Wisdom Publications.

—, ed. 2005. *In the Buddha's Words: An Anthology of Discourses from the Pāḷi Canon*. Boston: Wisdom Publications.

—, ed. 1999. *A Comprehensive Manual of Abhidhamma: The Abhidhammattha Sangaha of Ācariya Anuruddha*. Onalaska: BPS Pariyatti Editions.

—, trad. 1999. *The Connected Discourses of the Buddha: A New Translation of the Saṃyutta Nikāya*. Boston: Wisdom Publications.

—, trad. 1995. *The Middle Length Discourses of the Buddha: A New Translation of the Majjhima Nikāya*. Boston: Wisdom Publications.

Fronsdal, Gil, trad. 2005. *The Dhammapada: A New Translation of the Buddhist Classic with Annotations*. Boston: Shambhala Publications.

Ireland, John D., trad. 1997. *The Udāna: Inspired Utterances of the Buddha, and The Itivutakka: The Buddha's Sayings*. Kandy: Buddhist Publication Society.

Mahāsi Sayadaw. 2016. *Manual of Insight: Mahāsi Sayadaw*. Traducido y editado por el comité de traducción de la Vipassanā Mettā Foundation. Somerville, MA: Wisdom Publications.

—, 1971. *Practical Insight Meditation*. Kandy: Buddhist Publication Society.

Ñāṇamoli, Bhikkhu, trad. 2009. *The Path of Discrimination: Paṭisambhidāmagga*. Oxford: Pali Text Society.

—, trad. 1991. *The Path of Purification: Visuddhimagga*. Onalaska: BPS Pariyatti Editions.

Ñānarama, Mahāthera Matara Sri. 1998. *The Seven Contemplations of Insight: A Treatise on Insight Meditation*. Kandy: Buddhist Publication Society.

—, 1993. *The Seven Stages of Purification and the Insight Knowledges: A*

Guide to the Progressive Stages of Buddhist Meditation. Kandy: Buddhist Publication Society.

Walshe, Maurice, trad. 1995. *The Long Discourses of the Buddha: A New Translation of the Dīgha Nikāya*. Boston: Wisdom Publications.

Índice

Abandono:
  conocimiento de *vipassanā*/del fruto, 216
  de la avidez (*pahānakicca*), 263-264
  distorsiones, conocimiento de *vipassanā*, 115
  y comprender la puerta de la mente (*pahānapariññā*), 118, 156
  y comprender lo no surgido (*pahānappaṭivedho*), 269-270
Abhidhammattha Saṅgaha, causa próxima en, 104
Abhidhammatthavibhāvinī, en mindfulness en relación con el objeto, 102-103
Abhiññeyya Sutta, en comprender el ojo, 112
abstinencia, 281-282
acción correcta (*sammā-kammanta*):
  como proceso mental asociado con observar, 264-265
  e intención, 38
  entrenamiento en, 35-37
aceptación:
  de las tres características universales-comunes, 72-73
  de uno mismo y de los demás, 45-46
actitud, correcta (*yoniso manasikāra*), 211-212
actitudes reactivas, 47-48
actividad sexual, dañina, abstenerse de, 35
actividades, corporales. *Véase también* posturas del cuerpo; consciencia del cuerpo, movimiento corporal; el cuerpo, existencia del cuerpo
  meditación caminando, 163-169
  meditación sentada, 173-174
  observar la intención antes de, 31
actos, beneficiosos y perjudiciales, 221
afección. *Véase también* distorsiones mentales
agitación, preocupación, superarlos con el mindfulness, 48-49
agregados/componentes, cinco:
  agregados sujetos al apego (*upādānakkhandhā*), 245, 291
  comprender empíricamente, 218
  contemplar, aproximaciones para, 217
  no surgir de, y el cese del sufrimiento, 248-249

sufrimiento relacionado con, 246
surgir y desaparecer de, 221-223
Ajahn Chah, 20
Ajahn Sumedho, 20
alimento:
de la avidez, y del surgir de las sensaciones, 220
y del surgir del cuerpo físico-material, 220
alimento, esencia nutritiva (*ojā*), atender a, 160
amor bondadoso, entrenamiento en, como respuesta a la aversión, 46
Anagārika Munindra, 21
Anāthapiṇḍika, robos a, 231
angustia (*domanassa*):
asociado con la renuncia, 195-196
aspectos de, 161
como una forma de dolor mental, 243-245
angustia hogareña (*gehasitadomanassa*), 195
animales, no humanos, incapacidad de distinguir entre mente y materia, 165
aparecer. *Véase* surgir y desvanecerse; desaparecer
apartamiento (*viveka*):
apartamiento de la obsesión, 38-41
apartamiento relacionado con la liberación (*nissaraṇaviveka*), 277
que para o detiene el apartamiento (*vikkhambhana*), 277
tipos de, 275-280
y desarrollar la consciencia del camino, 275, 280
y el conocimiento supramundano del camino, 279
apartamiento perpetuo (*samuccheda*), 275, 279
apartamiento repetido (*paṭipassaddhi*), 277
apartamiento temporal (*tadaṅgaviveka*), 117, 275-278. *Véase también* apartamiento
apego, anhelo, deseo. *Véase también* avidez; karma
abandonar los, impactos, 264
como base de la insatisfacción, reconocer, darse cuenta, 28-29
como residuos de vidas previas, 286
como resultado de, 245-246
comprender de forma empírica en el presente, 258
comprensión mundana de, 263
conocimiento supramundano de, 268-269
deseo de liberación, 262
deseo por la existencia, 228
estados mentales asociados, 43-44
hacerse consciente de, 203-204
materializar/vivir/poner en práctica, que trae sufrimiento como resultado, 30
por el despertar/iluminación, 252
y la experiencia del no surgir, 270
y mindfulness, 286
arahat (*arahattaphala*):
enfoques de práctica, 364-368
fruto del *arahat* (*arahattaphala*), 283-284
lograr, 288, 292, 296-300

armonía, vivir en, 35-38
arrogancia (*māna*), 230
aspectos de los fenómenos, 101-105
atención:
atención a lo repulsivo (*paṭikkūlamanasikāra*), 290
atención a los elementos (*dhātumanasikāra*), 290
ignorante, identificar y descartar, 44-45, 211-216
sabia, actitud correcta, 211-213, 215-216
atención ignorante (*ayoniso manasikāra*), 215
atención sabia, actitud-intención correcta, 211-212, 215
Aṭṭhasālinī:
acerca de levantar y dejar caer, 170
sobre las cualidades del elemento tierra, 148
ausencia de distracción, 49, 70
ausencia de identidad propia (*anattā*):
contemplar las sensaciones, 186-192
lograr *vipassanā* —comprensión— en mediante la práctica, 331-332
y cognición de los objetos, 115-116
y comprensión clara del dominio, 183
y comprensión clara sin ignorancia, 169-172
y ser consciente simultáneamente del surgir y desaparecer, 113
y ver las características de la impersonalidad, 83
ausencia de mindfulness, 213
ausencia de pasión (*virāga*):
conocimiento supramundano del camino, 279-280
tipos de, 277
y apartamiento, 277
ausencia de pasión temporal (*tadaṅgavirāga*), 277
avidez (*taṇhā*). *Véase también* anhelo, apego, deseos; sufrimiento
comprensión, liberarse a uno mismo de la, 74-92, 168, 269, 333
conocimiento de *vipassanā,* 269
creencias enquistadas, 88
cuando nos aproximamos al cese, enfoques sobre cómo gestionarlo, 350-351
deseo de conocimiento, 90
e identidad, 78
e insatisfacción, 29, 246, 399 n155
el surgir de la consciencia, 222
grados de, como cadena/distorsión, 42-43, 119-122
karma y, 246-247, 328-329
por la práctica del mindfulness, 88-91, 118, 165
por los placeres de los sentidos, 258, 268
y control, microgestión, 50-51, 64
y el sufrimiento (*dukkha*), 270, 399 n155
y el surgir de las sensaciones, 221
y la segunda verdad noble, 28-29, 230, 246-247, 368

base de la forma (*rūpāyatana*)/ elemento de la forma (*rūpadhātu*), 223

base de los objetos tangibles (*phoṭṭhabbāyatana*):
dolor físico, 149
en general, aspectos de, 147
específicamente, elementos materiales principales, 148
placer material-físico, 150
y el tacto, 225-226
base del corazón (*hadayavatthu*) y la mente, 227
base del olor (*gandhāyatana*)/ elemento del olor (*gandhādhātu*), 143, 225. *Véase también,* oler
base del sabor (*rasāyatana*)/elemento del sabor (*rasadhātu*), 144-145, 225. *Véase también* la lengua, saboreando
Bendito, el (*bhagavā*), cualidades, 387 n2
Bodhirājakumāra Sutta, y el logro del despertar/de la iluminación, 296
Buda, El. *Véase también* el *Dhamma;* conocimiento de *vipassanā*/del fruto; verdades nobles, cuatro
en referencia a la experiencia de *vipassanā* frente a evitar/ reprimir, 131-132
encomendarse a la sabiduría de, 302
sobre deleitarse en el *Dhamma*, 233
sobre el propósito de la enseñanza, 92
sobre la certeza de lograr el despertar/ iluminación, 19-20, 296
sobre la práctica de mindfulness como base para la sabiduría, 18-20, 132, 294-296
sobre las distorsiones, 113-114, 122
y el «Yo estoy meditando» en la meditación, 168
budismo, en la sociedad occidental, 18
budismo Theravāda, 23

cadenas, diez, 227-229. *Véase también* obstáculos
cambio, sufrimiento del (*vipariṇāmadukkha*), 241-242
camino espiritual, el (*magga*). *Véase también* conocimiento de *vipassanā*/del fruto; práctica de mindfulness; verdades nobles, cuatro
como comprensión mundana, 272-273
convergencia con el fruto, como experiencia directa con comprensión, 119
desarrollo, proceso para el, 73-74, 273-276, 301-302
mindfulness como un fundamento para, 168
y comprender mediante el abandono, 118
y conocer y ver, 138
y la experiencia del conocimiento del fruto, 358-361
y la experiencia del *nibbāna*, 271, 278, 288
y una *vipassanā* pura como punto de partida, 57
camino mundano de la *vipassanā* (*vipassanāmagga*), 273-274

camino noble de ocho factores. *Véase también* conocimiento de *vipassanā*/del fruto; crecimiento espiritual
aspiración por y certeza del *nibbāna*, 288
camino supramundano, 273-274
cuarto entrenamiento, y conocer las cuatro verdades nobles, 30
factores del camino que se basan en el *nibbāna*, 249, 278
primer entrenamiento: purificar el habla y el comportamiento/vivir en armonía, 35-38
segundo entrenamiento: apartado de las obsesiones, 38-57
tercer entrenamiento: la *vipassanā* que libera, 58-67
y comprensión completa del sufrimiento, 287
canon pali, edición acreditada, 22
características (*lakkhaṇā*):
como factores asociados a los fenómenos, 71
de la base del objeto tangible, 148
de la base del olor, 143
de la base del sabor, 144-145
de la base del sonido, 142
de la consciencia de la mente, 160
de la consciencia de la nariz, 143-144
de la consciencia del cuerpo, 149
de la consciencia del oído, 142
de la consciencia del ojo, 106-107
de la consciencia/sensibilidad de la lengua, 144
de la nutrición, 160
de la sensibilidad de la nariz, 143
de la sensibilidad del corazón, 157
de la sensibilidad del cuerpo, 147
de la vitalidad, 159-160
de la volición mental, 162-163
de las percepciones, 162
de las sensaciones, 107, 161
de los fenómenos reales últimos, 101
de un momento de la mente, 157
del contacto mental, 160-161
del dolor físico, 149
del elemento aire, 150-151
del elemento fuego, 148-149
del elemento tierra, 148
del estado mental de atención/de ser consciente de, 205-206
del género, 159
del *nibbāna*, 271
del placer físico, 150
y comprender los objetos visuales, 105-106
características universales/comunes, tres, 64
causa próxima (*padaṭṭhānā*):
como factor en el conocimiento empírico, 70
como uno de los cuatro factores, 71
de la base del olor, 143
de la base del sabor, 144-145
de la consciencia de la lengua, 145
de la consciencia de la mente, 160
de la consciencia de la nariz, 143-144
de la consciencia del ojo, 107
de la percepción, 162
de la sensibilidad de la lengua, 144

de la sensibilidad de la nariz, 143
de la sensibilidad del corazón, 156
de la sensibilidad del oído, 142
de la sensibilidad del ojo, 106
de la vitalidad, 159-160
de la volición mental, 162-163
de sensaciones (gozo, angustia, ni desagradable ni agradable), 161
del alimento, 160
del contacto mental, 107, 160-161
del dolor físico/corporal, 149
del elemento aire, 150
del elemento tierra, 148
del estado de atención/consciencia de la mente, 206
del género, 159
del momento mental, 156-157
del objeto visual, 106
del placer físico/corporal, 149
la base de los objetos tangibles, 148
la base del sonido, 142
observando objetos en términos de, 103
percibir, 104-105
y comprender el origen dependiente, 107-108
y consciencia corporal, 149
y consciencia del oído, 142
y los fenómenos reales últimos, 101-102
y sensibilidad del cuerpo, 147
causa y efecto. *Véase* condicionalidad; karma
Centro de Meditación Mahāsi, en Rangún, Birmania, 23
ceremonia de *Pavāraṇā*, 396 n115
cese (*nirodha*). *Véase también nibbāna*
aspiración por el, 287
conocimiento supramundano de, 270-271, 279
experimentar, 119, 249, 260-263, 289, 353-358
tipos de, 276-277
verdad del, 248-251
y ecuanimidad, 349-353
y extirpar las distorsiones, 117, 276
cese temporal (*tadaṅganirodha*), 277
claridad de la comprensión:
claridad mental, 336
como manifestación de la confianza, 68
mediante la meditación *vipassanā*, 24, 32
y *nibbāna*, 353-354
y un desarrollo de la percepción, 98
codicia. *Véase también* avidez; sufrimiento
y karma, 215
y la atención ignorante, 217
y sufrimiento/insatisfacción, 30, 54, 74
codicia, deseo, lujuria (*kāmarāga*):
como cadena, característica, 227
extirpado/arrancado por el segundo conocimiento del camino, 230
y práctica de atención/de ser consciente de, 228
comer y beber. *Véase también* la lengua/el gusto, saborear
práctica durante, 179-180, 318-319
respuestas multisensoriales durante, 145
tradiciones de Birmania, 404 n215

comida, respuestas multisensoriales a, 145. *Véase también* comer y beber, la lengua, saborear
comportamientos adictivos, 81
 la mente que advierte, 213, 214
comprender en su totalidad/ completamente. *Véase también* conocimiento de *vipassanā*/del fruto
 de la verdad noble del sufrimiento (*pariññeyya-ariyadukkhasacca*), 253
 función de (*pariññākicca*), las verdades mundanas, 263-266
 función de (*pariññākicca*), las verdades supramundanas, 266-273
 por abandono (*pahānapariññā*), 137
 por lo conocido (*ñātapariññā*), 137
 por medio de la investigación (*tīraṇapariññā*), 137
comprensión, clara (*sampajañña*):
 como objeto de meditación, 289
 comprensión clara del dominio (*gocarasampajañña*), 167, 175-185
 comprensión clara sin ignorancia (*asammohasampajañña*), 167, 169-176
 y la comprensión de la ausencia de identidad propia, 183-184
comprensión, deseo por, como una forma de apego, 90. *Véase también* comprensión de *vipassanā* /del fruto; verdades nobles, cuatro
compromiso/participación, activa, 281-282
concentración (*samādhisikkhā*):
 como una de las cinco facultades espirituales, 67
 concentración correcta (*sammāsamādhi*), 264
 entrenamiento en, tal como es necesario para los conocimientos del tercer camino y fruto, 368-369
 equilibrando con energía, 236-237
 factores del despertar de (*samādhisaṃbojjhaṅga*), 234
 intensa, y conocimiento de *vipassanā*, 329-330, 338-339
concentración de absorción/ concentración correcta. *Véase también* concentración momentánea frente a, 56
 como requisito previo para comenzar la *vipassanā*, 37, 55-56, 352-353
 y el *samādhi*, 70
 y la experiencia del momento-presente, 48-49
condescendencia, como obstáculo, 45-46
condición de soporte esencial o imprescindible (*upanissayapaccayuppanna*), 273. *Véase también* camino supramundano
condicionalidad (*anattā*). *Véase también* causa y efecto:
 como una característica fundamental de la experiencia, 49-50

comprender de forma empírica, 258-259
discernimiento/conocimiento de *vipassanā* del, 103, 110, 259, 325-329
y las sensaciones físicas/corporales, 220
y sufrimiento, 242
y un despertar liberador, 67
condicionar/mente condicionada. *Véase también* avidez
abandonar/abandono, como base de la *vipassanā*, 117-118
aprendiendo mediante la práctica del mindfulness, 60-61
conducta, correcta (*ñāya*), 293
conducta moral/ética:
como intención, consciencia, 220
mover y comprensión clara sin ignorancia, 171-174
proteger, superar transgresiones de, 36-37
purificando como preparativo para meditar, 301
y abstenerse de e intención, 281-282
y acción correcta (*sammā-kammanta*), 35-38, 264
y dedicación a los elementos, 170
confianza (*saddha*):
como característica de la confianza, 54, 68, 235
flujo y reflujo durante la práctica, 44
y el camino, 336
confianza/fe (*saddhā*):
como esencial para el crecimiento espiritual, 296-298
comprensión empírica de, 67-68
equilibrando con la sabiduría, 235-236
y la certeza de la liberación, 117-118
Conocimiento de revisión (*paccavekkhaṇāñāṇa*), y extirpar las cadenas, 229
conocimiento de *vipassanā*/del fruto. *Véase también* meditación *vipassanā*; práctica de meditación; crecimiento espiritual
absorción en/emerger de, 358-359
aprendizaje activo frente enfoques de calma mental, 110
clarificar, 361-363
como irreversible, 260
experiencia de la ecuanimidad, 349-353
experiencia del *nibbāna*, 289, 353-358
experimentar directamente con comprensión/realizar, como proceso, 250- 251, 260-268
fenómenos mentales y materiales asociados con, 329-330, 334-343, 346-348
lenguaje/terminología de, 188-189
manifestaciones empíricas, 71
tiempo/entrenamiento necesario para desarrollar, 33-34, 364, 369
verdades mundanas, 249-250
verdades supramundanas, 251-252, 266-268
y abandono/disolución, 118, 168-169, 260-262
y anotando la naturaleza verdadera de las formas visibles, 116
y comprender la amplitud y el alcance de la sabiduría, 72-73

y comprender la ausencia de un ser/ de identidad propia, 333
y comprender la verdad del sufrimiento, 291
y esfuerzo, 70, 168
y la verdad del cese, 248-249
y los conocimientos del camino/del fruto, 353-358
y los factores del camino relacionados con el apartamiento, 280
y observar el surgir y desvanecerse simultáneos, 140-141, 219, 231-232, 303-304, 323, 331-332
y ser consciente del continuo de objetos, 330, 342
conocimiento del camino, el camino que uno debe desarrollar (*bhāvetabbāmaggasacca*), 274. *Véase también* conocimiento de *vipassanā*/del fruto; crecimiento espiritual; el camino espiritual
conocimiento empírico (*bhāvanāmayañāṇa*). *Véase también* conocimiento de *vipassanā*/del fruto; meditación *vipassanā*; práctica de mindfulness
como base para la sabiduría, 71, 136, 392 n61
relación con la confianza, 68-69
y comprender la experiencia, 65-66
conocimiento inferencial (*anumānañāṇa*):
comprensión por medio de la *vipassanā* de, 256-260, 286
de una experiencia de la vida pasada, 292, 328-329
del surgir y desaparecer/ desvanecerse, 221-224, 333-334
e inferido del sufrimiento, 244
inferir la huella del ciervo (*migapadavalañjananaya*), 190-191
la importancia para la *vipassanā*, 60
y reconocer sensaciones sutiles, 190-191
y una comprensión madura, 211
consciencia. *Véase también* consciencia corporal/consciencia del cuerpo; fenómenos mentales; fenómenos materiales; mindfulness; conocimiento del camino; el camino que uno debe desarrollar
agregados/componentes, 217
como fenómeno mental, 136, 223-224
funcional (*kriyācitta*) consciencia, 286, 315-316
surgir y desvanecerse/desaparecer, 222
tipos de y fuentes, 286
y ausencia de identidad propia/de un ser, 116
consciencia beneficiosa, 286
consciencia de la actividad mental – de los pensamientos, 160, 226-227. *Véase también* consciencia; fenómenos mentales
consciencia de la mente (*manoviññāṇadhātu*). *Véase también* puerta de la mente

consciencia de la mente/la mente y la actividad mental, 160, 226
experimentar durante la meditación, 329-330
mente no afectada por el ansia (*vītarāgacitta*), 203
mente no influenciada por el odio (*vītadosacitta*), 204
mente no influenciada por la ignorancia (*vītamohacitta*), 204
relación con otras formas de atención/de ser de consciencia, 155-156
sensibilidad del corazón, 157-158
volición mental (*cetanā*), 162
y escuchar, 224-225
y ver, oír, oler, saborear, tocar, 224-226
consciencia de reconexión. *Véase* karma; renacer
consciencia de uno mismo, como base para la *vipassanā*, 255
consciencia del cuerpo/de la materia. *Véase también* respiración abdominal; fenómenos mentales; fenómenos materiales
aspectos de, 149-150
como fundamentos para comenzar la práctica de ser consciente/del mindfulness, 106, 150-151, 299-300
elemento del cuerpo (*kāyadhātu*), 226
relacionarse con las sensaciones, 186-187
sensibilidad del cuerpo (*kāyapasāda*), 147
y comprensión clara del dominio, 174-185
y comprensión clara sin ignorancia, 169-176
y el cuerpo como una ilusión, 86-87
y la conexión del cuerpo y la mente, de la mente y la materia, 82-83, 133-134, 323
y ser consciente de forma precisa, 185
y ser consciente de los cuatro elementos principales, 154-155
consciencia funcional (*kriyācitta*), 286
contacto mental (*phassa*):
aspectos del, 160-161
comprensión asociada con, 136-139
entre el ojo y el objeto, 98, 107
y respuestas hacia la comida, 145
contemplaciones del pudridero (*sīvathika*), 291
contemplar. *Véase* práctica de mindfulness
continuo vital (*bhavaṅga*):
consciencia del, meditación *vipassanā* avanzada, 157
dormir como parte de, 315-316
emerger de, y experimentar sin distorsiones, 126
observar-anotar como parte del conocimiento de la *vipassanā*, 341-342
control, microgestión. *Véase* avidez
crecimiento espiritual. *Véase también* meditación *vipassanā*; práctica de mindfulness; el camino espiritual
como conducta correcta, 293

como viaje, proceso, 73-74, 123-124
factores necesarios para, 67-68, 297
impulso para, como fuerte, 35-38
las cuatro verdades nobles como camino, 60-61, 262-266, 272-274, 280-281
primer y segundo conocimientos del camino, 56-57, 368-369
sobre moralidad y factores de abstinencia, 281-282
y aceptación de los retos y caídas inevitables, 45
y consciencia de uno mismo, 255-257
y lograr los caminos y frutos superiores, 364-368
y los obstáculos para el logro espiritual, 208-209
y los que son ciegos a nivel espiritual, 200
y ser consciente de la intención, 38
creencias desviadas (*sīlabbataparāmāsa*):
como cadena, características, 228
extirpar las, mediante el primer conocimiento del camino, 229-230
cualidades destacables, características, 66

Daláі Lama, el, 21
defecar, orinar, practicar mindfulness durante, 181
dejar ir (*vossagga*):
y abandonar las distorsiones, 275-276
y extirpar las distorsiones mediante la práctica de la *vipassanā*, 117
y precipitarse sobre el *nibbāna*, 275
derecho, sentir que uno tiene un, 84-87. *Véase también* ego, un ser separado; identidad
desaparecer (*vipariṇāmalakkhaṇā*), conocimiento de *vipassanā* del, 219, 339-349
desencanto, sentimiento de, 343-346
deseo. *Véase* avidez, apego, anhelo, deseo, desolación
despertar. *Véase* conocimiento de *vipassanā*/del fruto; práctica de mindfulness; crecimiento espiritual
determinar (*votthapana*) un momento mental, 123-126
Dhamma, el. *Véase también* el Buda; confianza; conocimiento de *vipassanā*/del fruto:
características, 387 n3
confianza excesiva en, 235-236
deleitarse en/disfrutar de, 233
instrucciones en, y los ojos de la visión correcta, 64-65
propósito de aprender, 92
y comprender nuestros condicionamientos, 60-61
y conocimiento empírico de la confianza, 68
dhamma raga (dicha, gozo), 90
Dīgha Nikāya, sobre comprender el caminar, 164
Dipa Ma, 21
disolución, conocimiento de *vipassanā* de la, 168-169, 261-262. *Véase también* surgir y desvanecerse; cese

distorsiones. *Véase también* obstáculos
apartado de, 277
extirpar mediante el abandono, 118, 276
distorsiones latentes, 117
métodos de *vipassanā* para abandonar, 115-118, 124-126
métodos deductivos para abandonar, 115
nibbāna como salida de, 278
relación con el objeto visto, 113-114
distracciones:
del camino, gestionar, 336-339
durante la meditación, gestionar, 58-59, 103, 204, 307-309, 315
la consciencia de los sentidos, 43
y no distracción/concentración, 48, 70
doblar/flexionar:
y comprensión clara sin ignorancia, 175
y factores mentales, 223-224
y ser consciente del agregado material, 217-218
dolor, dolor físico (*kāyikadukkha*):
como objeto tangible desagradable, aspectos, 149
comprensión, 62, 188
dolor mental (*cetasikadukkha*), 188, 241, 245
observar y gestionar durante la práctica, 307-310, 347-348
sufrimiento de (*dukkhadukkha*), 221, 241
y concentración momentánea, 55-56
dolor físico-corporal/incomodidad/ dolor. *Véase* dolor, dolor físico
dormir, aproximándonos a la intención, 314-317
ducharse, exterior, tradición birmana, 404 n214
duda (*vicikicchā*):
como cadena, 209-210, 228
como forma de sufrimiento, 47
y confianza, 67-68, 235-236, 297
dukkha. *Véase* insatisfacción, *vipassanā* o comprensión del, y libertad de; sufrimiento

ecuanimidad, factor del despertar de (*upekkhāsaṃbojjhaṅga*), 234-241
ecuanimidad asociada con la ignorancia (*aññāṇupekkhā*), 200
ecuanimidad hacia los fenómenos (*saṅkhārupekkhāñāṇa*):
características, 127
conocimiento de *vipassanā*/del fruto, 349-353
ir más allá, 368-369
y la historia del venerable Potthila, 129-132
ecuanimidad hogareña (*gehasita-upekkhā*), 200
ego, ser separado. *Véase también* avidez; apegos, anhelos
afligirse por la pérdida de todo lo que sucede, 78
apegarse a, 78
como engaño, como ignorancia, 83-84
e identidad negativa de sí mismos, 47

extirpar mediante la práctica de la *vipassanā*, 48
y opiniones condicionadas acerca de la realidad, 58-62
y sentir pena por uno mismo, 45-46
elemento agua:
aspectos, 393 n75
comprensión por medio del tacto, 154
y movimiento corporal, 169-170
elemento aire. *Véase también* respiración abdominal
aspectos, 150, 393 n77
comprender mediante el tacto, 154
y contemplando la ausencia de ser/de identidad propia, 306
y mindfulness de la respiración, 150-151, 304
y movimiento corporal, 170
elemento del objeto tangible (*kāyaviññāṇadhātu*), 226
elemento fuego:
aspectos y cualidades, 148
comprensión mediante el tacto, 154-155
partes de, 239 n76
y ser consciente de los movimientos corporales, 170-171
elemento tierra:
aspectos de, 148
comprensión a través del tacto, 154-155
partes de, 393 n74
y movimiento del cuerpo, 170
elementos, dieciocho. *Véase también* elemento aire; elemento tierra; elemento fuego; elemento agua
conocer y ver, 138-139
descripción general, 148-150
observar-anotar-tomar consciencia en el transcurso de la práctica, 170, 290, 306
y fenómenos mentales y materiales que se manifiestan, 171-174
energía:
correcta, 38
equilibrarla con la concentración, 236-237
factor del despertar de (*vīriyasambojjhaṅga*), 232-233
Entrenamientos, tres. *Véase también* conocimiento de *vipassanā*/del fruto
apartado de las obsesiones, 31-32
como camino para entender el sufrimiento, 29-30
vivir en armonía, 30-38
y desarrollo de la sabiduría de la *vipassanā*, 33
envejecer, 244-245
envidia (*issā*), 228-229
escepticismo, incertidumbre. *Véase* duda
escuchar, oído. *Véase* oído, escuchar
esfuerzo, esfuerzo correcto (*sammā-vāyāma*). *Véase también* práctica de mindfulness
característica y función, 67-68
el apartamiento de la mente de los pensamientos obsesivos, 74
el mindfulness que surge, 70
proceso material asociado a, 42, 265
y el comienzo de la práctica, 41
estado de la mente equilibrado (*tatramajjhattatā*), 234

estado de la mente no cultivado/desarrollado (*amahaggatacitta*), 206
estado desarrollado de la mente (*mahaggatacitta*), 206
estado inferior de la mente (*sa-uttaracitta*), 206
estado superior de la mente (*anuttaracitta*), 206
evitar/retirarse, como una aproximación incorrecta a la *vipassanā*, 131-132
experiencia directa (*sacchikiriyākicca*):
  de la confianza, 68-69
  del cese, 264
  y comprensión del *nibbāna*, 272
experiencia directa con comprensión/realización:
  experiencia directa con comprensión por abandono (*pahānābhisamaya*), 268, 289
  experimentar directamente con comprensión la mente, 207
  realización mediante la experiencia directa (*sacchikiriyābhisamaya*), 271
  y las cuatro verdades nobles, 26-31
experiencias no mundanas. *Véase también* verdades supramundanas
  felicidad no mundana (*nirāmisasukha*), 193
  insatisfacción no mundana (*nirāmisadukkha*), 195-200
  ni insatisfacción ni felicidad no mundana (*nirāmisa-adukkhama-sukha*), 200- 201
factores del camino supramundano (*lokuttaramagga*):
  factores de moralidad y abstinencia, 281-282
  inclusión implícita del camino mundano en, 274
  madurando el dejar ir, 280-281
  términos descriptivos para, 279-280
factores del despertar (*bojjhaṅgā*), 67-72, 291
facultad femenina (*itthindriya*), 227
facultad masculina (*purisindriya*), 227
felicidad, verdadera (*sukha*):
  falsa felicidad frente a, 50-53
  y concentración de calma mental, 55-56
  y placeres sensuales, 192-193
  y renuncia, 193-194
felicidad hogareña (*gehasitasomanassa*), 192-193
fenómenos. *Véase también* surgir y desvanecerse; cese; fenómenos mentales; fenómenos materiales; verdades, cuatro nobles
  existencia fenoménica, 104-105, 171-176
  reales últimos, fenómenos, 99-104, 110
  y la simultaneidad del surgir y desaparecer, 112, 140-141, 184-185
fenómenos animados, y sufrimiento, 254
fenómenos inanimados, relación con el sufrimiento, 254, 256
fenómenos materiales (*rūpa*). *Véase también* consciencia del cuerpo;

fenómenos mentales; puertas de los sentidos; bases de los sentidos
ausencia de, y *nibbāna*, 271
contemplar, comprender, 218, 284
dependencia de condiciones, 220
dependencia de la intención, 220
etimología de *rūpa*, 398 n144
nibbāna como salida/escape de, 276
proceso de observación involucrado en, 264, 323
relación con los fenómenos mentales, 133-134, 323
surgir y desaparecer de, 219, 262
y actividad mental, 226-227
y relación de causa-efecto, 258
y sufrimiento, 241-242, 253
fenómenos mentales/de la mente (*nāma*), estados mentales. *Véase también* puerta de la mente, la mente
angustia de la mente (*domanassa*), 188
anotando/siendo consciente de tipos de, 203-206
atención sabia, actitud correcta, 211-212
cese de, como fuente de paz, 263, 271, 277-278
consciencia de los, 207
contemplando durante la práctica, 102, 264, 284, 321, 322
dolor mental (*cetasikadukkha*), 188, 241, 243
e inclinar la mente para ver, 223-224
estados asociados con pensamientos, emociones y sensaciones, 43-44, 223- 227
etimología de *nāma*, 398 n143
factores mentales (*cetasika*), 158
formaciones de la mente (*saṅkhārakkhandhā*), 157, 162, 217
momento de la mente/mental, 156, 223
sufrimiento asociado con, 241-242, 253
tipos de consciencia (*citta*), 158
y contemplando los cinco agregados, 218
y *jhāna*, 205
y la conexión entre la materia y la mente/entre el cuerpo y la mente, 83, 133- 134, 323
y relación causa-efecto, 207, 258
fenómenos reales últimos, 99-100
fracaso, sensación de, 45, 53
función (*rasā*):
como un aspecto de un fenómeno real, 101
como uno de los cuatro factores, 71
consciencia del cuerpo/corporal, 149
de la base de los objetos tangibles, 148
de la base del olor, 143
de la base del sabor, 144-145
de la base del sonido, 142
de la comprensión de los objetos visuales, 106
de la consciencia de la lengua, 145
de la consciencia de la nariz, 143-144
de la consciencia de los pensamientos, 160
de la consciencia del oído, 142
de la percepción, 162
de la sensibilidad de la lengua, 144

de la sensibilidad de la nariz, 143
de la sensibilidad del corazón, 156
de la sensibilidad del cuerpo, 147
de la sensibilidad del oído, 142
de la vitalidad, 159-160
de la volición mental, 163
de las sensaciones, 107-108, 161
de los momentos de la mente, 157
del alimento, 160
del contacto mental, 160-161
del dolor físico, 149
del elemento aire, 150-151
del elemento fuego, 148
del elemento tierra, 148
del estado mental de consciencia/de mindfulness/de atención, 107, 205-206
del género, 159
del *nibbāna*, 271
del placer físico, 150
y la consciencia del ojo, 107
y la sensibilidad del ojo, 106
fundamentos del mindfulness (*satipaṭṭhāna*), 168

género, aspectos de, 159
generosidad, intención de, 279
Ghosananda, Maha, 21
Goldstein, Joseph, 18, 24
gozo (*somanassavedanā*):
aspectos de, 161
y comprender la impermanencia, 193-194
y el primer *vipassanā jhāna*, 57
gozo, factor del despertar del (*pītisaṃbojjhaṅga*), 37, 89-90, 233. *Véase también* avidez, deseo, anhelo, sensaciones agradables.

hábitos de la mente, negativos, 45
habla/palabra, correcta (*sammā-vācā*):
como proceso mental asociado con observar-anotar-ser consciente, 264-265
entrenar en, 35-38
y abstinencia, 281
y ser consciente de la intención de hablar, 31, 38
honestidad, importancia de la honestidad para el desarrollo espiritual, 297, 388 n10

identidad. *Véase* avidez; apego, deseo, anhelo; ego, un ser separado
ignorancia. *Véase también* surgir y desvanecerse/desaparecer, avidez, anhelo, apego, deseo, sufrimiento
comprensión clara sin, 166-181
ecuanimidad asociada con, 201
el cuerpo como, 86-87
mente influenciada por la ignorancia/ mente no influenciada por (*samohacitta*/*vītamohacitta*), 204-205
múltiples capas de, 57-62
y comprender la impermanencia, 331-332
y los estados desagradables de la mente, 204
y quedar aliviado de distracciones, 61-63

ignorancia (*avijjā*). *Véase también* conocimiento de *vipassanā*/del fruto; tercera verdad noble; tercer conocimiento del camino (los que no vuelven)
como cadena, 229
y el surgir de la consciencia, 222-223
iluminación/despertar. *Véase también* conocimiento de *vipassanā*/del fruto; *nibbāna,* cuatro verdades nobles
como el fin/objetivo del camino espiritual, 119, 138
siete factores del despertar, 231-234
y desarrollo de los factores del camino, 275
y experiencia empírica de la sabiduría, 71
y experimentar directa y simultáneamente las cuatro verdades nobles, 249- 250
y logro del camino verdadero, 265-266
imágenes, experimentar durante la meditación, 329-330, 338-339
impermanencia (*anicca*). *Véase también* surgir y desaparecer/desvanecerse; cese, ausencia de identidad; sufrimiento; verdades nobles, cuatro
como fundamental a toda la experiencia, 49-50, 63, 72
conocimiento de *vipassanā*, 78-80, 91, 111, 231, 330-331
de las sensaciones, 186-192
experimentando de forma visceral, 76-77, 347-348
reconocer y atención sabia, 211-212
y el sufrimiento, 241-242
impersonalidad, la, conocimiento de *vipassanā* de, 83, 91
impotencia/frustración, sentimientos durante la práctica, 344
impulso (*javana*):
cerrar las puertas de los sentidos a, 122-127, 129-130
como fenómeno mental, 108-109
y la atención ignorante, 216
y la mente que advierte, 212
impulso beneficioso, 123
incomodidad, física, material, observar-ser consciente/gestionar durante la práctica, 102, 221, 307-310
insatisfacción, profundizar en *vipassanā*, y libertad, 81-82, 91-92, 346-349. *Véase también* sufrimiento
Insight Meditation Society, Barre, Massachusetts, 19-20
intención:
cuando contemplamos objetos genéricos, 320
cuando gestionamos necesidades físicas, 312-313
cuando nos movemos, 163-168
intención correcta (*sammā-saṅkappa*), 264
observar/tomar consciencia, importancia fundamental de, 38
reconocer, retos y recompensas, 36-37

y comprensión clara sin ignorancia, 171-172, 175
y conocimientos de *vipassanā* y acciones, basados en el *nibbāna*, 278-279
y la práctica de ser consciente, 38
y los procesos materiales/de la materia, 220
y palabra, acciones y pensamientos morales, 282
intoxicar, abstenerse de, 35
investigación (*santīraṇa*):
como unidad de la mente, 108
comprensión en su totalidad por (*tīraṇapariññā*), 156
y comprensión de la impermanencia, 232
y comprensión del contacto mental, 137
ira (*paṭigha*):
como cadena, 227
extirpar, 230

jhāna. *Véase también* conocimiento de *vipassanā*/del fruto; meditación *vipassanā* deseo por
como obstáculo, 208
estados mentales asociados con, 205-206
experiencia de, 54-55
y experimentar directamente y comprender a través de la práctica, 57

karma (*kammanimitta*):
apego, 248
nibbāna como una forma de salida/escape, 278
y relación causa-efecto, 259
y renacer asociado a la avidez, 257-258, 269, 286
khandhasaṃyutta del Saṃyutta Nikāya, en referencia a experimentar la impermanencia, 305
Kornfield, Jack, 24

la mente que anota:
conocimiento de *vipassanā* de, 323
necesidad de objetos, 327
proceso asociado con, 264
ser consciente de, a través de la práctica, 323
y abandonar el análisis, 333-334
y el camino recto de ocho factores, 277-278
La Saṅgha de los discípulos del Bendito, comportamientos asociados con, 387 n4
lamentarse por la pérdida de identidad, 77-78
lengua, la, saborear:
base de la lengua (*jivhāyatana*), 225
consciencia de la lengua (*jivhāviññāṇa*), 145
elemento de la consciencia de la lengua (*jivhāviññāṇadhātu*), 225
elemento de la lengua (*jivhādhātu*), 225
procesos mentales y materiales asociados con, 224-226
sensibilidad de la lengua (*jivhāpasāda*), 144

lengua pali, 189, 398 n152
liberación, temporal, 117. *Véase también;* cese, iluminación*;* conocimiento de *vipassanā*/del fruto; *nibbāna*
libertad. *Véase* liberación, temporal
llevar o vestir, como práctica de atención/de ser consciente de, 179
logro del camino verdadero, 265-266
los orígenes pasados del comportamiento/vidas pasadas. *Véase también* condicionalidad; karma
  manifestaciones actuales, 286
  y tener conocimiento de *vipassanā* —comprensión— en la causa y el efecto, 292, 328-329
los otros, respetando y valorando, 30

madurando la práctica, logrando *vipassanā*, 34, 211, 232-233, 335, 340-341, 349, 363. *Véase también* práctica de mindfulness; crecimiento espiritual
maestros:
  confianza/fe en, 68-69
  importancia para el éxito del crecimiento espiritual, 297, 371
Mahāhatthipadopama Sutta, en seis aspectos de la ecuanimidad, 128
Mahāsatipaṭṭhāna Sutta:
  sobre comprender caminar, 163
  sobre contemplar el elemento aire, 306
  sobre contemplar objetos de la mente, 305
Mahāsi Sayadaw. *Véase también* meditación *vipassanā*
  amplia difusión de las enseñanzas, 24-25
  contexto y logros, 22-23
  método de meditación, 23
  Rangún, Birmania, centro de meditación, 20
  respiración abdominal, ejercicio de, como base para estar focalizado en el momento presente, 40-41
  sobre autocontrol, 36-37
  sobre el camino de la purificación de la mente, 42
  sobre la incapacidad para contemplar la impermanencia, 75-76
  sobre liberación mediante la *vipassanā,* 91-92
  sobre los cinco preceptos, 35
  sobre los factores asociados con el conocimiento empírico, 66
  sobre los prerrequisitos para el comienzo de la *vipassanā,* 54-55
  sobre remordimientos, 35
Mahāsīva, historia de, 196-200
Mahāṭīkā, el:
  sobre diferentes aproximaciones para conocer objetos, 104-105
  sobre el proceso de percibir los fenómenos reales últimos, 100
  sobre la causa próxima, 103
Majjhima Nikāya:
  sobre la iluminación/despertar como meta, 139
  sobre los elementos de las seis consciencias, 139

Māluṅkyaputta Sutta, la avidez, 120
manifestación (*paccupaṭṭhānā*):
características, y conocimiento empírico, 66
como uno de los cuatro factores, 71
de la base de los objetos tangibles, 148
de la base del olor, 143
de la base del sabor, 144-145
de la base del sonido, 142
de la consciencia corporal, 149
de la consciencia de la lengua, 145
de la consciencia de la nariz, 143-144
de la consciencia del oído, 142
de la consciencia del ojo, 107
de la consciencia pensante/de los pensamientos, 160
de la percepción, 162
de la sensibilidad de la lengua, 144
de la sensibilidad de la nariz, 143
de la sensibilidad del corazón, 156
de la sensibilidad del cuerpo, 147
de la sensibilidad del oído, 142
de la sensibilidad del ojo, 106
de la vitalidad, 159-160
de la volición mental, 163
de las sensaciones, 107-108, 161
del alimento, 160
del contacto mental, 107, 160-161
del dolor físico, 149
del elemento aire, 151
del elemento fuego, 148
del elemento tierra, 148
del género, 159
del momento mental, 157
del *nibbāna*, 271
del placer físico, 150
y comprender los objetos visuales, 106
y de los fenómenos reales últimos, 101
Manorathapūraṇī, en los seis aspectos de la ecuanimidad, 127
Manual of Insight (Mahāsi Sayadaw). *Véase* Mahāsi Sayadaw
masa de huesos (*aṭṭhisaṅghāto*) concepto, 173
matar, abstenerse de, 35
meditación. *Véase* práctica de mindfulness
meditación caminando, 163-169, 218
meditación de calma mental (*samathabhāvanāmaya*):
conocimiento que se deriva de, 110
y meditar en los fenómenos materiales, 172
meditación de pie, 174
meditación estirado, 173-174, 314-316
meditación *paṭivipassanā* (*paṭivipassanābhāvanā*), 169, 285
meditación sentado, 173-174
Meditación *vipassanā*. *Véase también* conocimiento de *vipassanā*/del fruto, conocimiento; Mahāsi Sayadaw; práctica de mindfulness; crecimiento espiritual; verdades nobles, cuatro
atención sabia, cualidades asociadas, 211-212, 215-216
centros de entrenamiento en Occidente, 24
fundamentos para comenzar, 54-55

Mahāsi Sayadaw, beneficios del método de, como camino al despertar, 23
motivaciones erróneas para, 251-252, 261-262
niveles de práctica, 125
práctica equilibrada, 235-241
propósito y efectos, 78, 91
y atención perspicaz/profunda, 185
y ser consciente-anotar de forma activa, 42, 175-176
y ser consciente de uno mismo, 253-256
y tiempo que necesito para madurar, 41-42, 199, 211, 280-281, 287-288
mente distraída/vagabunda, 216
mentir, abstenerse de, 35
método establecido sin ser dicho para abandonar las distorsiones (*avuttasiddhinaya*), 114
método implícito para abandonar las distorsiones (*neyyatthanaya*), 114
mezquindad (*macchariya*), como cadena, 228-229
miedo:
como sensación desagradable, 188, 345
experimentar durante la práctica, 301-302, 310-311, 329, 362
y apego hacia las sensaciones agradables, 242
y el sufrimiento/insatisfacción, 32, 52, 242
mindfulness:
como una de las cinco facultades espirituales, 67
correcto mindfulness (*sammā-sati*), 38, 264
orígenes del, en el deseo, 286
modo de vida, correcto (*sammā-ājīva*):
como proceso mental, 264
entrenamiento en, 35-38
y abstinencia, 281
muerte (*maraṇa*). *Véase también* surgir y desvanecerse; cese; karma, *nibbāna*
como objetos de contemplación, 303
inmortalidad (*accutirasa*), 252, 271, 287
relación de causa-efecto, 84
y el camino al despertar, 244-245
y el renacer/la reconexión, 119, 228, 246-247, 286
y la verdad del sufrimiento, 26-28
Mūlapaṇṇāsa del *MajjhimaNikāya*:
en comprensión clara del dominio, 177
en ser consciente de las sensaciones agradables, 186
mundos, tres, 400 n165

nacer/nacimiento (*jāti*), y la verdad del sufrimiento, 240, 244-245
Namkhai Norbu, Chogyal, 21
nariz, la, olor, el olfato. *Véase* oler, oliendo
nibbāna. *Véase también* cese; iluminación, despertar; conocimiento de *vipassanā*/fruto
como salida/escape, razones de y tipos, 278
como un objeto, y los factores del camino supramundano, 264

como un objeto para considerar, 280-281, 289-290, 301-303
experimentar/acoger, 271, 288, 351-360
y el cese de los fenómenos mentales y materiales, 261-262
y el conocimiento del camino/ conocimiento del fruto, 272
y la meditación *vipassanā*, 292-296
y la verdad del cese/no surgir, 248-249, 287, 289
y los fenómenos externos condicionados, 271
no apego (*virāga*), y extirpar las distorsiones, 117
no causar daño, entrenamiento en, 31
no satisfactorio/característica o cualidad de no satisfactorio. *Véase* insatisfacción y libertad
no surgir de los deseos sensuales, 216
no surgir de los obstáculos abandonados, 216, 262
noble óctuple sendero. *Véase* camino noble de ocho factores

o «una acción beneficiosa» cuya base está fuera del ciclo de renacimientos (*vivaṭṭanissita*), 279, 282
objeto visual, el/base de la forma (*rūpāyatana*), 98, 106. *Véase también* el ojo, ver
objetos:
añadir a la práctica, 56, 289-290, 319, 342
cambiar la percepción de, a medida que la práctica madura, 39, 56, 162, 179, 340-341
inclinarse hacia (*namanalakkhaṇā*), 323
mentales/de la mente, 157-158, 207-210, 224
observar las causas próximas, 103
reconocer la impermanencia de, 305
relación tras la experiencia del fruto, 360-361
y el continuo separado de momentos consecutivos, 331, 341
objetos y fenómenos mentales poco comunes, experimentar y observar durante la práctica, 329-330
obstáculos (*nīvaraṇa*). *Véase también* distorsiones; crecimiento espiritual
como objeto de meditación, 291
el no surgir de y la atención sabia, 215-216
el obstáculo de la aversión (*byāpādanīvaraṇa*), 208
el obstáculo de la duda, escepticismo (*vicikicchā*), 209-210
el obstáculo de la pereza y el letargo (*thīnamiddhanīvaraṇa*), 209
el obstáculo del deseo sensual (*kāmacchandanīvaraṇa*), 208
extirpar, como un proceso de múltiples pasos, 41-50
y avidez por el despertar/iluminación, 252
odio, resentimiento. *Véase también* distorsiones de la mente

como un obstáculo para el logro espiritual, 208-209
fuentes de, 113-114
ser consciente de, 204
y atención ignorante, 216
oídos, oír:
base del oído (*sotāyatana*), 224
base del sonido (*saddāyatana*), 142, 225
consciencia del oído (*sotaviññāṇa*), 142, 225
elemento del oído (*sotdhātu*), 225
elemento del sonido (*saddādhātu*), 225
procesos mentales y materiales asociados con, 225-226
sensibilidad del oído (*sotapasāda*), 142
y contemplar los cinco agregados, 217-218
ojo, el, ver, la vista:
base del ojo (*cakkhāyatana*), 223-224
causa próxima, 109
como concepto, 98-99
comprender en su totalidad/ completamente, 110, 116, 133
conocimiento de *vipassanā*, 109-112
fenómenos asociados con, 98, 223-224
el elemento del ojo (*cakkhudhātu*), 223
la consciencia del ojo (*cakkhuviññāṇa*), 98, 107, 137, 223
la sensibilidad del ojo (*cakkhuppasāda*), 98, 106, 159-160
relacionarnos con las distorsiones, 113-117, 122
y comprensión clara, 175
y los cinco agregados, 217
y respuesta a la comida, 145
y ser consciente del surgir y desaparecer, 111
oler, oliendo, olfato:
base de la nariz (*ghānāyatana*), 225
base del olor (*gandhāyatana*), 143
consciencia de la nariz (*ghānaviññāṇa*), 143-144
elemento de la nariz (*ghānadhātu*), 225
procesos mentales y materiales asociados con, 224-226
sensibilidad de la nariz (*ghānapasāda*), 143, 225
y respuestas a la comida, 145

pāramī. *Véase* perfección
Pariññeyya Sutta, y ser consciente simultáneamente del surgir y desaparecer, 112
Paṭisambhidāmagga:
sobre escucha verdadera, 110
sobre surgir y no surgir, 111, 220, 262
paz (*santilakkhaṇā*), experimentar, 70, 262, 271. *Véase también* cese; *nibbāna*
pena y dolor (*soka*), 244
penetrar mediante experiencia directa (*sacchikiriyāpaṭivedha*), 271
penetrar por abandono (*pahānappaṭivedha*), 267, 289
pensamiento lógico, conocimiento logrado mediante, 110
pensamientos obsesivos, 74-75, 81

percepción, agregado de (*saññākkhandhā*):
aspectos de, 162
como fenómeno mental, 135
ser consciente de, 217
pérdida, miedo de y avidez, 51
pereza, letargo, somnolencia, como obstáculo, 209
perfección (*pāramī*):
cualidades asociadas con, 388 n10
desarrollo de, a través de la meditación, 369-370
maduro, y el viaje del despertar, 74
perjudicial-no beneficioso:
consciencia perjudicial, 286
y la mente que advierte, 214
permanencia. *Véase también* surgir y desaparecer:
abandonar, 118
percepción de *vipassanā*, 78-80
supuestos acerca de, como bases del sufrimiento, 77-78
y atención ignorante, 213
personalidad, creencia en (*sakkāyadiṭṭhi*), 229
picor, anotando durante la práctica, 147, 309. *Véase también* sensación desagradable
placeres sensuales, deseos:
como obstáculo, 208-209
falta de, y desagrado mundano, 194-195
felicidad asociada con, 192-193
fuentes de, 210
no surgir y atención sabia, 215-216
posturas del cuerpo (*iriyāpatha*):
como objetos de meditación, 290
cuando experimentamos el fruto, 359-360
Potthila, venerable, orgullo del, 371
práctica de atención/de ser consciente de, 320. *Véase* meditación *vipassanā*; práctica de mindfulness
práctica de mindfulness. *Véase también* respiración abdominal, conocimiento de *vipassanā*/del fruto; intención; Mahāsi Sayadaw; verdades nobles, cuatro, avidez hacia
apego hacia; vanidad, 88-89
beneficios seculares, 18, 36-37
comienzos de la práctica, 41, 57, 238-241, 284, 303
como camino a la sabiduría, 30, 132, 295, 362-363
como diferente para cada practicante, 368-372
comprensión clara sin ignorancia, 169-183
contemplando las cuatro verdades nobles, 291, 299, 305
contemplar la mente/consciencia (*cittānupassanā*), 206-210, 291, 305, 321
contemplar las sensaciones (*vedanānupassanā*), 291
contemplar los fenómenos materiales, 290, 299, 320
cuando comemos y bebemos, 179-180, 318-319
cuando experimentamos el *nibbāna*, 353-358

distracciones durante, la observación y gestionar, 55-56, 99, 307, 352-353
durante las actividades corporales, 314-317
eliminando las distorsiones, 122-124
enfocándonos en el momento presente, 40
enfocándonos en las posturas, 290
experiencias singulares, 310-312
experimentar miedo durante, 302, 310, 329, 362
frustración con, sentido de fracaso, 44-45, 53, 195-200
incomodidades físicas durante, observar y gestionar, 307-309, 312-314
madurando la práctica, logrando conocimientos de *vipassanā*, 34, 75, 210, 231-232, 335, 340-341, 348, 363
meditación caminando, 163-169
objetos de, cambiar y agrandar, 56, 289-290, 319, 342
observar frente a analizar, 333
popularidad de en la sociedad contemporánea, 17-18
posición sentado, 302
prepararnos para la acción compasiva, 301-302
reconocer/extirpar distorsiones, cadenas, apegos, 39, 47, 61, 98, 113-114, 118-122, 209, 229, 291
sensación agradable durante, ser consciente de la, 187-188
sentimientos de incapacidad/ frustración, desencanto, 290-291, 343-344
y concentración, 55, 234
y conocimiento de *vipassanā* de causa y efecto, 231, 325-329
y conocimiento de *vipassanā* del surgir y desaparecer, 323
y dejar ir/soltar, 29
y desarrollar el camino mundano de la *vipassanā*, 273
y el fenómeno de ver, 98
y el *samādhi*, 75
y entrenar para desarrollar la sabiduría de *vipassanā*, 33
y entrenarse en apartar/retirar la mente, 32
y entrenarse en vivir en armonía, 30-31
y expandir la consciencia/el ser consciente de, 62-63, 107, 138-139, 185, 290-291, 320
y haciendo pausas, 339
y la ecuanimidad, 132, 234, 349-353
y penar de forma efectiva, 77-78
y ser consciente de la mente que anota, 291, 323, 326-327
y ser consciente del origen pasado de los comportamientos, 292
y una observación que no juzga, 303
preceptos, cinco, universalidad de, 35
como objeto de meditación, 39-40
como secuencia de experiencias en serie, 61-62
de forma continua, y la purificación de la comprensión, 74

experiencia del momento presente, 48-49
incapacidad para sostener, distracciones, 44, 58-59
ser consciente del/atención al/ mindfulness del momento presente
y aceptar las tres características universales/comunes, 72-73
y comprensión de la insatisfacción, 80-82
y comprensión interna de la mente y la materia, 64-67
y experiencia directa de la confianza, 68-69
y experimentar la impermanencia, 77-80, 83
y la comprensión empírica de la avidez, 257-260
primer conocimiento del camino (uno que ha entrado en la corriente). *Véase también* práctica de mindfulness
cadenas, extirpadas/arrancadas por, 230
comprender las conexiones, 56-57
entrenamiento necesario para, 369
primera verdad noble, 26-28, 244-245. *Véase también* sufrimiento
procesos cognitivos (*vīthi*), continuo vital entre los, 341-342
puerta de la mente (*manodvāra*), la mente
base de la mente (*manāyatana*), 223, 226
consciencia del continuo vital, 156
elemento de la mente (*manodhātu*), 223-224
incapacidad para controlar, 84
mente afectada por la ignorancia/ engaño (*samohacitta*), 204
mente influenciada por el ansia (*sarāgacitta*), 203
mente influenciada por el odio (*sadosacitta*), 204
purificando, mediante la práctica, 38-39
y comprender el caminar, 163-169
y la ecuanimidad, 127
puertas de los sentidos, bases de los sentidos (*āyatana*). *Véase también* consciencia; fenómenos mentales; fenómenos materiales
como objeto de meditación, 290
deseo sensorial burdo (*kāmarāga*), 269
experimentar sin distorsiones, 115-116, 125, 131
imposibilidad de cerrar, 131
objetos de los sentidos y distorsiones mentales, 215
se incrementan durante la práctica, observar y gestionar, 312
y atención ignorante, 215
y atención sabia, 212-213
y contemplar los cinco agregados, 218
y escuchar, 225
y ser consciente del surgir y desaparecer, 112
purificación:
niveles de, como camino al despertar/ iluminación, 287-288

purificación de la visión (*diṭṭhivisuddhi*), 103, 287-288
una sensación de paz/calma, *samādhi*, 70

que carece de signo (*animittapaccupaṭṭhāna*), 271

razonamiento y exceso de análisis, 235-236
realidad:
como lo que uno experimenta personalmente, 64
última, expresiones para, 189
visiones/maneras de ver condicionadas, 59
registro (*tadārammaṇa*), como una unidad de lo mental, 108
renacimiento. *Véase también* condicionalidad; karma
avidez y, 269
consciencia resultante, 286
y la consciencia de reconexión, 247, 285-286
renuncia:
angustia asociada con la, 195-196
felicidad asociada con la, 193-194
sensaciones neutras asociadas con la, 200-201
respiración. *Véase* respiración abdominal
respiración abdominal (*ānāpāna*), ser consciente del elemento aire durante, 304
como práctica principal de ser consciente, conocimiento de *vipassanā* de, 150-153, 283-284, 304
ser consciente del cuerpo durante, 306-307
y la experiencia del momento-presente, 40-41
robar, abstenerse de, 35
robo, 230-231

sabhāvalakkhanā, 41
sabiduría, verdadera. *Véase* conocimiento de *vipassanā*/del fruto; verdades nobles, cuatro
saborear. *Véase* la lengua, saborear
Sakkapañha Sutta:
en los fenómenos asociados con el contacto mental, 136
en sensaciones ni desagradables ni agradables, 190
y el gozo de conocer la impermanencia, 194
Saḷāyatanasaṃyutta:
sobre el crecimiento espiritual como un proceso lento, 123-124
y contemplar la impermanencia, 305-306
salida/escape (*nissaraṇa*):
deseo por, 346-347
nibbāna como, 278-279
Salzberg, Sharon, 24
samādhi (quietud meditativa). *Véase también* concentración
como resultado de un mindfulness empírico, 70
conocer empíricamente, 71

lograr, 40
y práctica de mindfulness, 75
Sammohavinodanī, en el camino de ocho factores supramundano, 274
Saṃyutta Nikāya:
sobre el crecimiento espiritual como un proceso lento, 123-124
sobre el desarrollo del camino noble de ocho factores, 275
sobre la importancia de comprender el ojo, 110
sobre la necesidad de tener un maestro, 371
y liberación temporal de las distorsiones, 117
Satipaṭṭhāna Sutta:
practicando de acuerdo al, beneficios, 283, 293
sobre comprender el cuerpo, 147
sobre comprender el oído, 142
sobre comprender el olor, 143
sobre comprender el sabor, 145
sobre comprender la base del sonido, 142
sobre comprender la lengua, 144
sobre comprender la meditación caminando, 164
sobre comprender la mente, 158
sobre comprender la nariz, 143
sobre comprender los objetos tangibles, 148
sobre la atención sabia, 212-213
sobre la importancia de ser consciente de ti mismo, 254-257
sobre las sensaciones agradables, 186
sobre lograr el camino verdadero, 265
sobre los fenómenos de la mente, 135
Satipaṭṭhānavibhaṅga (*Vibhaṅga-aṭṭhakathā*), sobre los fenómenos asociados con el contacto mental, 135
Sayadaw U Paṇḍita:
sobre el mindfulness, 63
sobre la preservación de los métodos de enseñanza de Mahāsi Sayadaw, 23
sobre las múltiples capas de ignorancia, 58
Sayadaw U Sīlananada, 20
sed durante la práctica, gestionar, 312-314
segunda verdad noble; segundo conocimiento del camino (los que vuelven una vez)
apego como base de la insatisfacción, 28-29
cadenas extirpadas por, 230
lograr, entrenamiento necesario para, 369
Sensación ni agradable ni desagradable. *Véase* sensaciones neutras
sensaciones (*vedanā*). *Véase también* fenómenos mentales
aspectos y variedades, 161
atención a las/ser consciente de las, como proceso, 201-202
como fenómeno de la mente, 136
observar, 217
sensación ni agradable ni desagradable, 188-192
sensaciones desagradables, 188-189
sensaciones placenteras, 186-188

surgir y desvanecerse, 221
y ver/vista, 98, 107
sensaciones agradables (*sukhavedanā*):
anotando mediante la práctica, 186-188
aspectos asociados con, 107
búsqueda de, como obstáculo, 49-53
desde los conocimientos de *vipassanā*, 337
fuentes, 108-109
impermanencia, surgir y desaparecer, 80, 187-188
y avidez, 221, 242
y el placer físico/corporal (*kāyikasukha*), 150
sensaciones de calor, ser consciente durante la práctica, 309
sensaciones desagradables. *Véase también* fenómenos mentales; dolor, incomodidad física; sensaciones agradables
como prueba del sufrimiento, 243-244, 400 n173
durante la práctica, observar y gestionar, 309-310, 329-330, 344
experimentadas desde cada uno de los cuatro aspectos, 107-108
fuentes de orientación-guía sobre, 108
impermanencia de, reconocer, 189
y el sufrimiento de los fenómenos condicionados, 242
sensaciones neutras (*upekkhāvedanā*):
aspectos de, 108, 161
reconocer, 190
surgir de, relación con la avidez, 200-201, 221
ser consciente de manera no concurrente, 41
ser o alma (*jīva*), 172
Seung Sahn, 21
Sikkhāpadavibhaṅga, definición de conducta moral, 282
Soen Sa Nim (conocido como Seung Sahn), 21
sonido. *Véase* oído, escuchar
sostener la práctica, y el primer *vipassanā jhāna*, 57
sufrimiento (*dukkha*). *Véase también* verdades nobles, cuatro
cese de, 26-30, 72, 248-254, 269-272
comprensión supramundana de, 266-267
escondido, 243
experimentar frente a comprensión intelectual, 88, 251
explícito/aparente/obvio, 243-244
implícito, 244
manifiesto, 243-244
oculto, 243
orígenes, comprensión empírica (*samudayasacca*), 28-29, 49-54, 58-60, 243-248, 257-265, 306
reconocer, como la primera verdad noble, 26-30, 244-245, 291-292
significado de la palabra en pali, 398 n152
sufrimiento a secas (*pākaṭadukkha*), 244

sufrimiento de los fenómenos condicionados (*saṅkhāradukkha*), 242-243
sufrimiento del cambio (*vipariṇāmadukkha*), 241-242
sufrimiento del dolor (*dukkhadukkha*), 62, 241
sufrimiento interno, 31
tormento (*bādhanalakkhaṇā*), 33-34
y apartar la mente de los pensamientos obsesivos, 74-75
y compadecerse de uno mismo, 45-46
y el ciclo de la existencia, 250
y esclavizar a o abusar de otros, 83
y fenómenos inanimados, 245
y la avidez, 28, 84-87, 398 n154
y la insatisfacción, 49
y las acciones y la *vipassanā* basadas en el *nibbāna*, 287
y sentimiento de fracaso, 53
sufrimiento escondido (*apākaṭadukkha*), 243
sufrimiento escondido (*paṭicchannadukkha*), 243
sufrimiento implícito (*pariyāyadukkha*), 244
sufrimiento interno/interior, 31-32
sufrimiento manifiesto (*appaṭicchannadukkha*), 244
sufrimiento obvio/explícito (*nippariyāyadukkha*), 244
Sumedha, logro del despertar, 200
supuestos, profundamente asentados, 87. *Véase también* avidez
surgir (*nibbattilakkhaṇā*) y desaparecer (*vipariṇāmalakkhaṇā*). *Véase también* cese
como cadena, 227-228
como fuente de paz, 262
conocimiento de *vipassanā* de, 80-84, 133-134, 140-141, 219, 233, 303-304, 323, 333
conocimiento por inferencia de, 221-223
consciencia de los sentidos de, 111-112, 219
e insatisfacción con la impermanencia, 27-28, 73, 112
experiencia de, 262, 337, 358-361
simultaneidad de, 111
y comprender el tormento/el sufrimiento, 241-242, 253

tacto, tocando. *Véase también* consciencia del cuerpo
agradables frente a desagradables, elementos asociados con, 148
base del cuerpo (*kāyāyatana*), 225
como experiencia, 146-147
consciencia del cuerpo, 149
distracciones, anotar-ser consciente durante la práctica, 309-310
procesos mentales y materiales asociados con, 225-226
sensibilidad del cuerpo, 147
y la base de los objetos tangibles, 148
y respuestas a la comida, 146
y ser consciente de los cuatro elementos principales, 153-154
tarea o propósito, característica de, 66

Taungpulu Sayadaw, 21
tercera verdad noble: comprender la causa del sufrimiento mediante el entrenamiento del corazón y la mente, 29-30
tercera verdad noble; tercer conocimiento del camino (los que no vuelven)
- cadenas extirpadas por, 230
- cese (*nirodha*), 29-30
- entrenamiento necesario para, 30
- y las múltiples capas de ignorancia, 57-62
- y libertad del encadenamiento, 230

tormento (*bādhanalakkhaṇā*), 33, 253. *Véase también* sufrimiento
tormentos latentes, 33-34
Toynbee, Arnold, 18
tradiciones occidentales de mindfulness, 24
tranquilidad, calma, factor del despertar de (*passaddhisambojjhaṅga*), 233
tres mundos, los, 254, 400 n165
tribulación (*upāyāsa*), y desolación, 244. *Véase también* sufrimiento

Udāna-aṭṭhakathā, sobre ver sin distorsiones, 117
unificación de la mente, 57
Uppalavaṇṇā, rechazo de la petición de su hábito inferior, 231
Urgencia, espiritual, 69

vacuidad (*suññata*), percepción de, 78. *Véase también* surgir y desaparecer; impermanencia; ausencia de un ser/ausencia de identidad
Venerable Potthila, camino hacia la ecuanimidad, 129-132
ver. *Véase* el ojo, ver
verdad del cese. *Véase* cese
verdades mundanas asociadas con el ciclo de la existencia (*vaṭṭasacca*):
- cultivando comprensión, 263-266
- felicidad mundana (*sāmisasukha*), 192-193
- insatisfacción mundana (*sāmisadukkha*), 195
- ni insatisfacción ni felicidad mundana (*sāmisa-adukkhamasukha*), 200
- y sufrimiento, 249-251

verdades nobles, cuatro (*ariyasaccā*). *Véase también* conocimiento de *vipassanā*/del fruto
- como camino para el despertar espiritual, 60-61
- como comprensión central del budismo, 26
- como objeto de meditación, 291
- comprensión interna; ser consciente de uno mismo, 253-257
- comprensiones mundana y supramundana, 249-250, 263-273
- primera verdad noble: el sufrimiento, 26-27, 244-245
- segunda verdad noble: surgir del sufrimiento/apego/avidez, 28-29, 246-247
- tercera verdad noble: el cese, 248-249, 270-271

y el camino de ocho factores hacia el despertar, 30, 249, 272

verdades supramundanas (*vivaṭṭasacca*):

logro, mediante la comprensión de lo mundano, 265

penetrar, enfoques para, 251

y experimentar el fin del sufrimiento y el despertar/iluminación, 249-250

y la necesidad de desarrollar el camino mundano de la *vipassanā*, 273

y la realización/experiencia directa del sufrimiento, 266-270

Vibhaṅga-aṭṭhakathā, sobre enfocarse durante la meditación, 174

vidas futuras:

sufrimiento en, 257-228

y *vipassanā* o comprensión del ser verdadero, 328-329

vipassanā jhāna, y los cinco factores de *jhāna*, 57

visión/opinión/idea, correcta (*sammādiṭṭhi*):

adquirir mediante la práctica de *vipassanā*, 152-153

como proceso material asociado con observar-ser consciente de, 264

y el apartamiento, 275

y percibir la experiencia mediante, 63-64

visión/opinión/idea desviada (*diṭṭhi*):

como cadena, característica, 227-228

y la verdad del sufrimiento, 53

visiones, experimentar durante la meditación, 330, 338-339

Visuddhimagga:

causas próximas en el, 104

sobre como incluir lo mundano en los caminos supramundanos, 274

sobre la práctica de la meditación *vipassanā*, 273

y la certeza de la liberación, 287

vitalidad (*jīvīta*), 156

volición mental (*cetanā*). *Véase también* intención

como fenómeno asociado con el contacto mental, 134-135

comprender su papel en el proceso material, 218, 277

importancia, comprensión, 162-163

volición beneficiosa, 286

y la base/elemento del objeto mental, 223-224

y los comportamientos de vidas pasadas, 292

y los factores del camino de la moralidad, 281